松下幸之助に学んだ実践経営学

自主責任経営の真髄とは

小川守正

PHP文庫

○本表紙図柄＝ロゼッタ・ストーン（大英博物館蔵）
○本表紙デザイン＋紋章＝上田晃郷

文庫版出版によせて

専門の学者でもなく、視野の広い評論家でもない私が経営の本を書くことなど考えてもみなかったのですが、ＰＨＰ研究所の江口さんに勧められて、うっかり上梓《じょうし》してしまった『(注1)実践経営学』が、思いがけなくも版を重ねて、英語版（Pana Management–PHP）、ロシア語版（ПРАКТИЧЕСКИЙ МЕНЕДЖМЕНТ–ИСКРА ИНДУСТРИКО）も刊行され、多少のお役に立つことが出来たかと望外の喜びでした。

もともとこの本の内容は、その(注2)サブタイトルにもあるように、松下幸之助に学び、(注3)松下電器の職場と世間という道場で得た体験談です。

今回新たに文庫版として再版される機会に、師・松下幸之助の経営理念に関する一章を追加することにしました。このような僭越《せんえつ》をあえてしたのは、読者に本書の内容を別な角度からも理解していただく上に役立つであろうということと、最近のいろいろな企業不祥事の報道に接した、老経営ＯＢの思いも含めてのものです。

平成四年三月

小川守正

（注1、2）本書は、『実践経営学～松下幸之助に学んだ自主責任経営とは～』（単行本＝一九九〇年刊、文庫＝一九九二年刊）を改題している。

（注3）正式名称（当時）は松下電器産業株式会社。二〇〇八年十月よりパナソニック株式会社と改称し、ブランド名も国内向けに用いてきた「ナショナル」を廃し、「パナソニック」で統一した。

はじめに

私は学者でもなく経営評論家でもなく、現場で経営を体験しただけの人間です。したがって、この本は学問的な内容や体系を持つものではなく、私の体験談であり意見といった性格のものです。だから、この本を読んで学んでいただくということではなく、読者の方々と共に勉強したいという気持ちで書いたものです。もちろん本という形なので互いに意見を交換し討論しながらということはできませんが、そういう気持ちですから、読者の方々のご意見、ご批判をいただければ幸いと存じます。

皆様と意見交換・討論ということになると、私がなぜこのような考えになったかという経過をお話しする必要があろうかと思い、あまり人に語れるような経験ではないのですが、自己紹介をさせていただくことで、それに代えることにします。

私は戦争中に九州大学（*九州帝国大学）工学部航空工学科を半年繰り上げで卒業し、川西航空機に就職しました。設計部門に配属され「陣風《じんぷう》」という高高度防空戦闘機の設計の一部を担当しましたが、当時の工場は製造作業者の半分くらいの数の検査工がおり、それでも不良の続出で、メイド・イン・ジャパンという言葉は粗悪品の代名詞として世界に通用しておりました。それがわずか四十年足らずで優良品の代名詞に転じたことは、生産人として真《まこと》に感無量です。

また、海軍予備学生として軍隊に入り、実戦にもほんの少し参加させられたことは、今になってみると貴重な体験であったと思います。

戦後は航空技術者など無用人間ということになり職がなく、町工場で旋盤工などやりましたが、出来高払い、不良品弁償の請負作業で、あれが一番徹底した自主責任経営だったと思っております。その会社も資材の入手難で一年余りで倒産し、二回目の失業経験をしました。

ところが運よく(?)東西冷戦時代となり、日本の諸工業は米国の指導と後押しで復活し、私もある小さな自動車会社に就職できました。当時、自動車会社は三〇社以上も生まれ大賑わいでしたが、大きいのは日産、トヨタで、それでも従業員は数千人規模、他はいずれも二〇〇〜一〇〇〇名程度でしたから、今とは大違いの日本自動車工業界でした。その会社の多くは倒産し、その後にホンダが生まれ、今日の姿となる歴史を体験しました。

当時の日本のあまりにひどい品質と劣悪な労働条件に困惑と同情をしたのか、GHQ（連合国軍総司令部）主催で品質管理と労働組合の講習会が各地で行なわれました。それに私も参加しましたが後者を選び、八年間の勤務のうち六年余りもその方面に深入りし、おかげで大変出世して有名な左翼組合産別会議傘下の全日本機器労働組合中央執行委員・兵庫支部長という肩書きを頂戴しました。その当時世を騒がした日産、川鉄の大争議など、つぶさに見学するというチャンスに恵まれましたが、最後に自分の勤めている会社が倒産し、数カ月に及ぶ生産管理闘争で自殺未遂者まででるという悲惨な体験をさせられました。

そのとき、組合員の就職を松下電器と交渉しているうちに、どう間違ったのか、私まで拾ってくださるという思いもよらぬことになり、三十五歳で臨時社員にしていただきました。

それからは「悪いことと、労働運動だけはやるまい」と決心し、真面目に働いたつもりです。松下ではじめに配属された工場がデミング賞を受けるということになり、そこで石川馨《かおる》先生、唐津一《はじめ》先生といった日本というより世界の品質管理のトップレベルの先生方に親しく教えを受けるという好運に恵まれ、それがきっかけで勉強し、故・深尾吉志君と共にデミング文献賞（*日経品質管理文献賞）をいただくことができました。

その後、電化研究所に転属になり、再び技術の場にもどり六年間にわたって、当時としては画期的なテーマに若い人達に自由闊達《かったつ》に取り組んでもらい、それを生産に移し商品化に結びつけるという、生産人として大変面白い仕事をあてがわれ、大いに勉強するという幸いな体験を積みました。当時の上司・榎坂さん（元松下電器専務）と部下だった人達に心から感謝しております。

そのある日、電子レンジの試作品ができ上がり、松下幸之助社長（当時）に見ていただいたところ、「ここまでできたのなら売ってみよ。これについて一番よく知っているのは君か。では君にまかす。君は今日から経営者やで」ということで電子レンジ部が設けられ部長に任命されました。そのとき、「このまま研究を続けていても学問研究に止まる。売ることによって、お客様や小売店さんからいろいろなクレームや要望がいただける。それを新しいテーマにしてさらに研究改善を繰り返すことによって研究品は商品に成長する。そしてお客様から原価を上回る評価をしていただけるようになったらその分が利益や。部下にしっかり給料払うんやで」と言われました。そのときは経営の神様の話もえらく簡単だなと思いましたが、私は今も、これこそ経営の基本だと確信しております。

　そして、内部資本金二〇〇万円、運転資金四〇〇万円を設定され、人員はわずか二〇名くらいでしたが独立採算制の一部門（ミニ事業部）として出発しました。しかし、それからが大変で、私はそれまで技術部門の経験しかなく、経営にはまったく無知で、ナショナル・マークをつけてつくりさえすれば、販売会社と小売店が自動的に売ってくれるものだと思っていました。ところが一カ月たっても一台も売ってくれない。それもそのはずで、販売会社も小売店も自分の経営だから、売れるものしか仕入れない。一台一〇〇万円！（一本一二万円の輸入マグネトロンをつけて原価計算するとそうなる）の電子レンジなど論外というわけです。その電子レンジを七〜八台も在庫すれば、資本金も運転資金も全部それに化けてしまったということで給料を払うお金がない。「君しっかり給料払うんやで」との言葉の千鈞《せんきん》の重みを知ったわけです。切羽詰まって全員街に飛び出し、一〇〇万円の電子レンジを買ってくれる物好きなお客様を求めてドア・ツー・ドア・セールスを繰り返し、経営というものを覚えさせてもらいました（松下幸之助の「経営学は学ぶこともできるし教えることもできる。経営は教えることも学ぶこともできない。自得するのみ。自得するには道場がいる。松下電器はその道場であり、世間はもっと大きい道場である」旨の言葉の通りを体験したわけです）。

当時は、人数が少なかったので、事業部の全員が組立ラインのまわりに机を並べており在庫状況も一目でわかる。それを見ていて誰からともなく「在庫が増えてきたな、そろそろ訪問販売に出かけようか」という声が現場の中から自然に上がってきたものです。つまり経営が目に見えるところにあったということでした。ところが事業が発展し数百人という規模になり、部や課がたくさんでき管理体制が整ってくると、販売計画が達成できなくても、各部門それぞれ、自分の責任ではないというもっともな理由がちゃんとでてくる。これは企業の規模が大きくなることによる当然の帰結であり、これを克服しようとする衆知から生まれたのが部門経営というわけです。

また、家庭用電子レンジの初期には、『暮しの手帖』誌から商品そのものが「この愚劣な商品」という評価をいただいたりして販売には大変な苦労をしました。料理の材料持参でお客様の家庭を訪問し調理の実演をしないと売れなく、エレックレディーと称する料理のできるセールスウーマンを四〇〇〇人も採用し、事業部の人員の六〇％以上が営業部員ということもありました。彼女らが四〇億円の年商を支えたわけで、女性の素晴らしいパワーを知ると同時に、こういうことができたのも松下幸之助の「まかせる経営」あればこそ、なんとか生き延びて年商一五〇〇億円の事業に成長することができたのだと思います。

さらに、その後、子会社の社長に任ぜられ、「徹底してまかせながら、まかせた人を成功させる温かいバックアップをする」旨の松下幸之助の自主責任経営を、幾度かの厳しい出来事を通じ体験し、体得することができました。あるときには「君のような頑迷固陋《がんめいころう》な人間ははじめてみた」と叱られ、あるときには抱きかかえるように肩をたたき労《ねぎら》いの言葉をかけていただき、涙がこぼれたことも今は思い出となりましたが、「仕事にはあくまでも厳しく、人には限りない愛」の師の姿はいつまでも眼底に彷彿《ほうふつ》と残っております。

さらに昭和五十九年、松下電器退職後は大学で学生諸君と、またコンサルタントとして幾多の会社の現場の方々と接し、よい経験を積むことができました。
このような私の体験の中から得たものをＰＨＰ研究所のゼミナールでお話ししたところ、同研究所の江口克彦専務から本にまとめるように奨められできたのが本書です。そういう経緯のものですから、谷口全平研究本部部長から幾多の助言を頂戴し、さんざんお世話になったにもかかわらず、一貫性を欠いた、まとまりの悪い構成になってしまったことを読者の方々にお詫び申し上げます。最後に乱暴な拙文を根気よく校正してくださった第一出版部の水門啓和さんに厚く感謝いたします。

平成二年一月

小川守正

目次⁂松下幸之助に学んだ実践経営学

【2章】自主責任経営論

【3章】部門経営論

2 健全経営一〇の条件……197

〔5章〕経営の場における情報論

〔6章〕経営の場におけるリーダーシップ論

【7章】事業計画論

[終章] 松下幸之助の経営理念とその実践

【序章】

経営の樹

——私の経営観

私は戦時中から通算して四十数年にわたり四つの企業に勤務した。その間たくさんの経営者の方々に接し、また私自身も約二十年間を経営者の立場――オーナーではなくサラリーマン経営者としてであるが――にあってさまざまなことを体験することができた。

経営を担当しているときには、今月の売上はどうだとか、今期の利益はどうなるか、といった目先のことで無我夢中で走っていた。いま退任して、ようやく静かに過去を振り返るゆとりを得て、ふと経営とは何であったかと思い、みずからの歩んで来た道を振り返ってみたとき、〝経営とは嵐の中に立つ樹〟のようなものであったとの思いに駆られるのである。

経営の成績は樹にたとえれば葉である。葉が青々と茂っているということは、樹（経営）が現在良い状態にあることを示している。しかし、樹をとりまく気象状況は刻々変化する。

樹が育つのに都合の良い適当な気温、日照、雨のときもあれば枝を折り幹もゆるがす嵐のときもある、また大木を枯死さす異常旱魃《かんばつ》が続くこともあろう。そうなると、葉は散り、枝は折れ、無残な姿となる。そのときに、再び新しい枝を生じ芽を生じ青い茂りを取り戻すには、幹がしっかりしていなければならない。幹が折れればもうその木は終わりである。

経営も同じように、経営環境という天候は必ず大きな変化を繰り返す。高度成長時代は樹の生育・生長に絶好の天候だったと言えよう。石油危機から急激な円高レートとなり、大変な嵐を迎えた。造船や鉄鋼のように、かつて日本経済を支え、世界を支配した大企業も、葉が散り枝が折れ構造不況の大赤字となった。幹が折れ倒産の憂き目を見た企業も少なくなかった。その後、小康を得たもののこれからも嵐や旱魃は遠慮なくやってくるであろう。それは、業界の垣根など消失した激しい異業種の進出――いつ、どこから思いもよらぬ強敵が現われるかわからぬ仁義なき競争、予断を許さぬ技術革新、貿易摩擦、開発途上国の急速な浮上、激動する世界情勢、変動激しい為替レート……等々数えればきりがない。いまめぐまれた環境にある企業もいつの日か必ずこれらの嵐と遭遇することは必至である。

どんな大木でも嵐にあえば必ず葉は散り枝も折れる。それを再生するのが幹の力である。次ページの図は私の体験での経営の樹の葉・枝・幹の内容である。

経営の樹

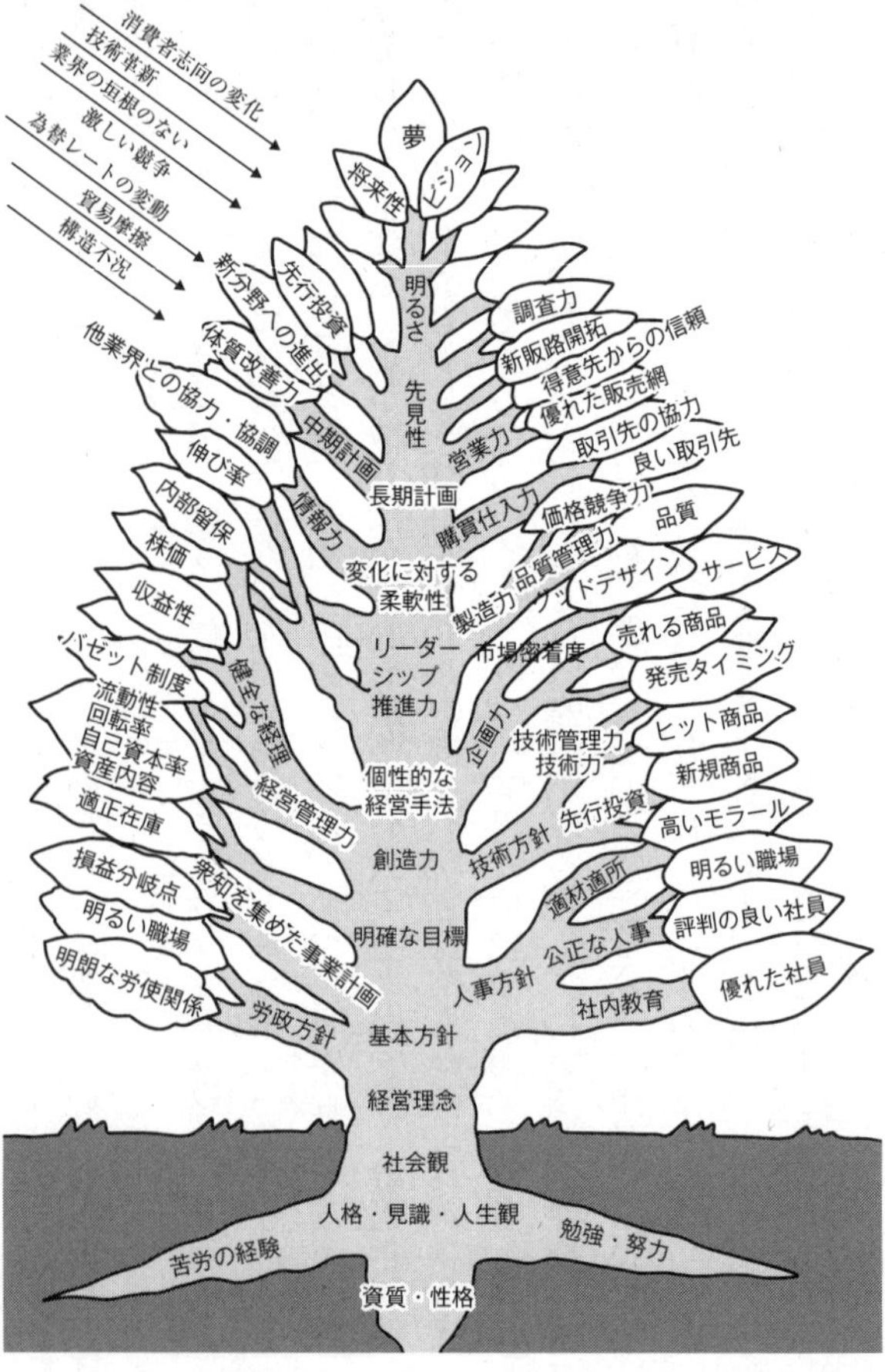
消費者志向の変化
技術革新
業界の垣根のない
激しい競争
為替レートの変動
貿易摩擦
構造不況
夢
将来性
ビジョン
明るさ
先行投資
新分野への進出
体質改善力
他業界との協力・協調
先見性
中期計画
長期計画
伸び率
内部留保
株価
情報力
収益性
調査力
新販路開拓
得意先からの信頼
優れた販売網
営業力
取引先の協力
良い取引先
購買仕入力
価格競争力
品質
品質管理力
グッドデザイン
サービス
製造力
変化に対する
柔軟性
リーダー
シップ
推進力
売れる商品
市場密着度
発売タイミング
バゼット制度
流動性
回転率
自己資本率
資産内容
健全な経理
企画力
技術管理力
技術力
ヒット商品
新規商品
個性的な
経営手法
経営管理力
先行投資
高いモラール
適正在庫
創造力
技術方針
明るい職場
損益分岐点
衆知を集めた事業計画
適材適所
評判の良い社員
明るい職場
明確な目標
公正な人事
明朗な労使関係
人事方針
優れた社員
社内教育
労政方針
基本方針
経営理念
社会観
人格・見識・人生観
苦労の経験
勉強・努力
資質・性格

経営をつきつめてゆくと、その幹のいちばん元になるのは経営理念である。その上に、外界の嵐の状態に応じた〝当面の方針〟と〝明確な目標〟が全社員に明示され理解徹底されていることが大切である。

また、松下幸之助は〝経営は創造である〟と言っている。経営の発展は、新たな創造がどれだけ加えられるかによって決まる。経営理念と方針に創造力が結びついて生まれるのが、その企業独特の発展の源となる経営手法である。たとえば、松下幸之助は自主責任経営という経営理念をその創造力によって事業部制という組織運用に具体化し、昭和七年以来これを実施し、一介の町工場から今日の松下電器に育て上げたと言えよう。トヨタ自動車におけるカンバン方式（*在庫をできるだけもたない生産管理方式）、丸井（*丸井グループ）におけるクレジット運用方式や親切運動なども、その成功例だと思う。

次にリーダーシップが大切である。これがしっかりしていないと、これより下の部分がしっかりしていても、それが枝を張り葉を茂らすことにならないであろう。また、いざというときに幹が折れてしまい大変なことになろう。

また、嵐はいつどこから吹き荒《すさ》んでくるかわからない。だから〝変化に対応する柔軟性〟も欠かせない。

最後に、経営が発展してゆくために最も大切な基本的要素として明るさをあげたい。ネクラな経営は、たとえ現在好成績であっても必ずいつか破綻《はたん》を来《きた》す——経営はネアカでなければならぬ。明るい経営であるためには給与だとか厚生施設を言う人もいるが、基本的には夢だと思う。夢とビジョンがない経営はいくらその他の条件が整っていても真の明るさには程遠いと思う。

ところで、高度成長期にあっては、真面目に努力し、先行投資を誤らなければ、現在路線の延長上に必ず実現する夢があったが、今はそうでなくなった。変化激動の時代である。しっかりした先見と戦略に基づいた長期計画がなければ、夢は壮大であればあるほど見果てぬ夢に終わる可能性が大きい。長期計画とそれを支える体質改善中期計画がなければならない。

このようなところが経営の樹の幹の部分であり、これを形成するのが経営幹部である。幹の各部分すべてが必要不可欠ではあるが、その中でも特に自分自身のものとして、物真似でなくしっかりと身につけなければならぬのは、〝経営理念とリーダーシップと夢〟である。これればかりは、人の知恵を借りたり助言を受けるわけにはいかないものである。

さらに、経営理念の元になるものは根の部分――社会観・人生観で、それはその人の経験と勉強・努力によって形成されることも忘れてはならぬことである。

ここに掲げた経営の樹の図は、私の体験による樹であり、読者の皆さんは是非みずからの経営における自分の樹を想定して、自分自身と自分の経営の健やかな繁茂の図を作成していただきたいと願っている。

【1章】

経営理念について

1 経営理念とは何か

経営理念について、多くの学者や経営者の方々が説いておられるが、松下幸之助は、その著『実践経営哲学』(PHP研究所)の中で次のように述べている。

私は六十年にわたって事業経営にたずさわってきた。そして、その体験を通じて感じるのは経営理念というものの大切さである。いいかえれば〝この会社は何のために存在しているのか。この経営をどういう目的で、またどのようなやり方で行なっていくのか〟という点について、しっかりとした基本の考え方を持つということである。(中略)経営の健全な発展を生むためには、まずこの経営理念を持つということから始めなくてはならない。そういうことを私は自分の六十年の体験を通じて、身をもって実感してきているのである。

まさに経営の神様の体験が凝縮された簡潔で真をついた至言であり、これ以上の説明は要さないと思う。これを出発点として論を進めることにしよう。

2 なぜ経営理念か

私は経営の樹のすべてを支える根元の部分に経営理念を位置づけた。ここが弱かったり、空洞があれば、思いがけないときに、思いもよらない無惨な倒壊をするという部分である。

多くの企業にみられる、素晴らしい成功例、難局にのぞんでの見事な対処、施策や組織などをつきつめて行くと、そのような行動を起こさせた元とも言うべきものにつき当たることがある。なるほど！　そうだったのか、こういう結果を生み出した元はこれだったのか、という考え方、哲学が経営理念である。

逆に、一部上場の大企業でも行き詰まったときの経営者の言動や言いわけを見聞きして、一体何を考えているのか、と思わざるを得ないような場面もある。見かけの立派な大樹の根元の部分の空洞化を見せられた思いがする。

経営の三つの要素として、人・物・金があげられる。その通りであるが松下電器の創業期において、松下幸之助に果たして人・物・金があったであろうか。少なくとも当時の同業の大手企業にくらべお話にならないほど貧弱であったことは間違いないところであろう。そのうえ、当の松下幸之助自身も病弱の身であったという。健康さえなかったのである。


このような状態のもとで松下幸之助を支えたものは何であったのだろうか。

私は唯《ただ》一つ、未来に対する大きな夢と透徹した経営理念であったのではないかと思う。その七十年の歴史を繙《ひもと》けば、経営理念の占める位置は経営の樹の根元の部分以外にはないと信ずるものである。そして夢は頂点に輝くものであろう。

3 経営理念の内容

経営理念の定義に沿って、経営理念を今少し掘り下げて考えてみよう。その内容

は次の三つに分けて考えることができる。それは、

- 経営の目的に関する理念
- 経営のやり方に関する理念
- 経営の変革に関する理念

である。

❶経営の目的に関する理念

「この経営はなんのためにあるのか、自分はなんのために経営をしているのか」と考えるのが当然であろう。

人間が、ある成長のレベルに達すれば、「人生とはなんであるか?」ということを考えるのと同じである。

もちろん、人も企業もさまざまであるから、どういう考え、どういう目的が正しいと言うことはできないが、それはやはり人間として企業としてのレベルを示すも

のであることは言うまでもない。

人間でもなんとなく生きているという人も多いのと同じで、この理念がないと経営が成り立たないというものではないが、それではあてもなく大海に漂う船のようなもので、遂には魅力も活力も欠くものとなろう。

❷経営のやり方(方法・手段)に関する理念

経営理念に掲げられた経営目的を目指して、今日の経営を実施するとしても、そのやり方は無限に考えられる。しかし、いかに目的に近づく早道であっても、こういうことはやってはならないとか、苦痛や苦労を伴っても、我が社はこういう考え方・やり方で進むのだ、といった経営行動を律する基準となる考え方が行動に関する経営理念である。

この行動理念こそ、企業がその関連する周囲に対し、現実的な影響を及ぼすもとであり、世間や社会からの評価を決めるものと言えよう。事実、成功した企業の足跡をたどると、その成功のもとは、優れた行動理念の実践であり、なるほどと頷《うなず》かされるものにぶつかることが多い。松下幸之助の説く経営理念も大部分は行動理念であると言えよう。このように思うと、行動理念を伴わない目的理念は、単なる看板になりかねない可能性が大きいと思う。悪い方の例だが、数年前、世間を騒がせた金売買の(注)T商事なども、なかなか立派な目的理念に類するものを掲げていたが、その行動はとんでもない悪の哲学の実践であった。

行動の理念はその実践を通じて終極的に社風とか企業風土、さらに企業文化を形成するものである。

目的理念は経営者の使命感とか理想あるいは夢・ロマンといったところから生まれてくると思うが、行動理念は主として、その人間性とそれまでに体験した幾多の苦難や失敗、あるいは成功の体験から生まれてくるそれぞれの企業特有のものであり、そのほかにそれぞれの事業分野、業界の性格や習慣、制約あるいは地域の伝統的なもの、さらに国民性などの影響も見られるようである。

(注)一九八〇年代前半、豊田商事は全国で数万人にのぼる高齢者に金の地金を売りつける組織的詐欺を行い、被害総額が二〇〇〇億円を超える多大な被害を及ぼした。

❸経営の変革に関する理念

時々の方針や方策は一定不変のものではないが、正しい経営理念は不変のものとして伝承されるべきものである。しかし、一方、時代の変化はまことに大きく、経営の本質的な部分、経営理念そのものを再構築しなければならない事態も現実に起こっている。また、ときには企業の存続を図るためには、まったく新しい経営理念の上に立たねばならぬことも起こりつつある。このような場合には、新しい変革の理念を創造しなければならないのである。

【事例】

多くの企業がそれぞれ特徴ある素晴らしい経営理念をかかげ、その実践に励んでいるが、手もとにある日本生産性本部編『社是 社訓』（日本生産性本部）の中から二社選んで紹介しよう。

アサヒビール㈱

〈経営理念〉

①消費者志向……わが社は、消費者の心をわが心として、新しい時代の生活感覚に適した商品づくりに努め、消費者のニーズと期待に応える。

②品質志向……わが社は、消費者の品質評価を謙虚に受け止めて、常に品質の向上と技術の研さんに努め、業界最高の商品を供給する。

③人間性尊重……わが社は、事業は人なりの信念のもとに、人間性を尊重し、人材の育成と公正な人事を行い、全員がその持てる力を十二分に発揮できる自由で、かつ達（*闊達《かったつ》）な社風づくりに努める。

④労使協調……わが社は、相互理解と信頼に基づく労使関係の維持強化を図り、相携えて企業の発展と福祉の向上に努める。

⑤共存共栄……わが社は、共存共栄の精神をもって、わが社のすべての取引先および関係会社との間に、相互信頼を基盤とした強じんな協力関係を築くとともに、これらアサヒビールグループ企業の中核体としての責任と使命を果たす。

⑥社会的責任……わが社は、経営基盤の安定と拡大を通して、株主及び地域社会に報いるとともに、事業活動に当たっては経営上の倫理を重んじ社会の規範に

誠実に従う。

ビール業界に長年定着していたキリン六〇%、アサヒ一〇%のシェア体制を打破し、シェア倍増に迫りつつある快挙もさもありなんと思わせる行動理念である。

㈱伊勢丹（＊三越伊勢丹）

〈経営綱領〉

伊勢丹は、世界的レベルを目指す企業としての誇りをもち、常に時代に先んじて、人々のくらしをより高め、より豊かにする。

〈行動の指針〉

①仕事に創意を　IDEA

若さと創意を仕事の中にいかそう。

②まごころの奉仕を　SERVICE

顧客に対する、われわれの態度は、いつも感謝のあらわれでありたい。

③仕事に進歩を　EVER ONWARD
明日の仕事は、今日の仕事のくりかえしであってはならない。
④職場にチームワークを　TEAMWORK
チームワークで、明るい職場をつくろう。
⑤仕事に根性を　AMBITION
積極的に、ファイトをもってやりぬこう。
⑥会社に誇りを　NAME IS PRIDE
社員としても、社会人としても、伊勢丹のマークに誇りをもとう。

経営綱領・行動の指針はそれぞれ目的理念と行動理念を明快に示している。

4 経営理念の「誕生」と「伝承」

経営は生きたものである。だから、その精神である経営理念もそれとともに生まれ育つが、活きいきとした成長もあれば病むこともあり、永遠の生命を保つものもあれば死滅するものもある。

ここでは、その誕生の元となる部分——経営の樹の根の部分も含めて経営理念のさまざまなあり様を考えてみよう。

❶経営理念の誕生

現在立派な経営が行なわれ、良き人材を擁し、いっそうの繁栄が約束されているような企業にあっては、「なるほど、この企業の今日ある根源はこれだな」と思わせる立派な経営理念を見ることが多い。しかし、そのような企業にあっても、ひとたび社史を繙けば、悪戦苦闘の体験、ときには企業存亡の危機にも直面した事実を知ることがしばしばある。

経営理念は多くの場合、創業者（あるいは中興の祖）のこのような苦闘と成功の体験の中から、にじみ出てきたものである。

経営理念は初めにそれがあって、今日の成功が得られたのではなく、今日の姿に辿《たど》り着くまでの過程から生まれてくるものと言えよう。

もちろん、経営理念は一挙に最終のものを得るのではなく、一つの体験から一つのものが生まれ、次の体験により、それが修正され、ときには否定されるなどして、磨きあげられ到達した一つの考え方といったものであろう。

松下幸之助も、その著『実践経営哲学』の中で

実を言えば、私自身事業を始めた当初から明確な経営理念を持って仕事をしてきたというわけではない。(中略)商売の通念にしたがって、〝いい物を作らなくてはいけない。(中略)得意先を大事にしなくてはいけない。仕入先にも感謝しなくてはならない〟というようなことを考え、それを懸命に行なうという姿であった。そういう姿で商売もある程度発展し、それにつれて人もだんだん多くなってきた。そして、その時に、私は〝そういう通念的なことだけではいけないのではないか〟ということを考えるようになったのである。つまり、そのように商売の通念、社会の常識にしたがって一生懸命努力することはそれはそれできわめて大切であり、立派なことではあるけれども、それだけでなく、何のためにこの事業を行なうかという、もっと高い〝生産者の使命〟というもの

があるのではないかと考えたわけである。

と経営理念に辿り着くまでの経過を述懐している（前掲書「まず経営理念を確立すること」〈PHP研究所〉より抜粋）。

❷経営理念の底にあるもの

経営は、いろいろな多くの人間と人間のかかわりであり、それを通じての社会活動である。

したがって、その活動体験の中から生まれた哲学であるところの経営理念は、経営者の人間観・社会観に由来するところが多いのは当然のことである。そして、その人間観・社会観は人それぞれによって異なるのみならず、同じ体験から同じものが生まれるわけでもない。ときにはまったく反対のものを生みだし身につけるのが人間である。それは人によって人間性が異なるからであると言えよう。

人間性とは、それぞれの人の人生観・道徳観・信仰心などといったものの総合されたもので、その根底となるものが人格であろう。

経営理念は、つきつめると経営者の人格・人間性をその根底に見ることとなろう。また、そこに限界を置くもので、それをこえた経営理念はあり得ない。もしあればそれは虚像である。

このようにつきつめて考えると、人格とは何かということになる。それについて論ずることは本書の範囲の外にあるが、次のことだけは主張しておきたい。それは多少は生まれながらの性格や資質による部分もあるかもしれないが、その大部分は後天的に形成されるものである。それを形成する要素として生活環境や教育もあるが、ある段階からの本人の思索的な勉強・努力、それに基づく物事の受けとめ方などが、知的体験と結合し向上しつつ形成されるものだと思う。経営理念はこのようにして形成された経営者の人格・人間性を根底に、幾多の経営体験の中から生まれてくるものであると思う。企業の研究において創業者や現在の経営者の人間研究が一つの課題であるゆえんであろう。取引先の経営者の人柄を、信用度合いを決める重要項目の一つとしている企業が多いのも当然のことと言えよう。

❸経営理念の実像と虚像

経営理念は文章や言葉で表明されていても、その本像は経営にたずさわる人の心の中にある。

悪い言いまわしだが、「心にもないことを言う」などということもある。経営理念にも実像と虚像が存在し得るゆえんである。人の心の中にあるものが実像か虚像かはその実践を通じてのみ判定することができるものである。

たとえば、「共存共栄」という経営理念を掲げる例は多い。世間と共に栄える、お得意先や下請け取引先と利益を分かち合い共に栄えようということで、まことに結構な考え方であり、社会の公器である企業はまさにかくありたいことだと思う。しかし、そういう立派な経営理念を掲げながら、現実には、多額の余剰資金を財テク運用にまわし荒稼ぎをし、取引先への支払いは長期手形で下請け泣かせという例も決して少なくない。実際に金がなくやむを得ない場合もあるかもしれないし、また財テクがけしからんというつもりもないが、納入先の財テクの資金を負担させられている下請け側からみれば、少なくとも「共存共栄」の看板は下ろしてもらわねばならぬであろう。虚像である。

また、連続二〇期増収増益という素晴らしい経営を誇るクレジット百貨店の丸井では、「小売業とはサービス業である。世界一サービスの良い会社になろう」という経営理念を掲げている。そして、他に先がけて、クレジット制度を開拓し、便利な駅前に店をかまえ、全社員が交代で親切係を担当するなどの実践を通じて、その経営理念は見事な実像として輝いている。

経営理念は、それが何らかの形で日常経営活動の中で実践されているか、あるいは実践の努力がなされてこそ実像と言えるのである。

❹経営理念の定着(風土化)と形骸化(風化)

創業の経営者の心に芽生え自覚され、その人の信念として心に深く刻み込まれた経営の哲学は、その人の言葉や行動を通じ、周囲の人々の心に伝わるであろう。また、特に創業の苦楽を共にした同志には身をもって体得され、その真摯な行動は、多くの従業員に経営理念のなんたるかを無言のうちに浸透させ、その日常行動に共通したものを与え、外部の人々からも、その会社の社風として受け取られるようになる。経営理念が定着し、一つの経営風土を形成したことになる。逆に言えば経営風土は経営理念実践の答とも言えよう。

一度形成された経営風土は、長きにわたり、その企業の経営に基本的な影響を及ぼすこととなろう。

一方、時が流れ幾星霜を重ねるうちに創業者も、創業時代の経験者も次々と去り、企業は新しい多くの人々に継がれてゆく。

経営理念も実行の中で体得された姿から、次第に語り継がれたもの、あるいは文字の上で示されたものとなってゆく。言わば体で感じたものから、目と耳から頭の中に入ったものとなる。

それだけではない。時代とともに人々の考え方や企業をとりまく環境、企業の立場などが大きく変わってくる。場合によっては企業の活動分野すら変えねばならぬこともある。かくなれば、創業以来正しいものとして受け継いできた経営理念の中には、現状にそぐわないものもいくつかでてくることもあろう。そのような部分を経営理念として掲げ続けていれば、それは実行されないお題目となり、遂にその社の経営理念は有名無実な看板と、従業員からも世間からも目されることとなろう。

経営理念の形骸化であり風化である。これも一つのコースである。

❺経営理念の徹底

正しい経営理念は企業のバックボーンである。経営者は、それを風化・形骸化させることなく、常に従業員の心の中に生かし続けるよう努力を怠ってはならない。そのためには、経営トップの事にふれ、折にふれ熱意をこめた教育が大切である。

たとえば、

- 年次の経営方針発表会
- 社内教育（経営理念についてはトップみずからが当たる）
- 朝夕会などで社是・社訓・社歌などの唱和・教育
- 創業記念日の設定、訓話・講話
- 社史の教育

などである。

このような、時間と場所を設定しての教育は継続することが大切である。一回や二回、あるいは思い出したように実施しても効果はない。しかし長年続けた後、振り返ってみればその成果は歴然としたものがあろう。

松下では二十年以上前から、毎月一回は役員、事業部長、営業所長などの経営幹部による経営研究会が持たれている。そこでは、当初会長でありのちの相談役・松下幸之助の経営に対する考え方、体験談、ときには具体例をあげての厳しい批判、社長や幹部の同様な話、事業部長や営業所長による現実の課題に関する報告や所信、ときには販売店の店主の率直な意見の開陳などが行なわれる。一回だけの内容では、特に大きな影響はないかもしれないが、十数年間にわたり出席し、振り返ってみると、松下幸之助の思いが、ひしひしと心に伝わったとの思いが残るものであった。特に私は三十五歳での途中入社で松下の歴史の体験もなく、まったくよそ者のような立場であったが、次第に創業以来の社員のような気分になってきたように自覚する。

今一つ、私の体験であるが、経営理念の徹底に決定的な役割を演ずる要素は、トップの日常折にふれ見せる姿と緊急事態への対処である。

小売店を訪問したあるとき、寒がりやで車の中でもオーバーにくるまっていた松下幸之助（当時、社長）が二〇メートルほども手前で車を降り、オーバーもマフラーもぬいで、丁重に挨拶して店に入る姿、また全国販売会社の会合では会場の入口に立礼し、出向社員にも深々と頭を下げる松下幸之助（当時、会長）以下役員の姿、こういうトップの姿に接し、心の内にお客様第一の経営理念が自然に湧いてきたのを覚える。

また、会社にとって、大変な緊急事態あるいは大ピンチの勃発時、そのときは全社員が立ちすくみ、あるいは固唾《かたず》をのんでトップを見守る真剣なときである。そのときのトップの行動と対処は、強烈なインパクトで社員の心に焼きつくであろう。それはよきにつけ悪しきにつけ、一瞬に経営理念のなんたるかを教え、企業風土を形成するものである。

❻経営理念の体得と実践

先に述べたように、経営理念は本来心の中にあるものである。そのよって来るところを辿れば、体験を通じて心の中に信念として生まれてきたものと、目と耳を通じ頭での理解を通じて入ってきたものに分かれよう。前者は体得、後者は教育・教化であるが、なんと言ってもその強さに差があるのは当然であろう。

経営理念の伝承ということを考えれば、伝える側の熱意もさることながら、伝えられる側にも大きな問題がある。学校教育においても、その事実は見られるが、企業にあっては人々は生徒や学生と違い、社会人である。家族の養育責任を有する独立人格の所有者である。

松下幸之助は、

「経営と経営学は違う。経営学は教えることも、学ぶこともできるが、経営はそのどちらもできない。経営は自得するのみである」として、

「物事を習得するには、その場が必要だ。野球や水泳のようなスポーツでもグラウンドやプールがなければ習得できない。企業は経営を自得する道場であり、世間はもっと大きい道場である」旨、述べている。

では企業に働く人はすべて経営を自得できるかと言えばもちろんそうではない。ということは、その人の問題ということになろう。

私は職場というものは三つの本質を持っていると考える。

それは、

●生活の資を得る場
●それぞれに与えられた任務を遂行する場
●経営を自得する場――道場

このどれも間違いではなく、それぞれ正しいと思う。自分の生活は一〇〇％家庭にある。職場は自己の労働と生活費を交換する場であると考える人もいる。それは何ら非難すべきことではない。また企業の仕事は多くの人に分担され実行されている。各人が指示命令に従って任務を遂行してくれなければ経営は成り立たない。第二の考え方も正しいものである。

しかし経営者たらんとする人は、第三の立場に立たねばならない。それは、職場――自己の仕事の中から経営とは何であるか、そのあるべき姿や考え方を学びとろうという態度――つまり、職場を自己の経営理念を確立し経営を自得する道場と考えることである。ことわっておきたいことは、経営者とは単に重役とか幹部の役職・

地位にある人ということではなく、前記の考え方の上に立つ人のことである。たとえば番頭さんの言いなりに判をついている社長さんはトップの座にはついているが、ここで言う経営者ではない。逆に、一社員であっても職場を道場と心得て、真剣に取り組む仕事の中から経営を学びつつある人は、小さな範囲ではあっても立派な経営の実践者である。

道場とは、そこでの対象について、一つのあるべき姿・目標を見極め、打ち込み、考え抜き、悩み、艱難艱苦に耐え抜く場である。新入社員には新入社員の道場が、社長には社長の道場がある。スポーツ選手にも、歌手にも、作家にもそれぞれの道場がある。この道場で長年耐え抜いた人に初めて哲学・理念が生まれ、その道の玄人としての勘やヒラメキが与えられるのであろう。これが体得というもので、勤務期間の長短とは関係ないことである。

このように自己の職場を道場とし、現在の職場・仕事の中から仕事に対する自己の信念・哲学・理念といったものを体得する人こそ、先人の説く経営理念を、より深い理解――体得に近い理解を示す素質・体質を持つことができると思う。

経営者にして、真に経営理念の徹底を望むとなれば、このような人を少しでも多く育てることを考えるべきである。これが人材育成であり、後継者を育てる道である。そのために、企業をそのような道場たらしめるにはいかにするかが課題である。この後の「自主責任経営論」と「部門経営論」の章は、いかにして経営を体得するか、いかにして職場を道場とするかということをテーマとしたものである。

5 経営理念の再構築と新たな創成

世の中は絶えず変わる。特に、これから二十一世紀にかけては変革の時代である。企業もそれに応じて変わらねばならない。今まで経験したことのない分野に進出したり、まったく新しい事業を開拓することもやらなければならない時代である。過去の経営理念では通用しないことも起こり得るであろう。

現在は民間企業ＪＲ（*国鉄分割民営化により一九八七年四月に発足）となっているが、国鉄は国営事業として創業されて以来、富国強兵という国策に奉仕することがその経営理念の柱であり、よくその理念の示すところを実践し、国の発展・産業の興隆に大きな役割を果たしてきたと思う。事実、昭和四十年代までは国の財政の一つの柱でもあった。

ところが世は移り時代は急激に変わり、遂にその存在は国民に耐え難い負担という姿になってしまった。ようやく、JRとして新生の道を歩みつつあるが、営利事業としての確固たる理念の確立とその浸透がその存亡の条件となろう。時代の流れである。

国鉄のような極端な例をあげなくとも、我々の身近にも多くの変革が経験された。たとえば、海外に販路を求め、あるいは生産拠点を設ければ、当然のこととして相手国に対する大きな責任が生じ、その国の社会と国民性に通じる経営理念を持ち、そのもとに行動しなければ経営は成功しない。

また今まで正なりと信じてきた経営理念でも、時代の進歩と環境の変化にそぐわないものとなることも生じてくる。たとえば、長い歴史を生き抜いてきた老舗に伝わる家訓といったもののなかには、その当時としては、きわめて有効適切であった経営の制約条項などでも、現在ではとても通用し難い超保守的な、発展を阻止する以外の何物でもないといったものになっている場合がよく見られる。

これまでは、経営理念は不変のものとして継承・伝承されるべきものと考えられがちであったが、これからは新しい観点から取り組まねばならぬ時代になったといえよう。

さらにこれからは、経営形態や事業分野の変革を含む戦略に基づく長期計画を考えなければならぬ時代である。このような場合には、それにふさわしい未来の経営理念をいま定めて、それを先行徹底することが成功の道である。意識改革の先行である。

すすんだ経営者によって進められているCI（*コーポレート・アイデンティティ）はその一つの試みである。スウェーデンの国営企業であったスカンジナビア航空が民営化されるに先だち、カールソン会長は真先に立って全従業員に、「我が社は航空輸送業ではない。旅行サービス業を営む会社だ」という意識を徹底することに最大の努力をしたという。まさに、かくあるべしという姿ではないか。

もちろん、時代が変わっても正しい経営理念は永久不変であるし、また新しい経営理念を創成するとしても、それはそのときの経営者の人間性・人格にその元がおかれることは言うまでもないことではあるが、経営理念というものを固定的に考えることは誤りであることを強調しておきたい。

6 私の経営理念

最後に、「ではあなたの経営理念は何か」と聞かれそうな気がする。私は二十八年も松下電器に在職することができたので、その間に松下幸之助の哲学の生かされた風土の中で育ってきたから、その経営理念もなんとなく身についたつもりであるが、私自身の体験から得た理念――いま私にもう一度経営をやれということになったと仮定したときに、まず頭に浮かぶことは次のようなことである。

●絶対に会社をつぶしてはならない

私は戦後の経済不安定の時期であったが二回倒産失業という憂き目をみた。特に、二回目は労働組合の委員長の任にあり退職金づくりと数百名の人々の就職斡旋のなかで、遂に組合員と下請け工場の方の家族から自殺未遂者がでた。このときの悲惨な思い出は終生忘れることができない。私の経営理念の根底にそのことがある。その後、松下電器に奉職し事業部長として経営を担当し、一度赤字をだしたとき、私はそれまで掲げていた、「占有率を五%アップしよう」とか、「対米輸出を成功させよう」などというスローガンを排し、「給料を払える経営にしよう」というものに変え、事務所や工場だけでなく玄関にも大きく張り出した。ちょうどそのとき全社で一〇〇万人のお客様見学キャンペーン中だったので叱られたが、赤字解消まで一年半にわたりこのスローガンを掲げ通した。私はそのときに強固な事業部の団結と徹底した原価意識が全員に植えつけられ一種の風土となり、後の事業部発展の基礎になったと思っている。

●自主責任経営に徹す

私は八年勤めた会社が倒産し、やっとのことで松下電器に途中入社が許されたときには、「やれやれ、これで悪いことさえしなければ、定年まで二十年間給料もらえるな」という気持ちになった。大変恥ずかしい話だが、これが正直なところであった。

それが、電子レンジの開発を担当したおかげで、その事業部長に任命されたが、当初は働きに対し法外に値の高い商品ということで、販売店が相手にしてくれず、在庫はたまる、資金はなくなるで、やむを得ず、生産をストップして全員(といっても四〇名くらいだったが)飛び込みのドア・ツー・ドア・セールスに出かけたものである。私は当初ナショナルのマークをつけた商品は販売会社と販売店(注)ナショナル・ショップ)が自動的に売ってくれるものと思っていたので大変戸惑ったが、給料を払う金がなくやむを得ず全員セールスとなったのである。このようなことを繰り返しているうちに、自分で造った物は担いで売りに行ってでも給料を稼ぐのだ、という自主責任経営の精神が全員のものとなった(ならざるを得なかった?)。このことが伝統的な風土となり、後年従業員が五〇〇名くらいになっても、常に半数以上の人が訪問販売能力を持ち、必要に応じて市場に繰り出したものである。松下電器の事業部はもともと自主責任経営理念の申し子であるが、売りが落ちてくると技術者も経理部員も人事部員も作業者も、また係長も課長も日常茶飯事のごとくドア・ツー・ドア・セールスに出向く。この電子レンジ事業部では、ひときわ自主責任経営の理念が徹底していたと自負している次第である。

(注)現在のパナソニック・ショップ

●良品在庫は諸悪の根源

これも私の苦い体験からの経営理念である。電子レンジ事業部の国内販売が一〇〇億を少し超えた頃のことである。それまで、電波加熱だけだった電子レンジにヒーターを組み込んだいわゆるオーブンレンジが突然出現し、それまでの商品の売れ行きは激減した。そのため、半年遅れて二番手として新製品を完成したものの販売店には旧製品が充満しており、身動きならぬ状況に立ち至った。そこでやむを得ず旧製品の総引き上げを断行した。この処置で市場は活力を取りもどし売れ行きは大好調となったが、事業部の倉庫には出もどり旧製品が充満という状態になった。これらの商品は良品在庫だから利益も損失も生じないが、それは帳簿の上だけの話で、刻一刻陳腐化しつつあるものであり、これをいつまでもかかえておくことは経理と経営の実態が遊離することとなる。一方これを安値でさばけば（そういうルートもないではない）市場を混乱させ、最近まで正価で販売し購入した小売店とお客様に不信感を与え迷惑をかけることになる。商品そのものは機能や品質面では不良品というわけではない。陳腐化した良品在庫はまことに困った存在である。これは当たり前のことで誰でも知っていることだが、大量のそれに直面して、私はこれこそ諸悪の根源なり、ということを思い知らされた。

結局、禍根を一挙に断ち切る決心をし、全従業員に事業部長としての不明と失敗を詫び、一カ月分以上の生産量に相当する商品を廃棄処分したが、それによって発生した膨大な赤字もさることながら、部下が汗を流して造った良品がスクラップの姿で毎日、事業部長室の前でトラックで搬出されるのを見るのは身を切られる思いであった。「良品在庫は諸悪の根源！」という経営理念を叩き込まれたゆえんである。

その後十数年、久し振りに電子レンジ事業部を訪れたところ、別に売れ行きが悪くないのに工場の一部が止まっている。聞いてみると、近々新製品を出すので、その前に市場在庫をゼロにすべく生産調整中とのこと。あの経営理念は脈々と引き継がれ、一つの風土となったなと一種の感動を覚えた次第である。

さて、私の経営理念とはややずれるが、経営理念に関する私の体験を少し述べてみよう。

●アメリカの三代目オーナー経営者の理念

アメリカの現地メーカーに、ある商品の生産を依託してみてはどうかと考え、数百名の従業員を擁するあるメーカーと交渉したときの話。

製品は現在日本で生産中のものであるから、設計図面や作業標準などは全部そのまま供与し、プレスの金型や治具も現物支給という条件で先方で試作したところ品質や性能もOKであった。しかし、相当の生産量も保証し先方も大変喜んでいるのだが、どうにも値が高すぎる。その旨、指摘すると、「そんなことはない、なんなら原価計算書を見せる」と言うので、それをチェックすると、なんと二〇%近い利益を計上している。これには驚くとともにいささか憤慨して「これだけの条件でこの利益は暴利だ」と指摘したところ、「このくらいの利益を上げておかないと、会社を売るときに不利になる」との答。見ればその三代目の社長の部屋には祖父と父の初代・二代目社長の大きな肖像画が掲げてある。「あなたは三代目のオーナー社長ではないか。祖父・父が苦労し育て立派に利益も上がっている会社を売るとは何事か」と本論からまったく外れたことだが問い詰めたところ、驚いたような顔つきで「適当な値がつけば売るのは当然ではないか。なんならあなたが買ってくれないか」と言う。そのときは驚いたが、考えてみると、西部劇などでもよく見ることで、粒々辛苦の結果である牧場を惜しげもなく手放し、幌馬車を駆ってインディアン（*ネイティブ・アメリカン）の襲撃を物ともせず西部の荒野に新たな運命を求めるあの開拓者の姿の名残《なごり》の風土かと推量することにした。それに比べると日本企業の経営理念も経営風土も、他の良い所を取り入れ、衆知を集め、改良に改良を重ねるという、なんとなく農耕民族的なものを感じさせるような気がする。

経営にも民族性の影響があるのかもしれない。

●シアーズ・ローバック社の購買方針

私が松下住設機器㈱在職中の話。あるとき突然に(注)シアーズ・ローバック社の家庭用暖房機器の仕入課長ジオメトリーさんが来社され、石油ストーブを輸入販売したいので見積りを出さないかと言ってこられた。それまでシアーズ社とはまったく取引がなかったが、全米に八〇〇の店舗を持つ世界一の大百貨店である。

北米で石油ストーブが売れるとは思わなかったが、せっかくの来訪なので日米親善のつもりで工場だけでなく研究所にも案内し、数年後の商品構想まで話し歓待し、ついで当社の小売店に対する方針として、アフターサービス技術を習得してもらうことと、お客に使用上の注意事項――特に粗悪石油と異常使用の説明徹底などを条件としていることも話した上で、特に安くない見積り書を手渡しておいた。そんなことで受注の期待はあまりしていなかった。ところが予想に反し大量の受注となりシーズンが終わった後でシカゴの本社に呼ばれ表彰状までいただく光栄に浴し夕食まで御馳走になった。

その夕食の席上で、副社長さんから貴社の対応と方針は、我が社の方針に合致していたので、値は必ずしも最低ではなかったがあえて指定したとのことで、シアーズ社は仕入れ先企業に求める条件を次のように決めているとのことだった。

①価格が合理的であること
②品質とデザインが良いこと
③アフターサービスの教育に協力してくれること
④追加注文について弾力性を有すること
⑤少なくとも三年先までの新製品企画があること
⑥経営が安定していること

そして、いったん仕入れた以上はメーカー・ブランドではなくシアーズ・ブランドとして顧客に対してシアーズ社が全責任を持つというのが基本理念である。なるほどこの理念に対しては前記の条件は当然のことと頷けよう。

この理念と方針に従って、同社は全世界二万に及ぶ取引先を選択指定し、社の信用を維持しているのである。たまたま私の会社もこの方針に合致していたわけである。

少し無遠慮かと思ったが率直に、「もし同等の品質性能で、さらに安値での提供者が現われればどうするのか」と質問したところ「少なくとも五％以下の差まで一年以内に下げてもらいたい。それができなければ取引先を乗り換える」との返答なので、もう一押しして、「五％の根拠は何か？」と問い詰めたところ「TVのコマーシャルや店頭チラシ、カタログ・ブックの組み替え、コンピュータのプログラム変更などで、商品を変えると五％要する」とのことだった。

（注）シアーズ・ローバック社は二〇一八年に経営破綻した。

【2章】

自主責任経営論

1 経営者の四つの責任

経営者は人・物・金を駆使して経営目標達成のために努力する。その経営目標はさまざまで経営理念として掲げられた基本的なものから、当面の達成事項までさまざまである。

我々はうっかりすると経営活動とは、経営目標を追求するための行動と思ってしまうが、それは経営活動の片面にすぎないのであって、目標追求と同時に義務を履行する行動でもあることを忘れてはならない。企業の社会性という面からみると義務の遂行こそすべてに優先するものである。なんとなれば経営目標は企業独自のものであり、いわば経営者が勝手に設定したものであり、それが達成されない場合は単に経営者の失望をまねくだけのものであるが、企業義務は企業の設立とともに、その規模の大小・業種の如何《いかん》を問わず発生するもので、これを果たさないものは本来その存在が許されないという性格のものであるからだ。

では、企業の義務とは何であるか。いろいろ議論はあるが、私は最終的に、企業を支えてくれる〝四つ〟の人に報いることであると思う。企業を支える四つの人とは誰か。それはお客様と従業員と株主と国家社会である。この四つに報いる責任は企業設立の瞬間に発生する義務で、経営者が自由に選択できるものではない。また、これは椅子の四本の脚のようなもので、どれが弱くても経営は安定しないし、どれかが欠ければたちどころに崩壊する。

では、この四つに報いるとはどういうことか。むずかしい議論は本書の目指すところではないので、ごく常識的に次のように考えて進むことにしよう。

●お客様に対しては

買っていただいたものに満足していただくことである。たとえば、この商品を買ってよかった、またあの会社のものを買おうとか、あの旅館は大変サービスがよかった、あの地方に旅行するときにはまたあそこに泊まろう、などと思っていただけるようであればお客様に対する責任を果たした姿といえよう。

●従業員に対しては

いうまでもなく給与である。できれば少なくとも同業他社より少しでも多く支給することである。それと日本ではいま一つ大切なことは生き甲斐ある楽しい職場の提供である。日本人は、何かの事情がない限り一つの企業に長年勤務する人が多い。だから、企業への愛着・愛社心が生まれてくるし、また仕事の習熟度も高まり良質の作業を提供してくれることになる。私は、アメリカとドイツの工場をたくさん知っているが、人の移動は激しく、ドイツでは一流企業の職場でもドイツ語の喋れない作業者が多い。作業の説明なども簡単な絵でないとだめだし、小集団活動など思いもよらない。日本の企業は従業員に負うところきわめて大である。経営者はその生涯の大きな部分にわたり勤務し企業を支えてくれる人々に、生き甲斐ある楽しい職場を提供する責任があろう。

●株主に対しては

株主に対しては適切な配当を提供することはもちろんであるが、それに加えて経営の長期にわたる繁栄を約束することがより大きな責務である。ジョンソン・エンド・ジョンソン社（米国）では、そのために売上の一定比率の金額を研究投資することを、特に株主に対する公約として明記している。

●国家社会に対しては

企業が安心して自由に操業し、効率的な経営活動ができるのは、安定した国家社会のもとにあり、その恩恵を受けているからであることは言うまでもない。一九八九年の天安門事件に対する中国政府の行動をみて外国企業が活動を停止し投資を回避したのは、そこに不安を感じたからである。

我が国の企業は、世界的に高いレベルにある治安・交通・運輸・通信・教育などから計り知れない多くの恩恵を受けている。これに大きく報いなければならぬのは当然のことである。この義務の基本的なものは言うまでもなく納税である。納税の源は利益である。適切な利益を確保し得ない企業は、この責務を果たし得ないのみならず、他人の税金で造られたものを無償で使用することになる。一種の罪と言えよう。

いくつかの企業にあっては税金を支払ったうえに、社会事業や文化事業をおこし社会に利益を還元している。一方では、狡猾な税金逃れに長《た》けたことを誇る人もいる。経営者の風上に置くことのできない人である。

2 自主責任経営の理念と実践

松下幸之助は日本だけでなく、世界においても最も成功した傑出した経営者の一人であるが、その経営の際立った特長は、明確な経営理念の確立とその着実、具体的な実行であると思う。また、経営者のなかで、最も明確に自己の経営理念を表明している人でもある（松下幸之助著『実践経営哲学』にその全貌が要領よくまとめられている）。

その松下幸之助の多くの経営理念の中でも、基本の柱となるものが自主責任経営の理念であると思う。私は、この理念こそ、三名で発足した家内工業を、わずか六十年にして、日本を代表する企業の一つに育て上げた元になったものだと思う。

自主責任経営とは、前節で述べた「経営の四つの責任を自分の力で、自主的に最大限に果たすことである」との解釈のもとに、私の体験からその実践のあり方を考えてみよう。

❶四つの責任を最大限に果たす

経営者は設定した経営目標を達成するために日々努力し、ときには巨額な投資や、思い切った新規事業の開拓などのリスクをおかす行動もとるが、それはすべて四つの責任を果たしつつの話であることは前節で述べたところである。そして、四つの責任は通り一遍に果たせばよいというものではなく、最大限に果たすこと――少なくとも同業他社より少しでも高いレベルで果たすことを心がけたいものだと思う。これが競争というものである。

❷四つの責任を果たす条件とは

企業として四つの責任を果たす条件は何か。松下幸之助は三つのことを指摘している。それは、

●ある程度以上の自己資本による経営であること
●適切な利益を上げていること
●自己の技術と特長ある経営手法を持っていること

である（『実践経営哲学』「自主経営を心がけること」五九〜六三ページ）。

借金経営が悪いというのではない。有望な事業であれば、他よりの資金をドンドン導入し業容の拡大をはかるのは事業家の常識である。しかし、それと同時に一定の自己資金を確保することも業容の拡大同様に大切なことである。経済環境や条件に恵まれている時期はよいが、必ずしもそういう時期が続くとは限らない。むしろそうでないときを念頭に置くのが経営である。そういうときに過大な借金を抱えておれば、その返済を優先的に要求されるのは当然であろう。そうなれば四つの責任どころか、従業員の給与も抑え、企業の将来の発展のために必要な投資も控え、場合によっては工場や施設を売却してもひたすら借金の返済と金利の支払いに努めている姿も見られる。

もし赤字にでもなればどうか。企業は納税の義務どころか、事業の縮小、人員整理、賃金引き下げ、配当停止となり四つの責任をすべて放棄ということにもなりかねない。

適切な自己資本比率の維持と利益の確保こそ、企業経営者の基本的責任である。次に技術である。メーカーの場合、自社独特の優れた技術を持たねば、お客を引きつける特長ある商品を生み出すことはできまい。いつも物真似商品では、いくら他の条件で努力しても、二流三流メーカーということになり、四つの責任を大きく果たすことはできないであろう。メーカーでなくとも同じである。銀行や保険会社でも常にお客の関心を引き、魅力商品を生み出す能力の競争である。ホテルや百貨店も同じである。

さらに企業が発展・繁栄し、この四つの責任をさらに大きく果たしている企業は、その企業独特の経営手法をあみ出している場合が多い。たとえば自動車業界ではトヨタのカンバン方式、百貨店業界における丸井のクレジット方式・駅前店舗など。古くは小林一三の阪急における電鉄の沿線に宅地開発・劇場遊園地・百貨店を設ける総合開発方式、松下幸之助の着想による事業部制組織などは、特長ある経営手法でそれぞれの企業の発展の原動力となったと思う。

❸四つの責任を果たす組織づくり

では四つの責任はどの程度果たせばよいのであろうか。

それは限界のないものである。お客様にはいくら喜んでいただいても、ここまででよいということはない。給料は少しでも多い方がよい。配当も税金も限度を設けるものではない。

ではこれを最大限に果たすにはどうすればよいか。上手にチャンスをとらえる、伸びる事業分野への進出、高い技術、豊富な資金……等々条件はいくらもあろう。しかし、それらはすべて人の知恵と努力が生みだしたものである。

経営は人・物・金よりなると言われ、また企業は人なりと言われるゆえんである。

人とは従来は経営のトップを指すことが多かったと思うが、経営の仕事が多岐にわたり、それぞれが分業で行なわれるようになった今日では、人とは全従業員のことである。また、これからの時代にあっては経営トップ層の能力は現在よりむしろ五年十年、あるいは二十年先の時点で発揮されるべきものであり、現在時点の経営の良否は現業に携わる全従業員がその本来持てる能力をどれだけ意欲的に発揮するかによって決まるものと考えるべきであろう。企業の規模が一〇〇人を超すようにもなれば、経営トップと一般従業員の仕事の分担は好むと好まざるにかかわらず現実的なものとなる。まして、組織で動く大企業においては、それは明白である。

全従業員の能力を最大に引き出すことが、四つの責任を最大に果たす道である。

❹人の能力を最大に引き出す

では人の能力を最大に引き出すにはどうするか。

優秀な人――頭の良い人、良い大学を出た人、学校の成績の良い人を採用すると考える人がいるかもしれない。事実一流企業とされる企業では入社試験で、そういう人を多く採用しているであろう。そういう条件は最初の半年や一年は格差を発揮するかもしれないが、二年目からはもうその効果は消滅する。

人が真にその能力を発揮するのは、自分の仕事に深い責任感、使命感を感じたときである。いかに頭が良く、知識があっても責任感に欠ける人は駄目だ。

どのような仕事でもそうであろうが、特に企業における仕事というものは責任感の程度によって成否が決まると言えよう。

❺責任感（使命感）を与える

では責任感・使命感を与えるにはどうすればよいか。

よく彼を責任者にしたとか、私は責任者になったなどという言葉を聞くが、それは大切な仕事のリーダーの地位についたことで、責任感とは無関係なことである。責任感とか使命感というものは本来他から与えられるものではなく、その人の心の中に自覚として生まれてくるものである。重大任務を与えられても責任を感じる人と、そうでない人がある。相当な大企業のトップの座にある人の、経営不振の弁明に、銀行の支援が不足だったとか、業界の過当競争に巻き込まれたとか、販売網が弱かったなどの言葉を聞くと、責任ある地位と責任感とは別物であることをつくづくと感じさせられる。

責任感とか使命感は自己の任務や地位・立場に対する自覚によって生じるものである。その自覚はその人の社会観・経営観・職業観によってきまる。さらにその元になる人生観・人間観、さらにその元になる人格によって左右されると言えよう。したがって、責任感とか使命感は著しく個性的であり個人差があるのは当然である。

逆に言えば、ある一つのことに対する責任のとり方から、その人の社会観や職業観さらに人格の次元が推定されることともなろう。

私は責任感・使命感というものは、そのよってきたるところから思うと次の三つに大別されると思う。

❶志士的使命感・責任感

これは、ある目的達成を自己に与えられた絶対的使命・責任として自覚し、そのためには個人的な欲望や幸せはもとより、ときには生命をも犠牲にして悔いなしという使命感・責任感である。

激しい弾圧に抗し目的のために自若として生命をすてた殉教者や革命家の心を支えてきたのはこの使命感であろうと思う。本来はきわめて崇高な人間精神の極限ともなり得るものであるが、理性の範囲を逸脱すれば、ときに狂信的暴走となることもあり得る。イスラム精神革命を奉ずるグループや日本赤軍派などのテロ行為などはその一例と見てよいであろう。

❷兵士的責任感

命ぜられたことを命ぜられた通りにやりとげる。いかなる困難にもめげず、己を殺して命令を守ろうとする精神。これを兵士的責任感と呼ぶことにしよう。

太平洋戦争において、多くの日本軍兵士はこの責任感のもとに殉じた。太平洋上の孤島に幾万の兵士は援軍を望むべくもない状態のもとで、兵器・弾薬尽き食料の補給まで断たれ、なお降伏することなく、「われ太平洋の防波堤たらん」の遺言を岩に刻んで、文字通り命ぜられた陣地を死守し玉砕（全滅）した。

兵士的責任感の成立には二つの要素があると思う。

一つはすぐれたリーダーの人格である。そのリーダーに対する個人的な尊敬の念が、その命ずるところを遵守《じゅんしゅ》しようという服従の精神に転化することにより生じるものである。

今一つは、この命令を守ることが全体のためであるという、自己の所属する団体に対する帰属意識である。その対象が家の場合は家族愛となり、企業の場合は愛社精神となり、国家の場合は愛国心となる。この対象とする帰属団体の選択によっては偏狭なものになりかねない。たとえば、法を犯し国や社会に反する行為も、それが私利私欲に基づくものでなく、会社のためを思っての行為ということであれば会社内部はもちろんのこと、世間の非難も軽く、逆に同情を集めることすら多い。帰属意識に基づく忠誠心の限界を示すものと言えよう。

トップが目標を示し、参謀が筋道を考え、ラインの将校はその実施方法を定め、下士官の監督指示のもとに兵士は命令通りに行動するというのが軍隊の基本パターンである。兵士の責任感という言葉を企業における論議に適用するのはやや妥当性を欠くかもしれないが、一つのタイプとして存在することは間違いない。

兵士の責任感を自覚させることが軍隊を維持する基本で、そこに軍隊教育の重点が置かれているが、それはそう簡単なことではなく、命令を守らせるために厳しい罰則制裁と褒賞、飴と鞭による強制によって支えられていた部分が多いこともまた事実である。

兵士の責任感は軍隊を維持する基本的なものであるだけではなく、企業がその目的・役割を果たすうえにおいても大きな役割を果たす。

たとえば、就業規則や作業標準が遵守されることによって秩序・安全・品質などが守られているのである。

しかし、兵士の責任感における主人公は兵士その人ではなく、彼に命令を与え、それを守らしめるべく監督する人である。ここに兵士の責任感の本質があり、その限界があることもまた事実である。

❸自主責任感

一つの目標や任務が与えられたとしても、それを達成する方法手段は数多くあるであろう。さらに、その改善や新たな創意工夫による可能性にまで範囲を拡げて考えればそれは無限である。

自主責任感とは、任務を実行する人自身が、自己の全能力を傾け、よりよき方法・手段を生み出し、それを果敢に実行し、より大きな成果をあげることを使命とする責任感である。兵士的責任感とは使命の対象が異なる。

兵士的責任感にあっては命令とか定められたルールの遵守を通じて命令者（上司）に対し忠実であれということであるから、行動の主人公は命令者であり、したがって行動の結果の責任者も命令者である。これに反し自主責任感にあっては、目標は与えられても行動は自己の発案選択によるものであるから、その行動の主人公は自分である。

主人公が自分自身であるということは、その行動を決めるものはその人の良心・信念・勇気であり、その内容はその人の能力・知識・知恵と意欲によって決まる。

では、このような自主責任感はどうして生まれるか。これは教育や説得によって生まれるものではない。心の中に自主責任感が生まれる条件を与える以外にない。その条件とは、その人を仕事の主人公に据えること——仕事をまかせること——権限の委譲である。これ以外にない。人は誰でも、他から命ぜられた通りに行動したり、定められたコース通りに行動させられるより、みずから考えいろいろ工夫を凝らしプランを実行するときの方が、意欲と熱意と、そして当然のことながら知恵と新しいアイデアが生まれるものである。

自主責任経営は根底に、この自主責任感が存在して初めて成立するものである。

❻権限の委譲

自主責任感の話をするとよく二つの意見がでる。

それは、「私には権限が与えられていないから現状を変えるようなことはできません」、今一つは「うちの会社は各地位ごとに権限は文書で明確に規定されているから問題はない」である。ときに、この二つを同じ会社の人から聞くこともある。しかし、よく聞いてみると、どちらも間違ったことを言っているわけではない。それは、二人の人の言う権限の内容が違うから、このような相反する意見になるのである。私は権限をその内容によって次のように二つに分けて考えるのが妥当ではないかと思う。

❶事務権限

企業が少し大きくなると、組織ができていろいろな仕事が分業で行なわれる。また職制が定められ各級リーダーの指揮で日常業務が遂行される。この組織と職制を機能よく迅速に動かすためには、日常頻繁に発生するルーティン業務に関することは、それぞれの部署で各リーダーがその格に応じて決定しなければ仕事にならないであろう。そのために職制が設けてあるとも言えよう。その職制上の地位に応じて与えられている権限が事務権限である。たとえば、係長は部下に残業を命ずることができるとか、営業課長は二〇万円までの交際費は自分の判断で使えるとか、工場長は一件一〇〇〇万円までの機械は自分の判断で購入できるといった類のものである。

事務権限はその名の示す通り、事務の渋滞を防ぎその効率をよくするために定めたもので、特定の個人を対象に与えられるものではなく、職務上の地位に付属するものである。これを越えた行為は許されないのが普通である。それが誤りなく行使されるために、できるだけ詳細に明確に文書で示すことが大切である。

❷経営権限

経営は定められたルールを忠実に実行するだけでは進歩も改善もないし、変化に対応することもできない。進歩発展を望み、機敏な対応力を発揮するには、従来のしきたりにとらわれず絶えず改善し、新たな創意工夫をこらしながら実行しなければならない。そういったことを実行する権限を経営権限と呼ぶことにする。

経営権限は、それを委譲された人がどれだけそれを行使したかによって決まるもので、事務権限のようにあらかじめ定め、文書で明示しておくものとは本質的に異なるものである。

自主責任感旺盛で知識・知恵・アイデア・勇気・実行力に富んだ積極的な人の権限はおのずから大きく発揮、活用されることとなり、言われたことしかやらぬ意欲に欠けた人、なんのアイデアも浮かばない人はみずからの権限を放棄したことになり権限ゼロと同じことである。

事務権限はもっぱら上から与えられるものであるが、経営権限は各人が、その責任感と能力に応じてみずから確立するものであるといえよう。

以上、少し形式的だとの謗《そし》りを受ける覚悟で、責任感を三つに、権限を二つに区分けして考えてみたが、もちろんどれが良くてどれが悪いなどということではなく、企業が持てる潜在的総力を発揮し、人を育て生き甲斐ある職場とし、日々新たな発展を続けるには、どのようにあるべきかを考えるための整理である。

❼権限を委譲する側の責任と権限

権限の委譲の話をすると、ときどき次のようなことを言う人がいる。

- うちの社員はまだ権限を委譲できるところまで成長していない
- 権限を委譲して失敗されると私の責任になり、全体も迷惑する
- 権限を委譲すると私の仕事がなくなる

今までの話を理解していただいた読者にはこういった考え方自体が、人材の育成を拒み、企業の活力を摘み取るものであることも理解されよう。

権限というものは、それを下に委譲すれば責任や仕事が軽くなるどころか、その瞬間から、さらに大きな責任と権限が生まれるものなのである。それは何か。

権限を委譲した人の最大の任務は、

権限を与えた部下に成功させること

である。それも、自分が陣頭指揮するよりも、よりよき成功を収めさせることである。

そのためには何をなさねばならないか、このことをよく考え、誠意と全力を傾けて実行することが、権限を委譲した人の責任であり、それに伴う権限を行使しなけ

ればならないのである。では、その責任を果たすために何をしなければならないか。
まず第一に、

●目標を明確にし、それに関連する一切の情報を与える

目標は自分ではよくわかっていても、部下は案外わかっていなかったり誤解していることが多い。

それは地位や立場の相違と持てる情報の差、経験の差から、当然のことである。権限の委譲に際し、誠意をもってこのギャップを埋めてやることが第一の責任である。

●報告を求めチェックし、助言・指導・バックアップを与え激励すること

まかせたからには、細かく干渉することはよくないことであるが、放任も上司としての責任放棄である。定期的に報告を求め、自分の立場でのチェックをし、必要と思えば助言し、あるいは指導し成功に導く援助をする責任がある。また、いかに権限を与えても、その人の地位や肩書き、年齢などによる限界——いわゆる顔がき

かないとできないことなど――あるいは、与えられた事務権限の範囲による限界もあろう。そういう点について常に気をくばり、バックアップすることが権限を委譲した人の大きな責務である。

そして激励である。大きな権限と責任に誰しも内心の不安と逡巡《しゅんじゅん》を覚えるのは当然である。それに対する温かい激励は何物にも代え難い勇気の源泉である。権限を委譲した人の片時も忘れてはならぬことだ。

松下幸之助はきわめて大胆な権限の委譲と共に、絶えざる助言と激励をもって部下を大きな成功――一見して、その人の能力を遥かに超えると思われるような成功――に導いた人だったと、私は実感している。また、これが一代にして、今日の松下を築き上げた秘密であろうと思う。

●大局的な判断に基づく指導・調整

部下に権限を委譲すれば、後方から部下の働きを見ることになる。また、周囲を見まわしたり、後ろを振り返ってみることもできる。ゆっくり状況を調べてみたり勉強する余裕も生まれてこよう。そうなると、みずから先頭に立って走り、陣頭指揮をしていたときとは別なものが見えてくるはずである（もしそれが見えなければ、部下にまかせ、それをよいことに怠けていることになる）。それが大局である。

この大局的立場に立っての指導と調整が新たな任務として加わる。たとえば、五つの課を統括する部長を考えてみよう。五人の課長は大幅に権限を委譲されたとしても、与えられた目標や任務をみずからの判断で変更することはできない。また、人員不足や構成メンバーの不適性を感じても自分で補充したりメンバー・チェンジはできない。部長になれば、必要と思えば、課間の人員の異動や他部門よりの協力の取りつけなどの調整処置もできるし、大局的な判断から目標の変更や、トップの説得などもできよう。また、ある課の余力十分と判断すれば、新たな目標を与えたり、人員を半減するなどして、その課から新たな活力と創意工夫も引き出すアクションもとれよう。

また人は権限を与えそれを行使させて初めて、その能力が判明する場合もある。それにより、適材適所の配置を考慮することも権限を委譲した人の責任であり権限である。

●教育――特に経営理念の徹底

権限の委譲は少々の失敗など恐れることなく、大胆に大幅に実施すべきである。しかし経営は訓練や練習の場ではなく、実践の場であるから、万が一にも権限を委譲した下級者に経営の基本的な方針・理念にもとるような行為があってはならない。と言って、権限の委譲を恐れては企業の発展も人を育てることも不可能である。

ではどうするか。ここで日頃の教育が大きな意味を持ってくる。日頃から部下に自分の考え方や会社の方針をよく伝え経営理念を徹底する教育が行なわれていれば、いかに大幅に権限を委譲しても、その行動において基本的な誤りを犯すということはないはずである。もし、社長が一切の権限を握り、他の人はその指示通り動くということであれば、経営理念は社長の頭の中だけにあればよいということになろう。経営理念とか基本方針といったものは、それが、権限(特に経営権限)を委譲された人の行動を律し、その指針となって初めて生きた存在となるものである。そしてその内容においては、抽象的な理想、目標的なものより、具体的に理解し得る行動理念が大切であるとするゆえんはここにある。松下幸之助の経営理念は、そのほとんどが行動理念であるところに大きな意味があるのである。

●部下から学び、みずからを向上させる

権限を委譲した部下からは、必ず新たな創意工夫が生まれるものである。その部下の知恵を学びとることも長たる者の心得であり務めである。そうすることによりみずからも向上することができよう。

上級者になるに従い、高い見地から物事や状勢を見ることになり、また大きな流れに関する情報も得やすくなる。しかし、その反面、現場から遠ざかり、最近の現場の動きや情報に疎《うと》くなるのは当然である。経営幹部は、大局的視野に立ちながら現実の状況に即した判断をしなければならない。そのためには、上級者は常に現場を知り、現場を把握している部下から学ぶことが必要だ。また逆な言い方をすれば、部下をしてこちらが学ぶに足る能力を発揮せしめなければならぬが、そのためには権限をできるだけ大きく委譲することが必要だということにもなるのである。

口幅ったいことを言うが、私は技術畑の出身であり、松下電器には三十五歳になってからの途中入社であったが、事業部長として、また松下住設機器の社長として、

営業面でいささかの引け目をも感じることなく、リーダーシップを発揮し得たと自負するものであるが、それはすべて販売担当の部下の行動と成果から、販売というものの実態とあり方について学びとることができたからにほかならない。権限を大きく委譲したことのおかげであった。

❽自主責任経営理念の実践

二〇人とか三〇人の規模までなら社長一人の自主責任経営でも通用するかもしれないが、企業規模が組織運営を要する大きさになると、社長の才覚や見識だけではなく、多くの従業員の知恵と創意と責任ある行動が企業の命運を定める要素となる。ということは、企業内にどれだけ多くの自主責任感にもえた人がいるか、またどれだけ自主責任経営単位が存在するかによる、ということだ。何度も述べたように、自主責任感というものは権限を与えることによってのみ生まれてくるものである。

自主責任経営理念の実践の度合いは、どれだけ多くの権限を下部に委譲しているか、またどれだけ下部組織に大きな権限を与えているかということによって決まる。

事業部制をとる場合も、事業部がどれだけ完全な経営体になっているか、さらにその下にある部や課や係がどこまでの権限を行使できるようになっているか、ということが問題なのである。

⑨自主責任経営思想のもとになるもの

経営は結果である。環境は刻々変化し、ライバルの状況は不明である。そういうなかで大幅に権限を委譲し、まかせる経営をやろうという考えに立つ人はどういう哲学を持つ人であろうか。序章に述べた「経営の樹」の根の部分である。

人にまかせる、部下にまかせるということは、その人の能力や経験に対する評価が存在することは当然であるが、さらに、その前に、人を信じる——人の性は善なりとする人間観がなければならないであろう。このことを抜きにしては、自主責任経営についていかなる論議を展開しても、それは空論となるであろう。

⑩まとめ

なぜ自主責任経営か、なぜ権限委譲かいささかくどいほど強調してきたが、あえて「まとめ」の一項を設けて整理してみよう。

①日々新たな活力ある経営の実現
②生き甲斐ある職場づくり
③経営のわかる人づくり

こういう職場こそ状況の変化に機敏に反応できる経営が生まれ、その経験の積み重ねの中から後継者が生まれる。またそういう現場指揮者が存在してこそ、トップは戦略経営により多くの力を注ぐことができる。自主責任経営の実践こそは企業を長きにわたり繁栄・発展させる活力供給の基盤である。

3 松下幸之助にみる自主責任経営への思い

先にも述べたように、自主責任経営の理念は、その多くの経営理念の中でも柱となるものの一つであると思う。

ここに、その哲学を理解していただくために自主責任体制をつくりだすための基本条件である権限の委譲——まかせることについての考え方を人の育成という面から述べ、その実践としての事業部制について言及した文を紹介する。

経営者として人を得たいと思うならば、まずみずからがしっかりした使命観、経営理念を持つことが先決である。

さらに、従業員に対しては常にそのことを訴え、それを浸透させていくことである。経営理念というものは、単に紙に書かれた文章であっては何にもならないのであって、それが一人ひとりの血肉となって、はじめて生かされてくるのである。だからあらゆる機会にくり返しくり返し訴えなければならない。（中略）それとともに大事なのは、思い切って仕事をまかせ、自分の責任と権限において自主性を持った仕事ができるようにしていくことである。人を育てるというのは、結局経営のわかる人、どんな小さな仕事でも経営的な感覚を持ってできる人を育てることである。そのためには、何でもあれこれ命令してやらせるのではいけない。それでは言われたことしかしない人ばかりになってしまう。

やはり仕事は思い切ってまかせることである。そうすることによって、その人は自分でいろいろ考え工夫するようになり、その持てる力が十分発揮されて、それだけ成長もしてくる。私どもの事業部制はいわばそういうことを一つの制度化したものであり、それによって人が育つという大きな長所があることを私は経験から感じている。事業部という一つの経営体だけでなく、その中の個々の仕事、いいかえればすべての仕事について、そのような考えを持ち、それを訴えてきたのが私の経営である。

もちろん、大幅に仕事をまかせるといっても、基本の方針というものはピシッと押さえておかなくてはいけない。それなしにまかせたのでは、それぞれが勝手にやるということになって、全体がバラバラになってしまう。あくまで一定の方針に基づいて権限を与えるのである。したがって、ここでもやはり、その会社としての基本の考え、経営理念というものがきわめて大切になってくるわけである。その経営理念に則して、各人が自主的に仕事をしていくということであり、そういうものがあってはじめて成り立つことだといえよう。

（松下幸之助『実践経営哲学』「人をつくること」七九～八二ページ）

松下電器の事業部制は昭和八年に始まる長い歴史を有するもので、商品分野ごとに設けられ、どのような商品をどれだけ造るか、またどのような商売のやり方をするか一切まかされている。また、会社としては松下電器として統合されているが、内部では事業部ごとに資本金が設定され資金の枠も設定されている。借入金や預金に対しては銀行との取引と同じように本社との間でそれに準じた金利で処理される。

こういう条件が整えられているから事業部ごとに独立企業と同じようにP／L（損益計算書）・B／S（貸借対照表）が期ごとに計算され、月次決算も全事業部で行なわれる。その合計が松下電器としてのP／L・B／Sとなり月次決算となる。また全国に展開する幾百の営業所・出張所なども事業部に準じた自主責任経営体であり同じやり方で決算が行なわれている。

私も研究所で開発された電子レンジをもって昭和四十年に電子レンジ部（売上が少なかったので事業部にはならなかったが事業部と同じような機能の独立組織として設けられた）の長に任命されると同時に内部資本金二〇〇〇万、運転資金四〇〇〇万が設定され「君、しっかり給料払うんやで」と言われたことを思い出す。

当時はなかなかむずかしい状況にあり、二〇名足らずの従業員に給料を支払うための最低売上金額三〇〇万がなかなか確保できず、生産をストップして全員が飛び込みのドア・ツー・ドア・セールスに繰り出して凌《しの》いだことを思い出す。

このときからか自主責任経営の精神が全員に浸み込み、売上五〇〇億、従業員五〇〇名に達しても常に訪問販売のできる人を三〇〇名くらい保有し、必要に応じ、いつでも、なんの抵抗もなく技術者も経理社員も人事社員も作業者も販売に出かけるという伝統の事業部となった。

また、私のような途中入社の一介の技術者でも、

「電子レンジ部を君にまかした。しっかり給料払うんやで」

の一言で、経営者としての必死の思いをかき立てられ、それなりの勉強もし、知恵が出るようになり、販売や組織や経営の面でもいささか創意工夫を生むことができるようになれたと思う。

4 松下幸之助と、ある国鉄職員との対話

次に引用の事例は、『実業の日本』誌一九八二年十一月一日号と十五日号に掲載された松下幸之助の対談記事で、相当昔の話であるが、大赤字をかかえ、どうにもならないと考えられていた当時の国鉄を話題として松下幸之助の経営観――自主責任経営に対する透徹した考え方がよく読みとれる。また、その後の推移とJR移行後の経営再建の状況を思えば、読者諸氏も改めてその卓見に思いをはせられることと思う。

また、十九歳の国鉄職員の面会申し込みに応じ、対等の立場で情熱を傾けて話す、働く人に対する温かい心に、改めて頭の下がる思いがするのも筆者だけではないであろう。少々引用が長くなるが、紹介することにする。

松下さんなら国鉄をどう再建しますか

かつて松下幸之助氏は朝日新聞紙上に「私の経営」と題して連載したことがある。これを読んだ十九歳の国鉄職員が感激、「国鉄再建について経営の神様からじかに聞きたい」と朝日新聞社に投書。その熱心さを買った松下氏はその申し出を快諾、ここに「神様」対「十九歳」の討論が実現した。その職員とは国鉄梅田貨物駅・構内指導係真鍋健一君。民社党系の鉄労に属し、車掌になるのが将来の夢。「国鉄を愛することでは誰にも負けない」と自負する好青年である。

〈商売を始めて二、三年で使命感が〉

真鍋　実は私、朝日新聞に連載された相談役の「私の経営」を愛読しておりまして、とくに日本ビクター再建のお話に非常に興味をもったんです。これなら、国鉄の再建についてもさぞかしいいお知恵があるんじゃないかと(笑)、ひそかに思っていたのですが、たまたま友人にすすめられた『物の見方・考え方』(実業之日本社刊)を読んでいましたら、巻末の略歴に相談役が国鉄諮問委員会の役員もされている。ああ、これなら、絶対に松下さんに国鉄再建の方法を教えていただけると確信して、ああいうお手紙を書いたのです。

松下　いやあ、ボクはあなたの熱心さに感心しているよ。あなたはどちらの生まれですか。

真鍋　僕は神戸です。

松下　そうですか。まあ、せっかく来たんやから、何でも遠慮なく話してもろて結構ですよ。

真鍋　はい。松下さんはこれまでの人生で幾多の苦難を乗り越えてこられたわけですが、そのとき松下さんを支えてきたものは何だったのですか。

松下　支えたものが何かというよりも、毎日希望に燃えとったわけやな。だからもう、苦労が苦労にならなんだ。

真鍋　その希望というのは、目標でもあるわけですか。

松下　僕は電気器具の製造販売をやってきたでしょ。それをどんどんやっていくことに、使命感があった。その使命感に立ってたから、苦労にならんわけや。ま、喜びをもって仕事してたわけやな。

いま国鉄の職員の中にはね、国鉄がいろいろ組上に上ってるから、一部悩んでる人あるでしょうな。あなたもその一人やろ。（笑）

真鍋 松下さんは小学四年で中退して丁稚奉公をされたわけですが、それからどういう意識をもって社会人として働いてきたのですか。

松下 そういうね、特に話するほどの、意識持ってないわけや(笑)。まだ小さいでしょ。十歳の子やからな。意識がどうのこうのというようなことはないのや。

(中略)

真鍋 すると、使命感をおもちになったのは、いつごろからですか。

松下 それは、強いて言うなら、商売してから二、三年たってからや。

(中略)

〈国鉄再建は分割して経営権の確立を〉

真鍋 松下さんは、いつも一つのことをいい面と悪い面と二つから見ていますが、松下さんがご覧になって、国鉄のいい面と悪い面は、いかがですか。

松下 国鉄には、両面あるけどな、あなた自身としては、悪い面はどういうところと思う? 職員として。

真鍋　えーと、僕は貨物関係の職員だから、旅客のことはよく分からないのですが、お客さまに対する態度かもしれません。国鉄は親方日の丸みたいなところがあって、お客さまに乗っていただくんだという意識がなくて、乗らしてやるんだという意識があるようですね。
いい面というのは、ローカル線にしても、安全に正確に運行しているというところだと思います。

松下　そういうところは、われわれもそう思うな。（笑）
しかし、国鉄の欠陥はね、それだけやない。職員のサービスというものは、まあ一つの問題やけど、これはまあ別にして、根本の組織が、いまのままであったら、経営やないわけや。経営なき団体みたいなもんやな。
だから、組織体にはね、何でも経営者が要るわけや。高木総裁がおられるけどな、あれは経営者やないわけや。というのは、経営権というものがないから。ま、どっちか言うたら、議会が持っとるわけやな。賃金上げるにしても値上げにしても、議会の審議を経ないかんでしょう。そういうことでは商売できない。高木さんが総裁であれば、総裁自身が、自分の思う通りに、経営の全般を仕切るというのだったらいいけど、高木さんは総裁という名前だけで、何もできない。それで、文句あったらみな高木さんとこへ言うて行く。(笑いながら) そやからもう、高木さんも弱っとるわけや。

あの人、勉強家でね、何べんもうちへこられたですよ。経営のやり方についてね。そして、常務理事の人が三日か四日、うちへ来た。しかしその常務理事でも、何も権限ないわけや。あれでは経営体やない。それが一番問題やな。

真鍋 それが悪い面ですね。いい面は……。

松下 よい面はないな(笑)。

よい面は、国がやってるというだけやろ(笑)。

(中略)

真鍋 僕の考えでは、分割して民営にすることには反対なのです。

(中略)

〈分割国鉄に公共性はあるか〉

真鍋　ただ、私は国鉄が戦後果してきた大きな役割の一つに、公共性ということがあると思います。民営化されると、それが失われるような気がしますが……。

松下　公共性いうものは重大なもんやけど、必ずしも国がやらないかんということはない。公共性があっても、民間でやらしてもいい。だから、公共性の内容が、整うたらええわけやな。民間でやって、そのほうが便利やったらいいわけや。

（中略）

真鍋　公共性という点で一番問題になるのは、赤字ローカル線ですが、これは民間でも引受け手がないんじゃないかと思います。

松下　それはね、やらしてみたら、やれるわけや。その地方の人が便利よくなるために、大きな機関車で具合悪かったら小さな機関車にすればいい。心配いらんですよ。（笑）

真鍋　採算がとれないでしょう。

松下 いや、とれるようにやりよる。民間会社は、みなもうけてるがな。民間で損してるとこあれへん。みな配当しとる。税金納めてな。

そやから、国鉄の組織は、一つは経営体が、完全に独立してないということや。これは独立ささないかん。独立さしても、あんまり図体を大きくすることより、それを適当に分けたほうがいい。

アメリカでも五〇州あるでしょう。ああいうふうにやっぱりせないかん。あれを、一つの州にしとったら、なかなかたいへんや。アメリカは、一つの国やないでしょう。合衆国やろ、みな独立しとるわけや。カリフォルニアはカリフォルニア州、ニューヨークならニューヨーク州、みな州が独立しとる。あれを一つの州にしてね、すべて大統領直轄にしてやったら、なかなか政治はやれない。

そやから、適正の大きさというものがあるわけや、政治でも、経済でも。適正の大きさというものを考えないかんわけやな。

(中略)

真鍋 国鉄当局が考えている国鉄再建法は、どう思われますか。

松下　国鉄の再建法というのは、ボクは、あまり詳しいことは知らないけど、結局経営権のことは言ってない。経営権がなかったらいけません。経営するものが、経営権持たなんだら何にもできん。
　戦争でも、指揮権のない大将を置いていたらいかん。戦争するのかせんのかという、指揮権がなかったら、だめやな。司令官のいない、師団と一緒や。師団長が命令しないことには戦《いくさ》ができない。師団付き少将というような名前ではぐあい悪い。（笑）

（中略）

〈国鉄はもっと厳しうやりなさい〉

真鍋　国鉄も経営権を得て、松下さんが経営者になってくれれば……。

松下　僕も、十年ほど前に国鉄総裁になってくれと頼まれたことがある。

（中略）

真鍋　その時、断られたのは、やはり経営権がなかったからですか。

松下　そこまで、はっきり言いませんけどね。（笑）ただ、国鉄はもっと厳しくやらないといかんな、厳しく。

（中略）

真鍋 国鉄の料金はいま一般に高いといわれていますね。

松下 高いようですな。

真鍋 僕たちも料金値上げごとに反対してはいるんです。たしかにそれで増収にはなるけれども、その輸送密度は減っています。だから赤字解消には役に立っていないんです。

（中略）

松下 これは、国鉄の役員なり、国鉄の職員なり、労働組合が悪いのではなくて、その組織のあり方が間違ってるわけや。ああいう組織で民間的な仕事をしたらいかん。そのいかんことをやっとるわけやな。

真鍋 僕らも反省すべき点はいくつもあるんです。お客さんあっての国鉄だという意識に徹しなければならないと思っています。

松下 労働組合のあり方も、変わってくるし、経営者のあり方も変わってくるし、そうなると黒字の経営はできるはずや。あれだけのものを持っているのだから。

それができないということは、できないような状態に放置してるからです。半分は国鉄当局の責任ではなくて、国の責任や。政府がそういう状態をつくったわけや。残りの半分は、国鉄自体の責任ですな。半分は政府がそういうふうに改まったら、自然に改まってくる。

だから労働組合も、「国鉄に、経営の自由を与えよ」と、いうような運動をしたほうがよろしいな。

真鍋　今日は、ほんとうにいろいろとありがとうございました。

【3章】部門経営論

1 部門経営が生まれた経緯

松下電器電子レンジ事業部長だった昭和四十年代の終わり頃だった。電子レンジは当時まだ一〇万円を超える価格でお客様にとっては割高商品であり、メーカーとしては売りにくい商品の筆頭にあった。そのため経営規模にくらべ営業部門が大きく、全国を七地区に分け、それぞれに地区担当販売課を設けていた。

各販売課には大体人口に見合った販売台数を割当てていた。営業部全体としては、計画を若干上回る販売を達成していたが、各課別にみると、それは七〇～一五〇％の間にバラックのが常だった。それを追及すると、地域差だとの答が返ってくる。こちらも意地になって、同じ商品を同じ価格で、同じ宣伝広告のもとに同じ日本人に売るのに、そのような大きな地域差は認め難しと、さらに追及すれば、地域の特殊事情という強い反発が返ってくる。たとえば「北海道担当は達成率は悪いが、それは当社の販売網が弱く、また北海道の人達はまだ電子レンジの理解が低い。だから担当者は他地域にくらべ大変な苦労をしている。近畿地域であれば小売店回りも日帰り出張だが、我々は十日間の連続出張だ。自宅に居るのは月に四〜五日で、さらに冬ともなれば吹雪の中を長靴、ウインドヤッケでの小売店回りだ。他地域とくらべものにならぬ苦労だ。ボーナスの査定は全員Aクラスにしてもらいたい」というのである。理屈に合わぬ話だが、私もはじめはなるほどそうだなと思った。

ところが、試みに各課ごとの損益計算を概算してみると、その利益率は五%の赤字から一〇%以上の利益という大きなバラツキがある。そこで「それでは北海道のお店はみな赤字ということになるではないか。君の課以外はみな立派に儲けていらっしゃるのだ。達成率など言ってるからそんな理屈が出るのだ。販売課は、製造部門から商品を仕入れ小売店に売りさばく卸商店ではないか。しかもナショナル電子レンジの地域独占販売権を与えられた大変有利な条件の商店ではないか。店の経営は一切まかすから課長は商店主、課員は店員になったつもりで給料の払える商売をやってみよ」ときつく申し渡したところ、「面白い、まかせてください。やりましょう」ということになった。これが私たちの部門経営のはじまりである。

独立の商店であるから、毎月決算をやる。そして赤字が続くとつぶれてしまう。

過大在庫を抱えても資金ショートで倒産だ。このことがわかってくると商店主だけではなく、店員も必死になって考える。知恵を絞りいろいろなアイデアを生みだし、ただちに実行され、その結果が経営成果として確認される。だからやり甲斐があり面白くなってくる。また新しい意欲が生まれ、アイデアが生まれる。次第に活力に満ちた、自主責任感にあふれた職場になってきた。それでいて、当初心配した課の対立というようなこともなく、むしろ助け合い学び合うという雰囲気も生まれてきた。それは事業部長室から眺めていた私の肌で感じた実感であって、誇張やＰＲの意図はまったくない今に続く私の心からの喜びである。

はなはだ鈍なことだったと今も思うのだが、この商店経営を二年も続けてから、これは販売部門だけでなく、全課に実践すべきだと気づいた。販売部門以外の部門に実施して知ったことは、それらの部門では一工夫要することは事実であるが、それだけにまた面白味もあれば効果も大きいということである。以下本章で述べることは、すべて実践の中で、その実行者である部下から教えられたことを整理した体験記である。

部門経営を実施されようという読者も、その実践の中から新たな、あなたの企業に合った特長ある方式を生み出していただきたい。

2 部門経営のねらい

今日の経営は大きく分けると二つの分野で行なわれている。一つは未来の経営である。戦略経営ともいわれるもので、企業が未来永劫生き延びるために手を打つ経営である。「戦略的失敗は戦術的努力では補えない」と言われるようにきわめて重大なものであるが、その適否と成果は現時点では判定し難く、いわば頭の中の経営である。今一つは現在を生き抜く現実の経営である。本章で論ずるのは後者の経営である。

現実の経営は言うまでもなく、全従業員によって現場各部門において日々実践されている。

ここで各部門と言ったのは、今日の企業にあっては経営業務は細分化され、多くの部や課・係などの組織に分かれて、それぞれ専門分野を分業分担しているからである。

分業による経営実践は企業の規模が一定の大きさに達すれば当然行なわれねばならないことではあるが、この当然のことの裏にはあまり認識されてはいないが――経営が行なわれている現場は、実は経営の場ではなく、管理の場になっている――という事実が存在する。それは経営現場の指揮者である部長や課長が管理職として位置づけられ、高級管理者とか中堅管理者などと呼ばれていることでも知れよう。

部門経営とは、この現場各部門を管理の場ではなく経営の場として構築しようというものである。当然のことながら、そうなると管理者である課長も経営者に変革・変身してもらわねばならない。そうすることによって経営の活性化と働き甲斐のある職場を実現し、自主責任経営の理念の実践の場たらしめようというのが部門経営における私の主張である。

3 「管理」と「経営」について

部門経営の実践論に入る前に、管理と経営あるいは管理者と経営者についての考え方を明確にしておくことにしたい。いろいろな議論はあるであろうが私は自主責任という観点から次のように思う。

❶管理と経営の違い

- 管理と経営の基本的な違いは、前者は与えられた命令を、原則として定められた方法やルールに従って実行する行動であるのに対し、経営はみずから設定した目標をみずからの方針により、みずからの責任において実現しようという行動である
- 管理には、意識するしないは別として、根底に抑圧がある。これに対し、経営は新たな創造という無限の広がりを求めるものであるから、本質的に自由であり楽しさ面白さの中にある
- 管理にあっては、給与は与命者からの報酬である。命ぜられたことを真面目に実行した人は、経営成績の如何《いかん》にかかわらず、会社に報酬を請求する権利がある。一方経営という観点からみれば、当然のことながら、それは稼ぎ出さねば

ならぬものである

●給与を稼ぎ出すには、お客様に商品とかサービスを提供し、競争相手に勝ち、代金を頂戴し利益を計上しなければならない。お客・競争・利益を抜きにしては経営は考えられないが、管理にあっては、命ぜられたことを達成することが使命であるから、それらとは無関係である

●経営にあっては、活動の評価は最終的には利益であり、それは、投入資源（インプット）とその結果得られるもの（アウトプット）との関係において求められる。これに対し管理における評価は、与えられた命令の達成度である。前者は客観性のある評価であり、後者は命令を与えた人が評価する主観的評価と言えよう。また利益による評価は自己評価が可能であるが、後者のそれは他人による評価である

●管理にあっては命ぜられた目標を達成するのであるから、目標管理で事を進めればよいが、経営は必ず決算をもって締め括る

●管理者はみずからの意思ではなく、上の命令を体し部下をその命令通りに動かすことが基本的な任務である。したがって、そのリーダーシップは率先垂範・

管理と経営

管　理	経　営
○上から与えられた命令を実行する行動が基本	○みずからの考えを実行する行動（自主責任感に基づく行動）
○部下をして、上の方針に従わしめるよう統率・統制指導する	○部下に権限を与え、自由な発想を引き出し、実行させることができる
○根底に一種の抑圧がある	○自由と面白さの上にある
○命ぜられたことを真面目にやれば、その結果如何にかかわらず会社は給料を払うのが当然である	○給料は稼ぎ出さねばならぬものである
○お客様・競争相手・利益は存在しない	○そのためには、お客様に物かサービスを提供し、競争に勝ち、代金を頂戴し、利益を計上しなければならぬ
○評価は与えられた目標（ノルマ）の達成度による上司の主観的評価	○評価は投入したもの（インプット）と得られたもの（アウトプット）の関係において求められる客観的評価
○率先垂範・陣頭指揮型のリーダーシップが効果的	○権限を与え、指導バックアップの人材育成型リーダーシップ
○ルール遵守の日常管理	○日々新たな活動
○個人としては別であるが、職務としては夢・ビジョンを必要としない 戦略思考とは無縁である	○夢とビジョン・戦略思考がなければならぬ 経営理念が生まれる

陣頭指揮型が有効であり、日常管理は規則やルールを遵守せしめるよう指導することが重点となる。これに対し、経営者はみずからの意思により動き、部下に対しては部下の能力を高め、それを引き出し活用するのが本来の姿である。つまり、部下に自由に考えさせ、創意工夫を求めそれを実行させることにより、より良き成果を求めるのが経営的なやり方である。そのリーダーシップは人材育成型に重点を置くこととなる

●このように詰めて行くと、経営者は夢とビジョン、さらに経営理念といったものを心の内に持たねばその発想が生まれない。また必然的に先のことを考えるから、戦略的な物の見方、考え方を身につけねばならない。これに対し、命ぜられた範囲の行動である管理活動にあっては、そういったものは必ずしも必要としない

ここまで読まれた読者の中には、「これはちょっと（だいぶ?）極端な説だ」と思われる方も多いであろう。しかし経営体である企業全体と管理の場としての現場各部門の性格を突き詰めて行くと、このような差となるであろう。

❷管理の場となる原因

私は、経営活動が実践されている現場各部門が、経営の性格が薄れ管理の場と化していることを、誰かの罪として非難しようというのでは決してない。なんとなれば、そこにはそうなる理由があるからであり、その原因を取り除けば、おのずと経営が生まれていると思うがゆえである。

言うまでもなく、企業の一番身近な直接目標は売上と利益の確保である。したがって、その評価もこの二つによって一義的に決まる。ところが企業を構成する現場部門の大部分は売上や利益とは関係のない別な目標——管理目標を掲げ、それに向かって日常活動を行なっている。経営と遊離した考え方に傾くのは当然である。

評価についても同じことが言える。

経営活動のよし悪しは、損益計算書（P／L）と貸借対照表（B／S）を見ればよく分かる。さらに、それをもとに経営分析をすればいっそう明確に知ることができる。**P／L・B／S**はきわめて優れた完成された評価手法と言えよう。ところが、この評価手法は経営全体についてのみ成り立つもので、各部門に実施することはできない（少なくとも実施されていない）。つまり、現場各部門は、そこで経営活動が実践されているにもかかわらず、経営的評価は行なわれていない。評価を行なわないわけにはいかないから、管理目標の達成度という別の物指しによって評価が行なわれる。人は誰でも目標を目指し評価を高めようと努力する。当然のこととして現場各部門は目標管理の場と化し、経営活動が実践されつつ経営の性格を失った場となる。

先の表は今述べたことをまとめたものであるが、旧ソ連の経営者再教育学校で講話したときに使用したもので、彼らも「そうだ」と認めていた。

それでも、企業規模が小さく、現場の人達にも経営全体の像が目に見え頭に入るうちはまだよいが、大企業になるに従い、人々の現場における日常活動と経営の距離は遠く隔たったものとなり、経営感覚はいっそう薄弱となるのは当然の結果と言えよう。

松下幸之助でさえも「私が経営を一番思いのままにできたのは従業員が二〇〇名くらいのときだった。そのくらいの人数のときには、全員が私の考えを理解してくれていたし、私も全員の心を知っていたからだ」との旨、言っている。

これは経営の評価をP／L（損益計算書）・B／S（貸借対照表）によって行なう以上

はやむを得ない成りゆきである。P／L・B／Sは一つの完成されたきわめて客観的な素晴らしい経営手法であるが、ここに一つの限界があると言えよう。

ではどうすればよいか。それは部門ごとに、それにふさわしい決算方式を考えればよいのである。P／L・B／Sは大変優れた手法ですっかり定着しているあまりに、これ以外に方法はないと思うところに問題がある。工夫次第でいくらでも方法はあると考えられよう。後述するインプット・アウトプット方式もその一つである。

では、現場に経営を取りもどすにはどうすればよいか。「適当な規模の現場部門ごとに、その職場にふさわしい形で経営目標(管理目標ではない)を設定し、かつ、お客様・競争・利益の概念を導入すること」であると思う。そうすることにより、管理的運営のもとにある現場各部門を限りなく経営に近づけよう、というのが私の主張する部門経営である。

ところがこのことを大変むずかしいことのように受け取られ、その実行をためらわれる発言を多く聞く。私は、それは経営とはむずかしいものであるという前提に立つからであると思う。そういった方に対し私は魚屋さんの例をとって話すのを常としている。それはこうである。

私の家に週二回まわってくる魚屋さんがいる。まだ若い人で高校を卒業し、しばらく定職もなく無為にすごしていたが、一念発起して魚屋を開業した。店を構えるだけの資金と地盤がないのか、小型トラックの荷台にショーケースをしつらえて、巡回行商といったスタイルである。彼は毎朝早く、大阪の魚市場に仕入れに行く。

今日の巡回コースのお客を頭に浮かべ、売れる魚の種類と量を予測して仕入れるはずだ。マーケティングである。彼の魚は生きが良いとの評判で売れているが値は高い。しかし、午後には割安なものも交えている。魚は生き物だからなんとしてもその日のうちに売り切らねばならない。ようすをみて切り身に小分けして値下げという施策を打っている。いわば完売のための販売促進費の投入だ。夕方、商売を終えて帰ればただちにソロバンを置く。今日の売上から朝仕入れに支払った金額を差し引いたものが売上総利益（粗利）だ。この中から明日の販売コースを考えて、仕入れ金額を差し引き残りをさらに細かく分ける。生活費分・昼食代・ガソリン代などの経費、子供の教育費の積立て、保険や車の償却費見合、不時の支出や将来寿司屋を開業したいという夢のための貯金などである。財務計画をたて、長期計画に対する内部留保もちゃんと実行していると言えよう。魚屋さんはこのような立派な経営と決算を毎日実施している。月次決算をやっている会社はたくさんあるが日次決算まではやっていないであろう。この魚屋さんは最も進んだ経営をやっている人だと思う。

私は経営はむずかしく特別な人でないと理解できないとか、部門経営は無理だという人には魚屋さんの例で説明することにしている。

経営とは、むずかしいものであるとかそうでないとかの議論ではなく、いかにして誰にでも分かりやすいものにするかということが大事な点なのである。

4 なぜ部門経営か

なぜ部門経営を提唱するか。部門経営のねらい、というよりも部門経営の結果として得られたものを述べることによってこの考え方の提案理由としたい。

●働く人の意欲に満ちた職場づくり

働くことへの意欲は何によって生まれるのであろうか。いろいろなことが考えられるが、最大の要素はその働きの価値の自覚（働きの結果として得られた成果の認知）であると思う。これは何も働くことだけに限らず学問でもスポーツや趣味の稽古事でも同じであろう。

企業経営の場における働きの成果とは、言うまでもなく経営成績における貢献の度合いであるが、その経営成績は前述したように最終的にはP／L（損益計算書）とB／S（貸借対照表）という財務決算の形で表明されるが、このP／L・B／Sという成績表からは企業の各部門貢献度を知ることはまったく不可能である。これでは経営活動を分担する各部門も、その現場にいる働く人々も自己の働きの価値や成果を正しく知ることとなしに行動することとなり、本当の働く意欲が生まれる基盤を欠くこととなろう。もちろん各部門ごとにそれぞれ目標が設定され、その目標に対する達成度合いにより活動を評価することが行なわれているが、それと最終評価のP／L・B／Sの関係は明確でなく、部門の評価はその部門や個人に与えられた目標に対する目標管理の範囲に止まる。

部門経営は、一つの部門を一個の自立した経営体として形成することにより前記の管理組織としての限界を打破しようというものである。つまり、その部門の働きを、その部門でただちに決算し経営的に把握し、それを全員が知ることにより、その現場で働く人の意欲を引き出す職場たらしめようというものである。

命ぜられた目標をひたすら追求するということと、みずからの経営であるとの自覚のもとに行動し、その結果を経営成果としてその現場でとらえ決算検討に参画するということでは、みずから働く意欲に差が生じるのは当然のことであろう。

部門経営の行なわれる職場は自主責任感の発揮を促す経営の道場である。

●働く人の知恵とアイデアを引き出す職場づくり

経営がまかされ、働きの結果がその場で決算され経営的に把握される職場、そこには働く人の意欲だけではなく知恵とアイデアが生まれてくる。

仕事というものは、それを担当し毎日実践する人が一番よく知るところであり、その人にしかない知恵とアイデアが必ずあるものだ。部門経営の行なわれている職場は、それが引き出され生かされる日々新たな経営が行なわれる場である。

●経営のわかる人づくり

「経営学は教えることも学ぶこともできるが、経営は教えることも学ぶこともできない、自得するのみ」(注)とは松下幸之助の言。柔道や剣道でもどんなスポーツでもそうであるが、それを習得するには道場やプールやグラウンドといった習練の場が必要である。部門経営の実施は、職場を、経営を習得する道場たらしめるというもので、経営のわかる人はその道場から生まれてくる。

(注)「経営学というものは、教えることもできるし、また習うこともできる。しかし、生きた血の通った経営というものは、教えることも習うこともできないと思う。もちろん、教わり習ったこともそれなりに参考にはなるであろうが、そのコツといったようなものは結局自分自身で会得《えとく》するしかない」(松下幸之助『思うまま』PHP研究所)。

●迅速機敏な経営づくり

先にも述べたように経営には二つの面がある。一つは生き延びる経営で、未来を予測して手を打つ、いわゆる戦略経営であり、一つはひっきりなしに変化する現状に対処する現在の現実の経営である。部門経営は経営の現場第一線に自主経営体を構築するものであり、いわば戦場の真っ只中に戦闘指揮所を設け、そこに十分な権限を有する指揮官を配置するのであるから、最も機敏に素早く変化に対処できる体制である。

●足腰の強いバランスのとれた経営づくり

企業の各部門を経営体として、経営目標を明確にし、計画に対し決算をすればそれぞれが経営として強いのか弱いのか、またいかなる特長あるいは欠点があるのかが明らかになるであろう。ということは、経営全体としての弱点や改善を要する部分が定性的にではなく定量的に明確になることである。経営者はそこを補強、指導することによりバランスのとれた経営を実現することができよう。

経営は特長も必要であるが、バランスが良いということはもとより基本的な問題である。部門経営はバランスの良い足腰の強い経営体をつくる役割を最も大きく果たすものである。

5 部門経営を実施する前に

企業全体の経営は複雑であるが、それにくらべると部や課、係といった各構成単位は少人数であり、その目標も単純明快である。しかし、それだけの理由で明日からただちに部門経営というのは無理である。それは、なんといっても経営幹部にも現場にも管理思想が定着していることと、その働きや成果を経営的に評価する制度を欠いているからである。

部門経営を実施するには、意識革命と各部門の実状に応じた決算方式を定めるのに一工夫を要する。そのためには少なくとも次のような準備が必要である。

① 部門経営の理念と主旨の徹底

どんなことでもそうだが新しいことをやる場合には、それに参加するすべての人に基本的な考え方の理解と賛同を得ることが成功の前提条件である。部門経営もそうで、自主責任経営の理念をよく知ってもらうことが大切で、少なくとも次のことは分かりやすく説明し全員に納得してもらうことがその出発点である。

●仕事の主人公は仕事をする本人である
●主人公は自分の仕事に誰よりも精通し、誇りを持ち、その仕事を改善する人である

また、ある元公社系の企業で、部門（課）経営を実施しようとしたところ、労働組合より〝それは経営者側の責任を組合員に押しつけるものである〟との強い抗議を受けて驚いたことがあった。これは大変な誤解であるが、一面もっともなことでもあると思う。

●部門経営とは経営責任を与えようというのではなく、経営権限を与えることである

――ということをよく理解してもらうことが必要である。

❷全員参加の可能な部門経営単位を決める

部門経営とはその部門の長たる人の経営ではなく、全員参加の経営なのである。全員が興味を持ち意見を述べ参加するにはその数におのずから制限があろう。ＱＣ(*クオリティ・コントロール)サークルや小集団活動などの経験より、大体一〇～二〇名くらいの人員が適切であろうと思う。また一方、経営という立場に立てば、独自の任務と目標が設定され、その遂行に自由裁量の能力を有すという条件が必要である。少し独断的のようだが、日本の企業にあっては、この二つの条件を有する前線部門は一般に課ということになろうかと思う。課長という地位にある人は相当な経験を有し、常時激動する現場にあり現在の状況を一番よく知り、仕事にも精通している人であり、また部下の人数も大体二〇名くらいまでが多く、一人一人の掌握もよくできるはずである。

事実私が関係した限りでは、すべての企業において部門経営は課経営という形で実施されている。

課を部門経営の前線単位とし設定すれば、おのずと課長と部長でその上位の部門経営体を構成することとなろう。

❸部門の基本使命を明確にする

今日、ほとんどの企業は、社会に対する使命・存在意義などを経営理念として明確にしている。また、そうすることは社会の公器として大切なことである。

企業内の各部門も、それが一個の経営体たらんとすれば当然その部門の使命・存在意義を明確にし、それに基づいた経営理念を持ちたいものである。

通常、経営理念は会社全般の使命や経営のあり方についての哲学であるから、一般従業員にとっては、どうしても漠然とした抽象的な印象を与えるものになりがちであるが、各部門の使命は限定された特定のものであるから、そこから生まれる理念はその現場で働く人達に身近に理解し得るものとなり得よう。これこそ経営理念を生きたものとして浸透させ、よき企業風土をつくり上げる道である。

各部門の仕事は日常業務として長年繰り返し行なわれており、その使命は明確によく認識されているはずだと思われるが、案外そうでないものである。たとえば倉庫部門の真の使命・役割はそこに働く人に本当に自覚されているか、またメンテナンスや修理・営繕などの部門は補助部門扱いされていないか。一般にこれらの部門に対しては経営幹部の認識さえもはなはだ曖昧であることが多い。

部門経営の実施は各部門の使命・役割を明確にし、全員に仕事に対する自覚と誇り、新たな取り組みと改善を促すよいチャンスである。そして、その部門から部門特有の経営理念が生まれてくるようになれば見違えるような職場が生まれる。

❹企業全体の重要課題を各部門の具体的テーマに直す

各部門がいろいろな仕事を分業分担し日常活動に励むのは、終極的に企業全体の目標の達成あるいは課題の解決のためである。ところが企業の最終目標は売上金額と利益で与えられるから、それぞれの部門目標と結びつけて把握することはほとんど不可能である。また、企業の重要課題事項にその部門が大きなかかわりを有するにもかかわらず、そのようには理解されていないことが意外に多い。たとえば、会社が資金繰りや資金不足に苦しんでいる場合にも、通常それは社長や経理部長の仕事とされ、多くの部門では自分達と関係ないことと考えるのが普通であろう。もちろん全体の責任は社長にあり、銀行と折衝する窓口は経理部門であるが、社長や経理部門が金を持っているわけではなく、実際には資金は販売部門や製造部門、資材部門などが保有している。販売部門は売掛金、受取手形さらに商品在庫という形で、製造部門は仕掛品や部品の在庫品として、資材部門は材料ストックという形で常に膨大な資金を抱えている。資金に対しアクションを取り得るのは経理部門ではなく、これらの部門である。各部門で資金捻出の目標を定めれば、おのずと販売条件の改善、優良顧客筋の開拓とか工程管理や材料仕入れの改善などがテーマとなり新たな工夫やアイデアが生まれよう。

このように、企業全体の課題とそれに対する各部門の責任を明確にし、それに応ずる部門テーマに翻訳設定することにより、現場で働く人々の創意や努力を直接経営に結びつけることが経営を前線部門に下ろすことである。

❺内部取引のルールを定める

経営であることの条件の一つは、前にも述べたように、自己の仕事の生み出したもの、商品とかサービス、情報などをお客に提供し、その価値にふさわしい代価を受け取るというストーリーが存在していることである。ところが、企業内のたくさんの部門のうちで、そのストーリーが成り立つように見えるのは販売部門以外に見当たらない。事実、多くの独立採算制の教科書も販売部門を有する単位——事業部とか営業所をその単位として論じている。

しかし、よく考えてみると、企業の部門の中で自分の課や部のためだけの仕事や業務をしている自己完結型の部門というものは存在しない。すべてどこか他の部門のために働いているのである。資材部門が材料や部品を仕入れるのは製造部門に引き渡すためであり、製造部門の第一工程は第二工程に半加工品を引き渡すために働いている。人事や総務部門は全従業員に対し、考課や教育あるいは給料の支払いとか事務用品の提供から社員食堂、社宅の運営などおびただしいサービスを提供している。社長秘書もそのサービスを社長に提供する業務を営んでいる。物やサービスを提供するということは本来取引であり商売が成立するはずである。事実、その対価として給与を受け取っている。この関係をルールをつくり明確にしようというのが内部取引制度である。このことは管理体質から経営に脱皮する基本となるものだ。

いくつかの事例によって理解しよう。

●材料・部品・仕掛品その他物品の扱い

これらはすべて、物を引き渡す相手に販売する。製造工程におけるそれはもちろんのこと、鉛筆や社内用箋などの事務用品などの出庫は販売であり、出庫先から代金を頂戴する。その場合、それに加えた付加価値や経費を加算する。大切なことはその加算額は実績原価によるものではなく、公正妥当なものでなければならない。公正妥当とは競争相手を想定して、それに負けないものであることだ。たとえば、加工費は、もしその加工を外部業者に発注した場合のそれを考えればおのずと定まるであろう。一般に言われる標準原価であるが、商売の立場にたてば競争に負けない価格でなければならない。このことを忘れると甘い経営になる。

●単価の決められるサービス費の決定

提供するサービスのうち単価の決められるものはすべて公正な単価を定め、受益部門から代金をいただく。今まではその部門の経費として計上していたものを収入に変えるのである。たとえば、庶務部門でワープロ作業を引き受けている場合、B5

を一ページ打てばいくら、一枚刷ればいくらといった具合である。建物の営繕や清掃費用・光熱費なども公平な基準を設けてその受益部門からいただく。その他、自転車や車の駐車場費、社員食堂や社宅の費用など、単価を設定し収入を図れるものは思いのほか多い。もちろん、それらの価格と仕事のスピード・質は外部業者のそれが基準になる。この収入とそれに要した実費用の差が損益になる。総務・庶務・人事などといった部門は小さな商売・経営の集まりだ。

●出向人件費

企業の内部では、ときどき他部門に応援に出向くことがある。その場合は、応援を受けた部門は当然その間の人件費・経費を支払う。一時的にでも人が余れば、その部門は出向を受け入れてくれる部門を探し、少しでも出費を抑え収入を図ろうとする。ここにも一つの経営が生まれてくる。

●間接部門費の配賦

企業の内部には製造・販売部門以外のいわゆる間接部門と呼ばれる部門がたくさ

んある。これらの部門も単価を設定して受益部門から代金をいただける部門が相当あるが、それだけでは収支相償えないのが普通である。また、企画・経理・技術・品質管理などの部門は販売収入はゼロに近いであろう。その費用は間接部門費として他部門に配賦しなければならない。この配賦基準は公平に定め、それを被配賦部門にも明確にしておくことが必要である。また本社費などの配分も忘れてはならない。これを正確にやっておかないと部門の損益分岐点が曖昧になり判断を誤ることになる。間接部門費は無形の働きに対する代金の徴収にほかならないからだ。

間接部門について特に注意しなければならぬことは、本来独立採算部門であるのに、従来のしきたりで間接部門扱いにするようなことのないようにすることである。たとえば、製造業やホテル・ビル業などの機械や設備などの修理・保全担当部門などをそのように扱っていることが多いが、これは立派な独立した経営部門である。

❻内部金利レートを定める

原価と利益ということは理解しやすく、コスト低減について誰でも常識として持っているが、資金についてのそれは担当幹部以外はあまり認識がないように思う。

それを打破するには社内金利レートを適当に定め、商品や材料などの在庫あるいは固定資産などの金利をその保有部門に配賦する。そうすることによって自部門の決算の中で資金に関する意識が自然に生まれてくる。

❼固定費の配賦を明確にする

よく、独立採算制度に関する教科書などには、その部門でコントロールすることのできない間接部門の費用や固定費は配賦しない方がよいという主張を見かける。その部門の費用のうち、コントロール不能部分が非常に大きい部分を占めるようであれば改善努力の効果がいかにも小さくみえ、改善意欲が湧かないというのがその理由である。それも一つの見方であろうが、私は経営者の立場からその説はとらない。それは次の三つの理由による。

①自分の仕事にはこれだけのコストがかかっているのだという原価意識を損なう
②部門の損益分岐点が曖昧になり経営的判断を誤る
③固定費の削減という新たなアイデアを阻む

はじめの二つの理由は容易に理解できると思う。目先の管理ならともかく、経営というものは真実の姿の上に立ってこそ正しい思考が生まれてくるものである。私が最も強く訴えたいのは第三項である。次の事例を見ていただきたい。

営業部の部屋。七つの課があり一〇〇人近い人員の大部屋である。部長と七人の課長は袖机二つ付きの大机、係長は袖机一つ、その他は平机で課別に整然と並んでいた。各課は家主である総務課に部屋代を払う。部屋代は建物の償却費、固定資産税、光熱費、清掃費、営繕費などから割り出して決められる。営業活動を行なうには、この管理の行き届いた部屋と机が必要なのだから各課にとっても必要経費であり、固定資産の人頭割り配賦であるが、いずれにしても従来の常識では建物が存在する限り存在する固定費である。ところが、ある課の決算検討会で〝我々の課は全員で一〇名だが、出張が多く、事務所での執務は毎日平均三名、多くても五名までだ。机の半分を返上して五つの机を共同で使おうではないか。部屋代を節約して販売促進費にしよう〟ということになり、占有面積が半分になった。それを見た他の課では一〇の事務机を全廃しテーブル一つにして部屋代を三分の一にし、返納した机の代金も請求する始末。たちまち広大な事務室の半分が空室となった。困ったのは総務課で収入は減り、空いた部分の活用に四苦八苦。

このことで私は、会社全体としては固定資産の費用は減らないが、部門においては創意工夫によっていかようにも減らすことができ、〝部門経営においては固定費は変動費である〟ということを教えられた。部門経営によって新しい経営が生まれると言っても過言ではないと思う。

❽ 間接部門の仕事に対し妥当な予算を与える

企業には総務とか人事・経理といった、いわゆる間接部門とかスタッフ部門が存在する。これらの部門の仕事も、細かく分析すれば❺の項で示したように、直接収入をいただける仕事が多いが、それらの収入を合計しても収支のバランスがとれず、それだけでは大赤字となるであろう。これは当然で、直接単価を決めて取引できない仕事を多く抱えているからである。それらの仕事の部分に対しては妥当な費用を支給する必要がある。これが仕事に対する予算である。

ここで仕事に対する予算と言ったのは、予算についての概念を明確にするためで、普通、予算というと、一人当たりの人件費はいくら、付帯経費はいくらという基準があり、それに人数を乗じて、その部門の予算が弾き出されることが多く、特に間接部門にあっては、その傾向が強いと思う。つまり知らず知らずのうちに、消費(インプット)を主とした考え方に傾いていると言えよう。予算というものは本来はそういうものではなく、期待される仕事の成果(アウトプット)に対し設定すべきものである。総務とか人事部門は、直接収入だけでは大赤字であり、技術部門なども収入は皆無であろう。しかし、そういう部門をあえて設けているのは、それらの部門の働きが、経営者にとっても、経営全体にとっても必要欠くべからざるものであるからであり、予算はその働きに対する報酬である。このようにして定めた予算も結果的にはインプットを主に考えたものと、金額的に大差ないものとなるかもしれない。しかし基準の取り組み方はまったく別なものである。

アウトプットに対して設けられた予算であるからには、そのアウトプットをインプットとの対比において検討評価がなされねばならない。それが部門の決算である。このような予算であってはじめて、各部門に間接部門費として配賦することができるものである。

官庁の予算などでは、年度末にちょうど使い切るという大変上手な運用を見ることがある。予算をオーバーすることは許されない。また残せば、その分来年度予算が減らされるという事情があるにせよ、これでは予算を活用するのではなく、予算の範囲内で仕事をするという本末転倒の思考に堕することとなろう。

少なくとも激しい競争の下にある企業の経営にあたっては予算でする仕事であっても、できるだけ支出を少なくし、少しでも収支の関係を良くすることに努めねばならない。かくしてはじめて、いわゆる間接部門にも、部門の経営が生まれてくるのである。

⑨部門長を通じて状況を周知徹底する

できるだけ高いレベルの経営意識を持って、部門における活動を経営全般の目標に結びつけるためには、企業を取り巻く環境や市場の状況、ライバルの動き、経営の実状などの情報をよく伝え、リーダーとフォロワーの思想統一を図ることが大切だ。部門経営で経営を分散しつつ強い団結を維持するのである。

6 部門経営の実践

経営はすべて最終的には事業計画をたて、それを実行し、その結果を決算し検討するという形で実践される。

独立の企業体（独立採算の単位も含めて）にあっては、事業計画の最終目標の売上が明確に存在するから、それを達成するための諸活動とそれに伴う経営資源の投入を計画として把握できるが、各部門の計画となると、それぞれ個別の目標と予算が与えられることが多いと思う。その予算は企業によってまちまちであるが、大体経費と人件費がその主たる内容であろう。部門が経営体であろうとすれば、この程度のことでは不十分である。それについてはいろいろな方法があると思うが、私は一つの考え方としてインプット（Input）とアウトプット（Output）による方式を提案したい。読者の参考になれば幸いである。それは、

●インプット（Input）

その部門がアウトプットを実現するために消費し活用した一切の経営資源。人件費、経費、材料部品費などの他に固定資産や設備などの費用、間接部門費だとか本社費などの配賦ももれなく計上する。もちろんその精度は適当でよいが、本来は部門のインプットの総計は会社全体の費用に等しくなるものである。

●アウトプット（Output）

アウトプットとはインプットを投入し活動した結果得られたものである。これには次の二つがある。

①他部門（販売部門では顧客）に提供した物やサービスによって得た金額で、売上金額と予算収入がある

②その部門本来の基本任務とトップから特に求められた課題（金額表示できないもの）の達成

売上金額は物やサービスを提供した他部門あるいは外部の顧客から支払われる商売取引による収入である。予算収入とは、一般に間接部門の働きに対し与えられるもので商取引の対象にならない部門に与えられるものであり、その働きは全従業員のために行なわれるものであるから、他部門から徴収してこれに当てる。徴収される側にとっては間接部門費としてインプットに計上される。

売上および予算の収入アウトプットについて特に注意しなければならぬことは、

①商売取引収入の場合は、前にも述べたように、提供する物やサービスは公正な単価によることが不可欠の条件である。実績原価での引き渡しなど行なえば、それは経営でなくなる（実績原価はコストダウンのための資料であって商売取引とは関係ない）

②予算収入も、その部門の人員や従来の実績などから安易に決めるのではなく、与えられた任務を明確にし、それをどのような方法手段でどの程度に達成するのかという行動と目標を定め、それに対し組み立てた上で経営全体とのバラン

スを考え決定する

③間接部門もその仕事を細かく分析し、商売取引の収入の図れる部分をもらすことなくあげ、安易に予算収入に組み込まぬよう厳密に査定する

部門経営体の評価の一つはアウトプットとインプットの差と比率(利益・利益率)が基本である。形の上では従来の予算統制と似ているが、予算統制においては予算の範囲内で定められた行動をすることが基本であるが、部門経営においては、利益と利益率が基本であるから、インプットを少し増し、より多くのアウトプットを獲得することから、アウトプットを少々抑えて、インプットを大きく減らすことの間で自由に検討できる。これが管理と経営の差である。そんなことをやれば経営全体が混乱するとの意見もあるが、それは検討段階で全体とのバランスを十分に踏まえてやればよい。要は経営的見地に立って広い自由度のもとに検討するということである。

次に、部門の任務と課題の達成のアウトプットである。部門の収支決算を毎月実施すると、どうしてもそれに重点が置かれるようになる傾向が生じるが、任務と課

題のアウトプットの達成こそ、その部門の存在意義である。その関係を商品にたとえて言えば、任務・課題のアウトプットは機能であり、収支は価格とか品質と言えよう。両者相まって完全な商品、すなわち求められる部門経営体と言えよう。

各部門の任務・課題のアウトプットこそ、その企業の経営方針にほかならない。これが通り一遍であったり漠然としておれば経営方針に明確さを欠く、ということであり、これが具体的で簡明であれば、経営方針も明快で従業員に対するリーダーシップも確立しているということになろう。たとえば販売部門でも売上高と部門利益のみを言うのではなく、回収や手形の内容のような販売の質とか、小売店の増減やその質の向上など販売網への布石、あるいは商品在庫などについて具体的な目標が明示されていることである。

部門経営にあっては、このアウトプットの設定がキーポイントである。もしこれが不適切であったり、企業全体としての合目的性を欠くようであれば、その部門の人達の努力は無駄働きになる。アウトプットは、各部門の長と上司・経営幹部、できればトップとがよく話し合って決めることが必要である。

販売部門と製造部門のアウトプットは常識的に分かりやすい。しかし、その他の部門ではアウトプットを明確にするために一工夫を要するかもしれないが、もしそれを明確にできないようであれば、その部門は存在の必要がないということである。また、どのようなアウトプットも何らかの形で数量的な評価を工夫すべきである。

●O‐I対照表(アウトプット—インプット対照表)

アウトプットとインプットが決まれば、P/LやB/Sと同じように対照表にすれば分かりやすい。さらにそれを項目ごとに整理すればいっそう効果的である。それはAというアウトプット項目のために投入したインプットをAに対応させ、BにはそのためのものをΒに対応させる。そうすれば経営効率が一目でわかり、どの業務のどこを改善すべきかを無言のうちに示すものとなろう。

このO‐I対照表は事業計画として、また実績検討表として活用するが、その前にアウトプットが適切であるかどうか、インプットにもれはないか、あるいは部門の経営はどのような状態か、問題はどこか、などをさぐるために過去の実数を用いて実績O‐I対照表を作成してみればよい。さらに過去数年にわたるものをつくり、その時系列変化をみて、その部門は向上しつつあるのか悪化の傾向にあるのかを頭

O－I対照表

インプット	アウトプット	
	金額アウトプット	業績アウトプット
Aの仕事の直接費 配分 }計	A仕事	A仕事
Bの仕事の直接費 配分 }計	B仕事	B仕事
共通のインプット	（予算）	

に入れることができればさらによい。

もちろん、O－I対照表は部門の長だけのものではなく、部門の経営のあり方と実状をよく全員に徹底させるための用具でもある。

●全員参加の決算検討会

事業計画に対する実績検討が決算検討会である。もちろん全員参加である。全員が参加して、実績をふまえていろいろな改善策やアイデアを出し合い、より良き経営の実現を図ろうというのであるから、その内容が分かりやすく、会議は楽しいものでなければならない。

そのためには、O－I対照表をもとに

して、グラフやレーダーチャートだとか進度表さらに要因分析表など分かりやすく興味のもてる方式を工夫し、会議で全員が発言できる——というより発言したくなるような雰囲気にすることである。それは上手に運営され成果を上げているTQC（*トータル・クオリティ・コントロール＝全社的品質管理）の小集団活動グループを連想すればよい。

●スタッフの参加

私は、経理の人をそれぞれ分担を決めて部門の計画に参画させ決算検討会に参加するようにして、双方から大変喜ばれた。経理の若い人も、そうすることによって帳簿や帳票の上での経理ではなく、それぞれの部門や現場の問題点や悩みは何かということを知り、現場の経理を身につけることができるチャンスであろうかと思う。また、とかく疎遠になりがちな現場と経理の人間関係もでき上がるという効果は大きい。

7 部門経営の事例

ここに紹介する例は私が事業部長として部下と共に体験したり、またコンサルタントとしていくつかの企業で実践し見聞したことである。

これらの体験を通じて、私は、やはり現場のことは現場の人がいちばんよく知っている、その人達に責任ではなく権限を与えることこそ、その知恵を引き出す条件であることを強く教えられ、それが私の信念となり経営理念とすることができたと思っている。

読者の方々も、経営は下へ下へ、できるだけ下へおろすべきだということを汲みとってくだされば筆者の幸せこれに過ぐるものはない。

❶総務・人事・経理などの部門経営

これらの部門は売上がなく、また業績評価もむずかしいから部門経営は無理だという声が圧倒的に多い。前にも言ったように、もしその業績が評価できない部署があるとすれば、それは存在する必要のないものである。どこの企業でもこれらの部門は必ず設けられているのだから、業績評価も部門経営も立派にできるはずである。それを工夫するのが経営の出発点である。

まず第一に、その担当仕事の中味をできるだけ細かく分析・分類してみると意外に商売として成り立つ仕事が多い。社内でやっているから、教育だとか人材育成だとか福利厚生さらに庶務などといった特別な名称の業務となっているが、一歩社外に出れば同じ内容の仕事が商売として行なわれており、その内容と価格、サービス、迅速さなどで競争しつつ利益を上げている。これらの仕事はすべて妥当な単価を設定し受益部門から代金を頂戴する。代金を頂戴する以上はそれにふさわしいサービスや質が要求されるのは当然であり、それに答える工夫・努力・改善が職場のテーマとなる。もちろんそれだけではなく、その仕事に投入した一切の費用と収入の比較が毎月の決算として行なわれる。ここに原価意識と利益の観念が生じ経営が生まれてこよう。

このような収入を計上しても、これらの部門は収支面では大赤字となるであろう。

それは当然で、商売として成立する以外の業務が大きいからである。それに対し前述の予算が与えられる。収入として与えられる予算部分が設定されると、これに商売収入を加えるとアウトプットの収入金額となる。これと実績インプットを比較すれば収支決算となる。工夫をこらし節約しインプットを少しでも減らし、商売部分の増収を図れば収支は改善される。

ここで大切なことは、前述したように部門経営の決算では収支決算が大切であるが、それ以上に大切なもう一つの決算がある。それは、その部門に与えられた――金額的には予算部分に与えられたその部門の基本任務との決算である。たとえば、人事課の基本任務の一つとして社員のモラール（*勤労意欲、職場士気）向上への貢献があるとすれば、モラールサーベイ（*従業員意識調査）の結果がその評価である。そうなると、そのための施策である社内研修会や勉強会なども、単にトップの指示を機械的に実施するのではなく、社員の要求や評価をよく調査し、その結果を数字で計量評価することが必要である。そこでその質の向上を図るなどの対処が生まれてこよう。

ある社の例であるが、経理課で伝票一枚を処理することに対し単価を定め収入としようとした案がでたが、これは本末転倒というべきで、経理課の評価は決算のスピードと正確さ、トップへの適切な提言、各部門への資料の適切で迅速な提供などである。それらの評価をできるだけ妥当に、できるだけ何らかの数量表現でとらえるよう工夫することこそ大切である。

❷事務用品管理担当女子社員の個人経営

鉛筆・消ゴム・クリップなどの文房具や社内用箋・封筒といった類の事務用品を総務部が管理していた。担当は女子社員一人で、倉庫に在庫を持ち、社内の各部門からの要求により出庫し、在庫状況をみて適当に発注補充するという仕事で、年間出庫金額は二〇〇万円弱で、用品の種類は一〇〇種以上あった。

経費節約運動の折など事務用品一〇%節減要望の総務部長通達などだすが一向に効果が上がらない。

このようなところへ新入女子社員を迎えたが、なかなかしっかりしているようすなので、「この仕事は一切君にまかす。基本の任務は現場の要求に応じて滞りなく出庫することだが、できれば五%くらいの節減を考えてもらいたい」との簡単な指示を与えた。権限を委譲し任務と目標を示したわけである。

「本当に私の思い通りやっていいのですか」と初めは戸惑っていたが、そのうち張り切って仕事に取りかかった。

彼女がまずやったことは、社長以下事務用品を使っている人全員を訪問し、わけを話し、机の引き出しを点検し、「鉛筆は二本、赤鉛筆は一本、ボールペンは一本、記録用紙や社内用箋は各二冊あればよいでしょう。余分なものはいただきます」として全社に散在する過剰在庫を引き上げることだった。

ほとんどの人が彼女の定めた量の三倍以上保有していたので、たちまち倉庫には三カ月分以上の在庫ができ、三カ月は仕入れをストップしても現場の要求に答えることができる。半分使った鉛筆を支給された人達は節約のOJT（*オン・ザ・ジョブ・トレーニング＝現任訓練、実地訓練）を受け反省してか、使用量も五％くらい減ったという。また仕入れが数カ月間ゼロになると、その間資金に余裕が生じる。その資金で今まで在庫していなかった特殊物品を仕入れることにした。従来はそれらの品は出庫要求が来てから注文するので一週間から十日かかっていたものが即時出庫となり、それも現場と十分に打ち合せ、見積りをとっての購入だから、適切な品を安く仕入れるということができている。彼女の評判も上々である。

これはたった一人の新入女子社員の仕事であるが、私は立派な経営であると思う。単純な仕事であるが、彼女は市場調査をやり実態を把握し、方針を確立し、アイデアを出し、果敢に実行し成果をあげている。また資金管理、購買管理、在庫管理（倉庫だけではなく全職場の在庫管理だ）、サービス向上もちゃんと行なわれている。経営のわかる新入社員の誕生でもある。

この例は部門経営をさらに個人単位にまでおろしたものと考えてよいであろう。総務課のような漠然とした雑用の集まりと思われていた仕事も、考え方一つでこのような経営の集まりに仕上げることもできるものだと私自身が教えられた事例である。

❸運転手グループの部門経営

ある会社での体験。その会社には乗用車が二台、トラック二台、サービスカー三台と運転手が五人いた。他に運送会社から常雇いでトラック二台。この運輸担当グループは総務課庶務係に属していた。

運転手五名はいずれもタクシーやトラックの経験あるベテランの四十代、庶務の係長は二十代であまりしっくりいかない。あるとき、係長から経費五%削減を言いわたされた運転手グループは社長の車の運転手を通じて直訴、〝我々の任務は安全第一、万一事故でも起こせば会社に大迷惑がかかるから、その点を第一に心がけている。その上で、経費も切りつめて無駄使いなどしていない。それに対し、マイカーも持たない若僧から経費を五%減らせと言われた。どこを減らすのか教えてもらいたい〟となかなかの見幕。どうもその係長のもとにおくのは無理と判断した社長は、〝それでは運転手グループで部門経営をやれ〟と。とたんにおとなしくなった運転手グループ、〝我々は安全運転には責任は持つが、経営をやれなどと言われると困ります〟と尻込み。それを説得して、経理の若い人をコンサルタントにつけて運転手グループ部門経営が発足した。

初めてインプット実績の詳しい説明を聞いて、そんなに金がかかっているのかと一驚、みんなで検討が始まった。やはり餅は餅屋でいろいろな改善案が出てくる。まず、乗用車は一〇万キロ走れば買い換えという内規だが、これはおかしい。今八万五〇〇〇キロだが、ここで売れば六〇万～七〇万円で売れるが後一万キロも走れば五万円くらいのポンコツ扱いになるだろう、我々で毎週点検して車検を待たずに早目に部品交換すれば修理代も安くなり寿命も延びる、ガソリンはあそこが安い等々。遂には「いつも四時頃になって、〝明日の部品がない。特急で下請けに材料を届けてくれ〟とか、〝今日の生産用の部品だ、早出して朝八時に下請け工場に取りに行ってくれ〟など、ラッシュアワーに合せたように走らされることが多い。午前十時から午後三時頃の間に走れるようにしてもらいたい。そうすれば三倍くらい走れ常雇いのトラックもいらない。もう少し工程管理をうまくやれないのか」と工場管理についての注文まででる始末。

いろいろな改善がなされた結果、一年後にはなんと五％どころか七％もの経費低減が実現した。立派な経営である。

やはり、現場のことは現場の人がよく知っている。その人達に責任ではなく権限を与えることこそ、その人達の知恵を引っ張り出す条件だと痛感した。経営は下へ下へ、できるだけ下へおろすべきだと教えられた一幕だった。

④メンテナンス部門の部門経営

工場でもビルでも、ホテルや旅館あるいは電話局なども、必ず機械や設備・施設などの修理や保全を担当する部門がある。これらの部門は内部の仕事で、しかも故障が起これば出動する不定期な仕事が多く経営単位とすることはむずかしいという人がいるが、この部門こそ部門経営の面白いところである。

これは、ある工場での話。

設備課という名称で一〇名余りの課だったが、製造部に所属し、機械設備の修理と点検がその業務である。工場が順調に動いているときは仕事は暇だが、機械が故障を起こすと徹夜してでも直せということになる。また休日出勤で点検やメンテナンスをやることも多く、会社のレクリエーション行事に参加できないこともしばしばである。残業も多く労働条件は会社の中で一番悪いが、その割にあまり重要視されず製造部門の補助部門扱いだ。したがって不満も多くモラールの低い職場になっていた。

部門経営の実施によりここも部門経営単位となり、その仕事に対し受益部門から代金を頂戴し、それをアウトプットとし決算することになった。やってみると相当な赤字である。修理単価は外部業者に依頼した場合のそれに準じたものであるが、実績と比較してみると儲かる仕事と赤字仕事が明確になり、仕事の改善点とそれによる経営への影響などがはっきりつかめるようになった。また、過去の統計からよく使われる修理部品の数をつかみ、それらを手待ち時にあらかじめ製作しておくことによっていかにコストダウンになるか――したがってどれだけ利益が上がるかなど、いくらでもアイデアが生まれてくる。そして、それがどれだけ自分達の職場の利益に貢献したかが全員参加の部門決算検討会で知ることができる。初め一〇％もの赤字だったのが、これらの改善を重ね、次第に縮小して遂に十カ月後には黒字に転換した。こうなってくると面白くなってくる。今までの〝製造部門が成果をあげるために縁の下で働いている〟という意識が〝自分達の経営する会社のために働いているのだ〟というように変わり、次から次へとアイデアが出され、それが実行され、提案率最低の職場は最高提案率を誇る職場となる。職場のドアには課長の名をとって吉田工作所の看板が上がり見違えるような明るい職場に変身した。そして、吉田工作所の経営理念は「どこよりも安く、速く、品質のよい修理をしよう。そのために全員のアイデアを生かそう」である。

⑤補修パーツ課の部門経営

製造会社なら必ずある部署で、過去に製造販売した旧製品の補修パーツを管理保有し、市場に支給する仕事である。補修パーツの中には法令によって生産打ち切り後二十年間にわたる支給義務のあるものなどあり、そのため大きな倉庫と膨大な在庫を保有している。また、小口だが出庫件数が多いので相当な人員もかかえ、人件費、家賃、在庫、金利だけでも相当なインプットである。これに対して、アウトプットの収入は補修パーツの売上であるが、試算するまでもなく相当な赤字の見込みであった。また、仕事の性格上、大切な業務ではあるが縁の下の力持ち的な存在であり、華やかな販売部門の活動を横にみながらあまり志気の上がらない職場であった。

ここは物を売る部門であるから、本来は赤字は出してはならぬはずである。そこでアウトプットを分析してみると次のようなことが分かった。

●保証期間内の無償支給パーツが四%もある

●有償パーツも販売部門の要請で無償支給したものが七%もあった
●製造部門で生じた旧製品の残り部品がたくさん持ち込まれ、それが在庫の二〇%近くを占めていた

これでは赤字は当然である。だがその責任はこの部門にはないのである。保証期間内の故障はその原因をつくった部門の責任であり、その無償保証をこの部門がかぶる理由はないし、有償パーツを無償サービスするというのも販売部門の政策の一つである。製造部門で生じた残り部品は、この部門が必要としたものではさらさらない。そこで保証期間商品の無償パーツ代金は、とりあえずその制度を決めた社長からいただくことにし、販売部門の指示による無償分は、そこの経費（販売促進費）から支払ってもらうことにした。また製造部門で生じた余剰パーツは必要なものは適正な代金で購入するが、それ以外は一切引き取らないこととし、不必要と思われる過剰在庫品は全部廃棄し倉庫面積も減らした。このような整理をして試算してみると二%足らずの赤字に止まった。

この結果をみて、一六名の課員は奮起し、いろいろなアイデアが生まれてきた。

いわく三段積みの部品棚を五段積みにし、倉庫面積のさらなる縮小を図った。そのために、フォークリフトを購入したが、その経費より倉庫費の減少の方が大きくコストダウンになった。また、倉出し頻度の高い部品を下段に置き、計画在庫の切れた部品の現品票は裏面の赤で明示し、自動購買したり、設計部門に要求して共用部品（形状が異なっていても異機種に共用できる部品）を増やし、在庫減をはかるなど、大小さまざまなコストダウン策が生まれた。これらの策は実行すればすぐにも課の決算に反応してくる。そうなると面白くなってくるのか、全員が提案活動と決算検討会に熱心に参加するようになり、一年後には見事に黒字二％の経営に転じた。

こうなるとモラールも向上し、わが課の基本的使命は何かということがテーマとなり、「わが課こそ、会社の信頼を向上する唯一の課である」という結論になった。それはこういうことである。お客様のメーカーや小売店に対する信頼感は商品が健全に動いているときよりもむしろ故障発生時に決定的となる。故障が起こったときに翌日直してもらえば信頼度は最高で、あのメーカーとあの小売店に限るということになるが、一週間もかかれば信頼はガタ落ちで、もう二度と買っていただけない。もし、その故障がパーツ交換を要するもので、たまたま小売店に在庫がなければメーカーに注文が入る。それを受けて、その日のうちに宅配便で発送すれば小売店も翌日あるいは翌々日修理ができて信頼度向上となるが、在庫がなく、部品を造り四〜五日後に発送というようなことになると最悪の事態となる。つまり、注文補修パーツの即日発送こそ信頼度を確保するものである。そこで、信頼の度合いを測るというむずかしい問題が補修パーツの即納率（即日納入の比率）という数量表示で把握することが着想された。毎日の注文を午後三時で締切り、五時までに発送した物の比率が即納率である。これをアウトプットの一つとして実績を調べてみると、即納率は七五％前後であることが分かった。これでは、会社の信用は中の下である。なんとしても九〇％に高め、将来は九五％以上を確保したいという目標が自主的に設定され、インプットを増さずにこれを達成するというテーマに全員が取り組み、一年余りでほぼそれに成功した。

こうしたことを通じて、この部門は「我々こそ会社の信頼を確保する重大使命をもつ唯一の部門である。即納率九五％以上を常に確保する」という職場経営理念を決定するモラールの高い職場になったのである。

❻商品開発部門の部門経営

設計課とか技術課と呼ばれる部門は、メーカーにあっては最重要部署であるが、売上の計上はなく、またその成果も計数評価し難いから部門経営はむずかしいというのが大方の主張である。しかし、経営の一番重要な部門で部門経営が実践できないということであれば大問題だ。検討の結果、次のようなやり方で実践した。

まずアウトプットである。その仕事の結果は設計図面として製造部門に引き渡されるが、それに代金をつけて売るわけにもいかない。アウトプットの収入部分は予算によることにした。予算は前に述べたように、企業がその部門に求める課題により決まる。予算と課題はアウトプットの表と裏である。そのときの課題による二つの事例を紹介しよう。

A社設計課

この会社は品質問題で苦しんでいた。次から次に発生する品質不良で市場の評判も悪い。その上、三〇〇億の売上で五億の赤字である。その大きな原因はやはり品質不良であった。表に出たものだけで四億近い額になる。そこで、潜在的なものも洗い出すべく不良伝票なるものを設けた。社長や営業部長が出張した費用も、それが不良問題のためであればすべてこの伝票で処理する。不良がテーマの会議に出席した人達の人件費もすべてこれで処理してみるとなんと六億近い額になった。

次に、不良の原因を追究してみると、その八〇%が、設計段階に存在することが分かった。設計部門が五億近いロスを生み出しているのである。こうなると、設計部門に求められる最大の課題は品質不良の撲滅であり、そのアウトプットの第一番はこの四億を一〇分の一にせよということになった。この緊急事態におけるこの部門のアウトプットとしては、これがふさわしいと言えよう。そして、この目標を達成するためにどういう予算を組むか。これは当事者であるこの部門にまかせる。やがて、この部門の全員で検討した結果が提出された。それによると、専門技術者二名の増員、不足していた計測器七〇〇万円の購入、従来の一〇〇倍以上の繰り返し寿命テストのできる四〇〇〇万円の自動機の製作など、二億円増の予算増大案が提出された。今までは赤字部門ということで予算圧縮を要求されていたのが、逆に一

○%アップとなった。それは部門の経営使命を明確にした結果、二億の予算増で四億以上の効果を上げるなら結構なことであるという判断が生まれたからである。もちろんこれに対し、毎月の部門決算検討会において、少しでも経費（インプット）を節減し、より大きな成果を上げるべく全員による努力がなされることは言うまでもない。

B社商品開発課

この会社では、品質問題はないのだが、どうも売上が伸びず、市場占有率が低落の傾向にあった。代理店や小売店を交えていろいろ検討した結果、ライバル・メーカーにくらべ商品開発力が弱いという結論になった。商品開発課の部門経営課題は商品開発でライバルに勝つべしということであるが、アウトプットとして、それを数量的に次のように明確にした。

●新製品率二〇%、ヒット商品率三〇%

新製品率とは全売上のうち発売後一年以内の商品の占める売上割合とし、ヒット商品率とは新製品のうち業界全体でヒット商品と目される商品の占める割合である。この基準でみると業界のトップ・メーカーは新製品率・ヒット商品率共に二五%で、B社のそれは一〇%、一五%であった。これを二〇%、三〇%にできれば販売部門は二〇~三〇%の増販を約束した。この新製品売上を技術部門の仮の売上としてもよいと思う。

このように課題アウトプットの実現を目指して予算(収入アウトプット)を設定し、なるべくそれを下回るインプットで、より高い課題アウトプットを実現すべく知恵を絞るのがこの部門の経営である。この経営努力は企業全体の経営に直結している。

⑦購買部門の部門経営

材料や外注部品その他一般資材・消耗品などの購買業務を担当する部門は、内部に対しては、それらの仕入れた物を販売する部門である。販売するからには、安くて良い品物を提供しなければならない。そのために活動する費用・経費・仕入れ代金がこの部門のインプットであり、仕入れた物を社内各部門に引き渡した代金がアウトプットである。もし不良品や規格に外れた物があれば返品され、アウトプットはその分だけ減る。だから受け入れ検査もやらねばならぬし、下請け工場の技術指導や品質管理の手助けもやらねばならない。もし、その仕事を他部門に依頼すれば、その費用は支払わねばならないから、その分インプットが増す。また、仕入れ値の値引き条件として、大量仕入れをし、在庫を抱えるようなことになれば当然その資金に対する内部金利を負担しなければならず、もし在庫が陳腐化するようなことがあれば、不良資産処分による損失もインプットに計上されることになる。

アウトプットは定められた標準価格（標準原価＋α）での販売ということになるから、この部門の経営はできるだけ仕入れ値を安くし、不良品を少なくし、いわゆる「出ずるを制す」ということが基本となるが、そのためには、積極的にＶＡ（価値分析）やＩＥ（生産工学）の手法を活用し代替品の研究や設計改善などによるコストダウン、仕入れ先に対するＱＣの導入指導による不良撲滅、さらに優良仕入れ先の選択などの推進によって改善を図ることが大切なことである。それに応じた目標値をもう一つのアウトプットとして設定し、その達成のためインプットをどれだけ投入し、かつどれだけ結果的に減らすかということが大切な経営課題である。

❽販売部門の部門経営

販売部門の部門経営については、はじめに述べたので、ここでその担当者の生《なま》の声を紹介しよう。

この話は、上甲晃氏（松下政経塾塾頭）の松下住設機器㈱電子レンジ事業部在勤時の思い出話で、まだ電子レンジが一〇万円以上の価格であり、なかなか売れなかった頃のことである。

私は松下電器に入社以来、本社広報室に勤務し、そのまま広報課長になった。あるとき、当時の山下社長に「配置転換を活発にやるべし」との提言を行なったところ、さっそくに電子レンジ事業部の営業部に転出を命じられた。

当時（昭和四十七年）すでにこの事業部では課単位の部門経営が実施されており、着任早々営業部長から「関東地区担当商店主に任ず」という辞令を受け面食らった。八つあった国内担当の販売課はすべて課長の名を冠した商店名を名乗っており、私は上甲商店の主人になった。

月末になると、経理から商店月次決算書(これを我々は商店白書と呼んでいた)が手渡され、商店員合同会議で検討された後、営業部の壁に張り出し公開される。

白書のアウトプット欄には各商店の売上・在庫・地域占有率が、インプット欄には商店の仕入れ額・人件費・経費、販売促進費から固定費、所要資金の金利まで計上してあり、その月にどれだけの利益あるいは損失が生じたか一目でわかる。これは、商店単位に止まらず商店員一人ひとりまででており、誰がいくら儲け、誰がいくら損をしたかまでわかる仕組みになっている。商店は事業部のミニチュア版のようなものだが、その中は個人商店に分かれているわけだ。

さっそく、上甲商店の白書をみると大赤字だ。商店員の話では、営業部としては黒字だが、首都圏・関東・北海道の三商店はワースト3で連続赤字とのこと。この三商店にいる限りは不遇だという諦めムードになっており、ここの商店員はもっぱら他の業界——飲屋街を回ってうさ晴らしをしているという。これは良くないことだと思って得意先を回ってみると、販売会社の倉庫にも、小売店の店頭にも電子レンジの在庫が山積みされている。上甲商店の市場構成比は九％なのに、在庫は全国の三〇％を保有している。平均の三倍以上の過大市場在庫を抱えており、しかもそれはほとんど旧製品だ。無理な押込み販売の結末ということのようだ。

当時、電子レンジ業界では電波加熱だけのいわゆる単機能タイプからヒーターを組み込んだこげ目のつくオーブンレンジというものに移行したときであり、販売会社も小売店も「この旧タイプ商品がなんとかならないと新製品を仕入れることはできない」と言う。これはズブの素人の私にもわかることだった。

そこで、資料をつくり商店会議で勇を鼓して「この旧タイプ商品をなんとかしてもらわないと、上甲商店は申し訳ないが倒産です」と訴えた。事業部長は怖い顔で睨みつけている。「売れない物を売るのが営業だ」などと言われれば困るなあ、と思っていたところ、今でも忘れられないが事業部長は開口一番「この在庫は君の商店主としての責任以前のものだ。会社更生法を適用する。その在庫を全部引き上げよう」ということになった。それで、そのときはほっとしたが、その月の決算は大変だった。他の商店は新製品の大量出荷で軒並み黒字になったが、上甲商店だけは出荷より返品が多いからマイナスの売上で、空前の大赤字になった。しかし、これをきっかけに店の経営を立て直そうという意欲が全店員に湧いてきた。ここまではよかったのだが、つい先日まで広報課長だった私にはどうして売るのかまったく見当がつかない。商店会議でいろいろ部下に質問しても「なんだ、そんなこと知らんのか」という顔をされるようで女子社員からも馬鹿にされるのではないかという劣等感にさいなまれたものである。そのときは、配置転換せよなどと大きなことを提言したが、所詮素人に営業は無理だったかなあとも思った。

しかし、そうも言っておられないので、出張時には必ず旅館やホテルで部下と同室に泊まり、寝ながら一対一で状況を尋ね説明を聞き、質問し、意見を求め、悩みを聞きだすことにした。そうするとなんでも教えてくれるし、積極的な意見や要望もでてくる。それに対し私の考えも言う。こうして、次第に心が通じ、お互いの信頼感も深まってきたように思う。ときには、日曜日の朝から商店主の家に集まって決算検討会をやったり、他商店の若い人を招いて成功例の勉強会を開いたりすることもあり、商店の団結と経営意欲は強烈で全員参加の経営がごく自然に実現していったように思う。

それから、私は努めて多くの市場をまわり、販売会社の方や小売店の御主人と話し合う経験を重ねるうちにいろいろなことが分かってきた。たとえば、営業というものは案外保守的なものであることの発見もそうで、合同商店会議で披露される広島や静岡、九州などでの大成功例なども、その地域の事情から生まれたものであり、それをそのまま花のお江戸にもってきても必ずしも成功しない。東京には東京にマッチしたアイデアが必要であることなどもよく分かってきた。

このようにして、素人の私にも次第に自信が生まれ、商店経営も軌道に乗ってきた。その頃の話だが、ある若い商店員のアイデアでビール会社とタイアップし、見込み客を集めて工場見学会をやり、その後でゲストホールを借り無料提供のビールと電子レンジの即席料理でビアパーティを開き売り込むというもので、お金はかからずビール会社にも喜んでいただき、小売店にもお客様にも大好評で成約率も抜群という一石四鳥のヒット策が生まれたりもした。

また、この事業部でもご多分にもれず、部門経営をやるまでは販売促進費は営業部一本で運用されていたが、商店制度になると同時に全部商店にまかされ、独自のアイデアで自由運用ができるようになっていた。たとえば、東北とか沖縄のように料理に郷土色の強いところでは、その地方で人気のある料理の先生に頼んで特別な他社にない料理ブックをつくり人気を博した。私なども事業部の女子社員三〇名と事業部長までを千葉県にまで引っ張りだして、新製品を持って地域の全販売店を総訪問するローラー作戦をやり販売網拡大に大成功したりした。もちろんその費用は全部上甲商店が支払った。このような商店のアイデアや成功策はお互いに交換され生かされることも多かった。

それから、今一つ忘れられない思い出に忘年会を兼ねた表彰式がある。当時の小川事業部長はなかなかユーモアセンスのある人で計画を上回った商店と商店員にはジョニ黒ウイスキー、いま一歩というところまで達した場合にはジョニ赤が賞品として手渡される。その後がすき焼きパーティだが赤字商店はアルコール抜きだ。私もそれを体験したが、仕方なく達成組に頼みこんで飲ましてもらう。「この屈辱！　来期は果たさでおくものか」という気になる。最下位でしょぼくれているテーブルには事業部長から「これでヤケ酒でも飲め」と焼酎の差し入れがあったりする。個人賞のジョニ黒をその場で振舞ってまわる人、大切に家宝にしてためこむ人などさまざまである。このように商店経営は大変厳しい面と、和気藹々《あいあい》とした楽しい両面があった。あれを、人事考課にリンクさせたりすると――多少あったかもしれないが――かえってギスギスした雰囲気になったかもしれない。まあ、ジョニ黒くらいが可愛くてよかったのではないかと思っている。

その後、会社更生法を機会に上甲商店は全員力を合せて経営に当たり、三年後には首都圏を含む部内一番の大商店に発展し、地域の市場占有率も一〇％以上も向上し三三％をとり、利益もAクラスとなり更生に成功することができた。

三年たって、社命で政経塾に転じたが、私はこの三年余りの商店経営の体験から「大きな組織の中でも、自分の部門は一つの経営体であり、自分は経営者であると自覚すれば一つの会社を経営するのと同じだ」ということを教えられ、その後の人生の大きな財産となったと思っている。今でも当時の商店主や商店員がときどき集まり語り合う機会を持っているが、皆同じ思いではないかと思う。

（昭和六十二年PHP研究所での講話より）

8 部門経営成功のポイント

私の経験では部門経営を成功させるポイントとして特に次の五項目が大切だと思う。

❶部門間の成績比較より、同一部門の時系列比較による評価をする

部門経営を進め、各部門が決算書をつくるようになると、A課はB課より優秀だというような評価をすることがあるが、これは不適切だと思う。もちろん部門経営のやり方や着眼の巧拙などは比較の対象になるが、結果である成績で技術部門と販売部門の優劣を論ずるのは不適当である。

部門経営の評価はその部門が以前より良くなったか悪くなったか。良くなったとすれば、どのくらい良くなったかという同一部門の時系列比較により評価するのが適切である。

❷評価基準は一定期間変えない

評価基準が決まると、どうしてもそれを良くする方向に経営努力が向けられるのは当然であるから、評価基準がしばしば変わると経営にも右往左往の現象が生じることになる。したがって、評価基準はある一定期間は変えない方が良いと思う。

もちろん、経営をとりまく環境が大きく変わったり、それに応じて経営の重点目標を変更し、部門の編成や任務の重点、目標などに相当な変化がある場合はそれに応じて評価基準を変えることが必要である。

❸全員にわかる決算書をつくる

部門経営のねらいは全員参加の経営を実現することであるから、決算検討会に提出される決算書は形式や書式にとらわれることなく、全員に部門の経営が理解されるようなわかりやすいものに工夫することが必要である。

❹できるところから実施し成功例をつくる

部門経営を思い立っても全部門が同一歩調で進むことはなかなかむずかしい。それは部門によって実状も異なるし、部門の長や構成メンバーの意欲やレベルも異なるからである。したがってまずできるところから実施し成功例をつくることである。一つ成功例ができたということは、部門経営もその気になればできるということの証明であり、それはその企業における部門経営のノウハウの誕生でもあり、それを推進する人に自信を与えることとなろう。

一つの成功が他の成功を呼ぶという法則は、部門経営を進める上で最も顕著に体験するところである。まずいくつかの成功例をつくることである。

❺仲間から学び、仲間に教える

部門経営の考え方や理念の説明は容易であるが、いざ実行という段になるとなかなか進まないのも事実である。部門ごとにそれぞれ特別の事情があり、それに対応した経営手法などはない。だから、その現場の人達にその実状に応じて考えてもらわねばならぬのであるから、足並がそろわぬのは当然のことであろう。

私の場合、まず販売部門の八つの課で部門経営を二年くらい実施し、軌道に乗った段階でこの部門の部長、課長、係長さらに一般社員までを講師にして勉強会を開催した。〝こんな面白いことはない。はじめて味わう生き甲斐だ。我々は経営者になった〟などと熱っぽく語る仲間の話ほど説得力あるものはない。たちまちにして課別経営は事業部全体に行き渡った。

部門別経営ばかりではなく、こういう新しい試みや改革は成功事例をテーマに〝仲間から学び、仲間に教える〟のが一番よい方法である。

9 部門経営体制における上級者の責任と権限

部門経営のねらいは、全員参加のできる単位の部門にできるだけ大きな権限を与えることによって現場の創意工夫を生かした自主責任経営組織体をつくり上げることであるが、下部に大きな権限を与えれば与えるほど、それに比例して上級者の責任は重くなる。

その主な責任とそれを果たすための権限について考えてみよう。

❶傘下の部門経営を成功させる責任

これが第一の基本的な責任である。この責任を果たすためには、経営のチェック、指導は当然の日常業務である。また部門の権限と経営能力にはおのずと限界があるから、その面でのバックアップも部門経営を成功させる上級者の責任である。

さらに部門の経営をまかせてみると、経営能力、判断力、部下指導などの面における適性度が明らかになってくる。それに対し適切な指導から適材適所の人事配置ということも上級者の大切な任務である。そして新たな意欲と活力を引き出す温かい激励を常に絶やさないことである。また自主行動に誤りなからしむる基本として、経営理念を具体的に各部門の仕事の中で理解せしめることが必要である。

❷部門間の調整

部門経営を実施して改めて気づくことは、一つの部門が成果を上げるためには他部門の協力や支援を要することがきわめて多いことである。いわゆる横の連携である。

上級者の最大の任務は傘下の部門間の調整のみならず、他部署の協力や支援を取りつけ全体の成果をより大きくあげることである。

❸部門の活力を引き出すような目標の設定

部門経営を実施しもう一つ気づくことは、目標の設定如何《いかん》によって部門の活力が大きく左右されることである。

非常に無理な目標は部門の活力を殺《そ》ぎ、ときには反発もまねきかねないが、容易に達成し得る目標も安易感に浸らせ活力の源泉を失わしめる。

部門の能力より少し高目の目標を設定し、潜在能力を引き出すのが適切なやり方であるが、これを部門自身がやるということはなかなかできることではない。上級者のリーダーシップに待つ問題である。

活力を引き出す目標設定はアウトプットに関するだけではない。たとえば、今一〇名で取り組んでいる容易な目標も五名（インプット半減）でやるようにすれば一工夫も二工夫も要する課題となり、新たな活力を生み出すこととなる。

❹経営の弱点の発見とその補強

企業のなかで強い部分は目立つしよく分かるが、弱い部分はなかなか分からないものである。この弱い部分がいつか経営に大きなダメージを与える原因となることが多い。

部門経営の大きな効果は、経営の弱点の所在をきわめて明確に具体的に計数的に示してくれることである。

経営トップは迅速にこの弱点を見つけ、公正な態度でその補強に努めることが大切な任務である。公正と言ったのは、いたずらに弱い部門を責めるのではなく、みずからの責任として適切な対策処置を講ずるということである。

その企業の強いところはその部門にまかせておけばよい。トップは弱いところこそバックアップし指導し補強すべきであるが、得てして強いところばかりに目を向けることが多いように思う。良質の経営とは、バランスのよくとれた経営をいうのである。

今一度、部門経営の目標は、

- 全員に生き甲斐のある楽しい職場の提供
- 経営のわかる人の育成
- 足腰の強いバランスのとれた経営の実現

であることを強調しておきたい。

10 部門経営を通しての私の反省と感想

初めに述べたような経緯で部門経営が生まれ実施したのであるが、それを通じて私自身の素直な反省と感想を述べて本章の締め括りとしたい。

私はこの方式をとるまで事業部長としては自主責任感を持って行動していた心算《つもり》であったが、部下に対してはそれぞれの部門の目標を与えるとともに、私自身が先頭に立つ軍隊式の指揮官先頭の率先垂範式リーダーをもってよしとしていた。ところが、部門経営を進めていくうちに、課単位の部門が状況を分析し、与えられた目標に対しみずからの行動方針をたて、思いもよらぬ創意工夫を生み出し、従来のしきたりや習慣を改革し逞《たくま》しく実行する姿に接し、正直に言って驚いた。と同時に「私がいちいち具体的な指示を与えるより、彼らにまかした方がうまくいくのではないか」と思うと同時に「では、私の任務は何か?」という反省を迫られたことも事実である。

一方、部門経営でいちばん気になることは、今までのように私の指示を待っている部下と違って、権限を持って自由に行動するのであるから、下手をすると、こちらの望まない方向や自分の都合のよい勝手なやり方で進んでしまうかもしれないということである。もしそうなると、分業体制による経営目標達成という組織行動に支障を来す恐れが生まれてこよう。部門経営はみずからが仕事の主人公として創意工夫を発揮し、日々新たな成果を上げてくれる大きなメリットがある反面、前記のような危険性も備えた異質なものへも変身しうる。この変身こそ部門経営のねらいであるから当然のことである。そこで上級者である私の任務も新たなものを考えざるを得ない。

自分の意思で動く人（グループ）に、その意思を経営全体の目標に沿った方向に正しく決めてもらうようにすることが私の新たな任務ということとなるのは当然である。そのためには、命令や指示だけでは駄目である。それぞれの部門が正しい判断力を持つために必要なものを与えねばならない。それは何か。経営環境やその変化の予測、企業全体の状況や問題点・課題といった私の持てる情報のすべてを与え、私の考え方と方針を、私と同じレベルで理解してもらった上で計画・目標を明示することが必要だ。その目標や計画も企業全体のそれだけではなく、各部門の具体的課題として嚙み砕いて与えることが必要だ。

さらに、それだけではない。真の理解を得るためには、彼らの意見や主張も十分に聞き、相手の方が妥当と認めるものはそれを取り入れ、方針や方策を修正するという態度でなければならぬことも教えられた。

もう一つ大切なことがある。自主的な行動に誤りなからしめるためには、自らを規制する原則をわきまえることが必要である。それは人格・識見と経営理念だ。人を選び、人間的な触れ合いを持つとともに、「我が社の経営理念をよく理解せしめること」が必要である。それも概念的であったり理想論的なものではなく、各部門の活動の場においてどう具体的に考えるかということを共に論じ、思いを同じくしておくことでなければならない。かくして初めて経営理念というものが生きたものになるのだと思った。そして、このような認識をもって各部門に接し、指導し、助言し、援助し、バックアップし、激励し、表彰し、叱正することが私の任務であることを知ることができた。

これは、それまでの指揮官先頭・陣頭指揮とはまったく次元の異なるもので、よほどの決意と経営の勉強を積まないと果たせない任務であることもよく分かってきた。このことに気づいてから、大変口幅ったいことを言うようだが、私は心新たに改めて勉強し、みずからを律し反省もしたつもりである。部下を経営者に育て上げることによって、初めて上級者は一ランク上の経営者になれるものである、という当然のことを部門経営の実践を通じてようやく体得することができた。このことを教えてくれた部下に改めて深く感謝するものである。

【補】TQCにおける小集団活動と部門経営

ときどき部門経営とはTQCにおける小集団活動と同じではないかという質問を受けることがある。その運営はまさに小集団活動のそれに似ているし、できれば同じような雰囲気のもとで進めたいものだと思う。ただ基本的に違う点は、小集団活動は自発的活動であり、取り上げるテーマもサークルの構成員で、自分らに興味のあるもの、また手頃なものを選びチャレンジすればよいし、必ずしもその成果にこだわる必要がないが、他方は経営活動であり、経営目標は全社的な立場から決められ、それは必ず収支をバランスさせつつ達成しなければならぬという点で基本的に異なるものである。

小集団活動が盛んに行なわれ成功しているところでは部門経営もしやすいもので、前者は後者が早く成育することのできる良き土壌といえよう。品質管理でよく用いられる手法の多くも部門経営で活用することが効果的であり必要でもある。

【4章】

健全経営論

1 健全経営とは何か

「自主責任経営論」の章で述べたように、企業は四つの責任を果たしつつ、目標達成に必要な思い切った投資・リスクへの挑戦などを敢行せねばならない。そのためには、経営が健全な状態であることが前提である。

では、健全な経営とは何か。利益が上がり、資金も安心、そして損益分岐点も適当なところにあれば「健全経営」と言う人もいるが、それは、経営の一時期の状態を示すものにすぎない。もし環境が悪化し、それに耐える力が不足しておれば、事は志と違って苦境に陥り、極端な場合、倒産ということも起こり得る。ところが、そのような結末の原因を求めれば、それはすべて企業の内部にありというのが常である。自滅である。

このようなことを思い、「健全経営」とは自滅しない条件を備えた経営ということとし、それをいろいろな角度から考えてみよう。

2 健全経営一〇の条件

あまり自慢になることではないが、私は経営者として何回か必死の防衛戦に追い込まれたことがある。辛うじてそれを切り抜けた体験から、自滅しないための最低条件として、次の一〇カ条をあげたい。

①「絶対に会社をつぶさない」という経営者魂を持つこと
②自社の自滅しないための条件を定性的でなく定量的に見つけること
③ダム経営を実行すること
④経営力のバランスが保たれていること
⑤常に弱点の補強を続ける日々新たな経営であること
⑥自己の力の限界を知って行動すること
⑦ロスの少ない経営であること

⑧経営の自己点検が行なわれていること
⑨将来への布石をうつこと
⑩志気が高いこと

❶「絶対に会社をつぶさない」という経営者魂を持つこと

経営者は夢と理想と高い目標を持たねばならぬが、その前に「会社を絶対につぶしてはならない、つぶさない」という願いと決意を胸の内に持っていなければならない。

私は過去二回、勤めていた会社が倒産した経験があり、そのときの私も含めて数百人の従業員とその家族、さらに下請け会社の人達の苦悩と悲惨の思い出がかく言わしめるのかもしれないが、この願いと決意が私の健全経営に関する考え方の原点である。

ある人から「君はつぶれるような会社にいたのが不幸なのだ。一流大会社におればその点安心だ」と言われたことがある。私もその通りだと思っていたが、部門経営を考え、課別決算を実施したところ、倒産課続出である。小さな会社であれば「会社をつぶしてはならぬ」は、社長が考えればよいことかもしれない。しかし、大きな企業では、部課長が「俺の部、俺の課は絶対に倒産させないぞ」と考えねばならない。立派に栄えている会社の中でも、倒産はすぐ側《そば》で起こっているのである。やはり健全経営という私の原点の主張は変えられない。

企業の寿命三十年という論もある。企業は絶えざる改善・改革と将来への布石を怠れば、必ずつぶれるものだと考えておいた方がよさそうだ。

経営の任にある者、やはり前記のことを基本的な経営者魂として持つべきである。

❷自滅しない条件を定量的に見つけること

経営の崩壊は自滅以外にないとすれば、健全経営の出発点はそうなるための条件を見つけることである。

経営崩壊の条件は一般論としてはいくらでも述べることができるが、そういう一般論ではなく、現在の自社に起こり得る危機と好ましくない環境の変化を想定し、それに対しどのような対抗策があるか、また今どのくらいの耐える力があるか、ということである。そして、それらのことはすべて定量的に知っていなければならない。たとえば為替レートが問題だとすれば、現在は一ドル一四六円、これが一一〇円程度になる可能性がある。今の力は一二五円までは耐え得る。対策としては海外工場の生産能力を二〇％増し、国内市場向きの新製品を追加し、販売網を強化し一〇％の増販能力をつけるなどである。経営においては、すべて数字で示すことが大切で、販売力を強化するとか生産性の向上に努めるなどの定性的な目標はなんの役割も果たさないであろう。

経営の現状を数字で明確に示す一つの方法が経営分析である。経営分析というと、普通財務分析を指し、これはP／L（損益計算書）とB／S（貸借対照表）の数字をもとに、経営の状態を財務の面から正確な数字で評定する方法で、現在ではほぼ完成した手法であろうと思う。財務分析では、収益性・資本の回転効率・流動性（安全性）・成長性・損益分岐点・資金の運用状況などが数字で明確になるから、これが起こり得る状態に対し耐え得るものかどうかを査定し、改善目標を設定すればよい。

ところが、これらの財務指数は、経営の総合的な結果をいろいろな観点から評価したものではあるが、それをもたらした各種経営活動の適否や経営力の強弱を直接に示すものではないから、具体的な活動目標を設定したり、対策を講じるには必ずしも有効適切なものとは言い難い。たとえば、販売力とか技術力・商品開発力などは最も知りたいところであるが、それは財務的な経営分析の枠の外にある。そして、それらについては、〝我が社は技術力は強いが、販売力が弱い〟などの評価はしても、具体的な数字でその程度を評価することはなかなかできない。これらは定性的な評価である。これに対し財務分析は損益分岐点は九二・三五％とか、回転率は七・六三……回とか、無限に正確な数字で求められるから定量分析である。

さて、自滅しないために具体的なアクションをとりたくても、そのもとになる現状分析が定性的であってははなはだ頼りなく都合が悪い。なんとしても定量化してしっかりした目標を設定しなければならない。ところが、経営分析には財務分析以外にはオーソライズされたものがほとんどない。しいて言えば、品質面における不良率、販売面での市場占有率、志気のバロメーターとして出勤率・定着率・モラールサーベイなどであろう。それ以外の経営状況については、テーマごとにそのときの実状を考慮して実態を定量的に把握する方法を考えねばならない。その定めた係数は評価であると共に目標にもなるものであるから、当たらずといえども遠からずという程度ではなく、実態に正確ならずともごく近しであることが必要だと思う。

経営分析の手法

(i) 販売力分析

○販売力の強さ：市場占有率
○販売力のバラツキ：都道府県別市場占有率
○販売力の変動

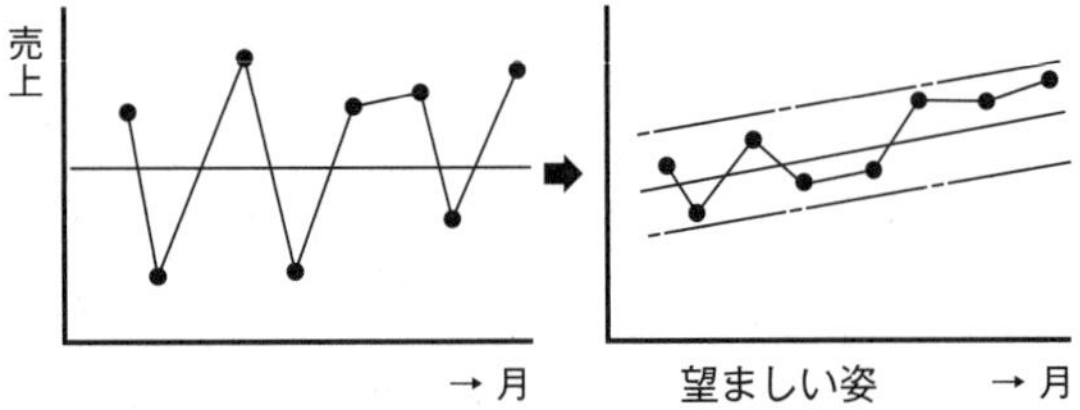

(ii) 販売網分析

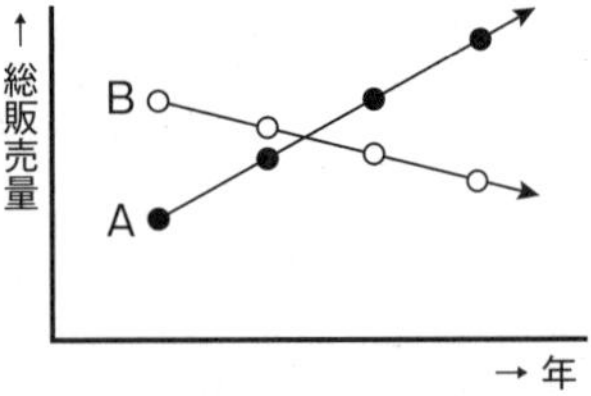

	1年	2年	3年	
Aルート				
Bルート				
計				

販売網がA、B、………など複数ある場合その伸びを予測し、現在それぞれのルートにおける強さ（占有率）をそのまま維持した場合の将来の売上、さらにAルートに積極投資し占有率を向上した場合の売上の変化を分析する。

経営分析の手法

(iii) 商品開発力分析 (部門経営論の章「商品開発部門の部門経営」の項参照)

○新製品率：総売上における新製品（たとえば発売後1年以内の商品）の占める割合。その時系列変化、ライバル他社との比較等。

○ヒット商品率：過去10年にわたる、同業社別の新製品とその時点でのヒット商品の各種比率と、その時系列変動状況。

(iv) 資金の運用状況分析

○月別資金の変動

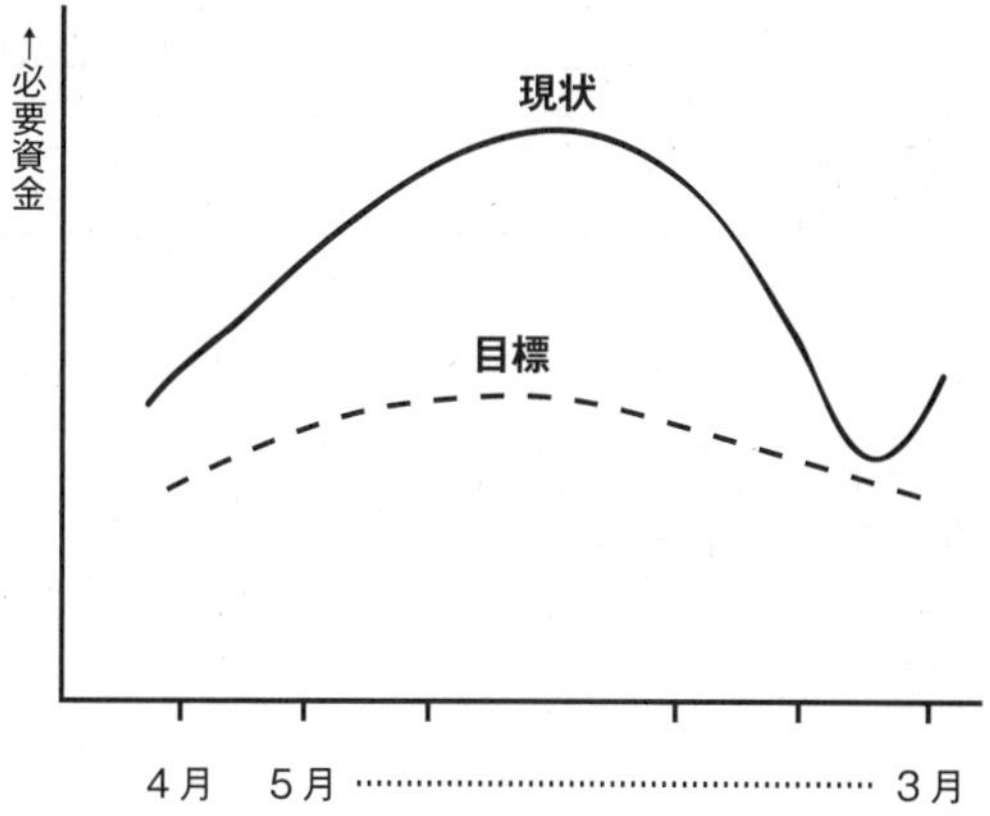

○資金の所在：

形 ＼ 部署	材料	部品	仕掛品	製品	受取手形	売掛金	計A	取扱金額B	A/B	増減	目標
第1販売課											
第2販売課											
⋮											
製造課											
部品課											
資材課											

(v) バランス

進出したい分野（商品）	A	B	C	D
技術力	○	◎	×	△
生産力	○	○	×	○
販売力	×	◎	△	△
資金力	○	○	×	×

経営分析の手法

(vi) 将来性分析

○PPM 分析 (事業計画論の章「長期計画――生き残るための戦略構想」の項参照)

○成熟度分析 (事業計画論の章「長期計画――生き残るための戦略構想」の項参照)

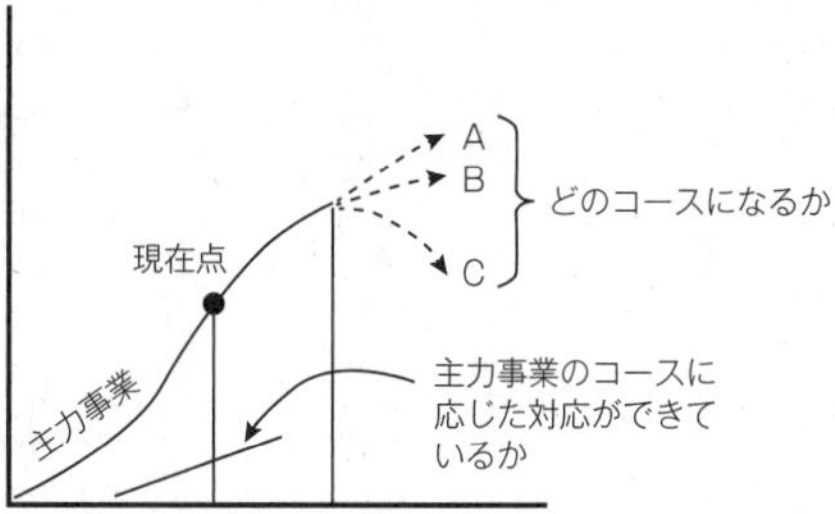

(vii) 総合管理力 (本章「【参考】 損をなくせ！」の項参照)

埋没損 (ロスコスト) の比率

(viii) アフターサービスの良さ (部門経営論の章「補修パーツ課の部門経営」の項参照)

補修部品即納率

そこが経営の難しい点でもあり、かつ面白いところである。

財務分析以外の経営分析はある企業で有効であったものが、他においては必ずしもそうとは言えないことが多い。二〇二〜二〇五ページにいくつかの例をあげておいたので参照してほしい。

このような経営分析から〝自滅しない条件〟を具体的に定める。定められた条件の達成計画が体質改善中期計画である。

❸ダム経営を実行すること

ダム経営は松下幸之助の経営思想の三本柱の一つとも言えるものであろう。その内容は松下幸之助自身の言葉を借りれば、

ダムというのは、改めていうまでもなく、河川の水をせきとめ、たくわえることによって、季節や天候に左右されることなく、常に必要な一定量の水を使えるようにするものである。そのダムのようなものを、経営のあらゆる面に持つことによって、外部の諸情勢の変化があっても大きな影響を受けることなく、

常に安定的な発展を遂げていけるようにするというのが、この〝ダム経営〟の考え方である。

(『実践経営哲学』「ダム経営を実行すること」六四~六五ページ)

七十年前は一介の町工場であったものが、幾多の難関に耐え抜き今日の松下電器としてある最大の要因の一つは、この理念の実践であったと思う。

この考え方は何も難しいことではなく、ごく当たり前の、誰が言ってもおかしくないことであるが、なかなか実行できないことも事実である。ダム経営の実践と手順について私自身の経験から少し掘り下げてみよう。

その手順として、

❶ダム設置の場所を決める

前に述べた、もし我が社がダメージを受けるとすればそれはいかなるときであろうか、という前提から何に耐える準備が必要かを決める。経営ダムの設定場所である。

❷ダムの設計をする

どの程度のダムを設けるかということである。もちろんダムは大きいほどよいが、最初は現在の力や必要性に応じて小型のものをつくり、企業の発展に従って大型ダムに改造強化していくというのが妥当な考え方であろう。

❸貯水計画とその実行

ダムを決めてもそれに貯水しなければなんの役にも立たない。ダムの貯水は一挙にやるものでもなければ、またできるものでもなく、長年の努力の継続によってなすべきものである。またそうしたものであってこそ価値あるものと言えよう。

以下この手順を事例によって説明しよう。

〈例1〉資金のダム

なんと言ってもこのダムの貯水は大切である。倦《う》まず弛《たゆ》まず計画的に、また機会を見つけては実行することである。

私はある新しい事業を担当したときに、この事業はまず三カ月くらい生産販売がストップすることもあるかもしれないと想定し、その間耐え得る資金の保有が必要との見当をつけた。

その貯水計画として次の四つの方法をとった。

❶設備の償却期間の短縮

機械や設備にはその種類に応じて法定償却年数が定められており、その分は必要費用として認められているがその年数を縮めて償却する（もちろん正式決算ではなく、社内決算として）。自己償却が終われば、償却費は引当金として内部留保にまわり、ダム貯水が始まる。

もし法定償却年数以内で損傷するとか陳腐化し買い換えというようなことになれば、貯水ダムを放出する。その分だけ臨時損失をカバーできることになる。

❷治工具・金型などの償却台数を下目に見積り早期償却する

メーカーの場合、個々の製品に限定し使用され、生産が終われば廃棄される固有設備とも言うべき治工具・金型がある。その償却を早目にすますのである。たとえば、ある新製品に一億円の治工具・金型費がかかるとする。この製品を一〇万台売る計画であれば一台当たりの償却費は一〇〇〇円である。これを五万台とし、償却費を二〇〇〇円としておけば、五万台以降の分については一台当たり二〇〇〇円が浮上してくるから、これを内部留保引当金として自己否認する。

❸特許支払代金の引当

新製品を開発した場合、ライバル・メーカーの特許を予想し、万一それに抵触したときのことを考え引当金として計上しておく。幸いにして抵触しなかったり、抵触しても交換が成立すればその計上分は事実上、内部留保となりダムを満たす一要素となる。

❹予算差額の引当計上

部門経営で各部門が予定していた費用がその部門の努力によって節減に成功した場合、その差額は全体の利益に計上せず内部留保に引き当てる。

通常の利益よりの内部留保の他に、前記のような自己否認引当を長年続ける。もちろん前記のような引当により原価はその分だけ高くなるが、その分は新たなコスト引き下げ努力目標とする。

〈例2〉人のダム

人のダムとはもちろん余剰人員をかかえることではない。

電子レンジのなかなか売れない初期の頃の話である。なかなか販売が安定せず大変困ったことがあった。というのは、テレビ&ビデオの新製品が出たり、クーラーのシーズンになると小売店は手間のかかる電子レンジを見捨ててそちらへ走ってしまうからであった。そのようなときには電子レンジ事業部の自力販売で切り抜ける以外に有効な手段はない。そこで考えたのがセールスマンのダムであった。

当時四〇〇名いた従業員を、毎月一〇～二〇名くらいずつ一週間小売店に派遣して訪問販売をさせてもらうのである。もちろん派遣前にはセールストークや調理実演法を十分勉強して行くから、小売店も大歓迎である。このようにして、電子レンジのベテラン・セールスマンを二五〇名養成した。売れ行きが低下してくると、この在宅ならぬ在職場セールスマンが出動する。このことにより、技術者や経理部員、人事や製造の担当者なども販売と市場について理解を深めたことは大変な収穫であった。また輸出担当者なども実地のセールス体験はそのまま海外での仕事に大変役立ったとのことで、望外の効果をあげることができた。

〈例3〉操業度のダム

言うまでもなく損益分岐点を引き下げることである。また、そのことの重要なことは誰でも知っている。しかし、自社の利益図表やそこに示されている損益分岐点がどの位置にあるかとなると、多くの場合、経営幹部とその作成に当たった経理担当者だけしか知らず、一般には知らされていないと思う。ところが経営幹部や経理担当者のレベルでは損益分岐点を引き下げるには、固定費と変動費を引き下げ、商品の売価を上げればよいという大局的な方策しか生まれてこない。これでは操業度のダムを効果的に効率よく満たしてゆくことはなかなかできないであろう。

損益分岐点とか利益図表のような有効な情報は一部の人が独占するのではなく、現場でその実現のために働く人達に公開されるべきものである。

損益分岐点を引き下げるために、販売部門は何をすべきか、商品開発部門の任務は何か、製造や資材部門はどのようなことでどの程度の貢献をするのか、……など具体的になすべきことを項目別の数字で目標を与え、それを達成すれば利益図表のどの部分がどう動くのかを明示することによって達成への意欲と知恵が生まれるものである。

❹バランスのとれた経営であること

経営を支える力はたくさんあるが、それらの力のバランスがとれておらねばならない。何か一つ抜きんでているというのは特別な職業の人に求められることであり、経営においてはときにそれが命取りになることもある。

　最近、ある雑誌で、旧日本海軍の有名なゼロ戦（三菱零式艦上戦闘機）の特集があった。内容はご多分にもれず、この飛行機の優秀性と設計者・堀越二郎氏の才能と努力、搭乗勇士の健闘を褒め称えたものだった。事実、海軍が開戦を決意したのはこの戦闘機の存在にあったと言われるくらいで、その性能、特に格闘戦性能・航続力・二〇ミリ機銃装備など、当時の世界の水準を超えるもので、それに乗るのは少年航空兵として鍛え上げられたパイロット、しかも中国戦線での豊富な実戦経験の持ち主などで、緒戦からしばらくは向かうところ敵なしで、米軍パイロットを恐怖のどん底に陥れた。ところが、ただ一機の不時着捕獲機の調査から、操縦席も燃料タンクも防弾なし、急降下スピードに制限あり、編隊空戦に必須の無線電話も実用ならずなどの多くの弱点を発見され、それに対抗する戦闘法を編み出され、いわゆるゼロ戦の神話は崩れた。さらに、折りたたみ翼でないため格納時、米軍戦闘機の二倍近いスペースをとるという欠点。また、私も整備士官として実見したところであるが、機体を軽くし飛行性能を向上した反面、強度不足が目立ち舗装の悪い飛行場への着陸時の破損（搭乗者の技量も落ちていたが）等々の欠点もあった。

日本の航空評論特有の身贔屓《みびいき》で、ゼロ戦は今も世界の名機とされているが、戦闘用兵器としては前記のように大変アンバランスなもので、名人芸の腕前を有するパイロットがいわゆるドッグファイトと称する格闘空戦に持ち込んだ場合は天下無敵であるが、そういう特別条件から外れると欠陥機と評される面もあり、昭和十八年以降は惨憺《さんたん》たるものであった。

経営も同じことである。素晴らしい技術を看板に倍々以上の高度成長で世間を驚かせたベンチャー企業の突然の倒産というこれまた驚かされる例が後を絶たない。これらの会社はきっとゼロ戦的体質ではなかったかと思う。

複雑な変化の激しい環境のもとにある今日の企業にあっては、一部門の弱体は他部門の働きで補うことはできない仕組みになっている。企業はアンバランスなゼロ戦的体質では必ずいつの日か破綻する。そして、それは経営者の責任である。

二一六ページの図は私が友人に頼まれて、彼の会社の経営のバランスを示したレーダーチャートである。〝●〟が私の採点、〝○〟が社長の自己判定である。一二項目中、私は危険点が七つ、社長は二つだったが、いずれも攻撃力偏向型で、環境変化に弱い体質であることは明らかである。幸い、社長はその後体質改善に努め良化

管理と経営

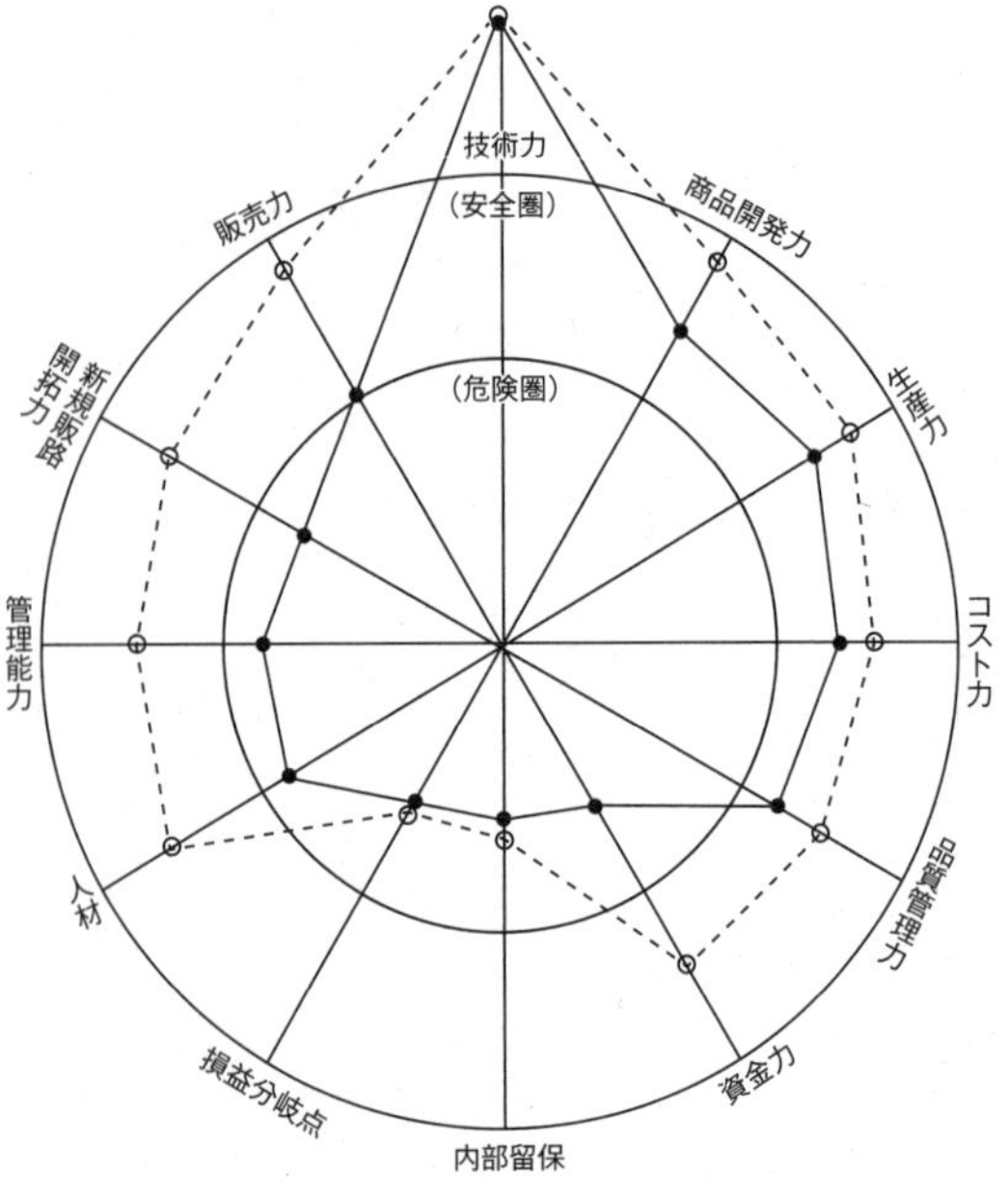
技術力
（安全圏）
（危険圏）
商品開発力
生産力
コスト力
品質管理力
資金力
内部留保
損益分岐点
人材
管理能力
新規販路開拓力
販売力

しつつあるのでここに掲げた次第である。

読者の皆さんも一度レーダーチャートで自社のバランス状態を自己診断してみられることをおすすめしたい。松下幸之助もその著書で熱心にバランス経営を説いているが、幾多の難関を乗り越えて今日の松下を築いた体験からであろう。

❺常に弱点の補強を続ける日々新たな経営であること

人間もそうであるが、経営もそれが発展するためには常にそれにふさわしい活力が満ちていなければならない。それでは活力ある経営とは何か。それは、毎日何か昨日と変わった改善改革が行なわれている――活きている状態にあることである。日々新たな経営である。

また、経営はバランスが大切であることは前項で強調したところであるが、はじめからバランスのとれた経営などあり得ないことで、弱点を補強修正する作業があってはじめてそれに近づけることができるものである。この弱点補強作業が日々新たな日常活動の中で重点的に実施されることこそバランスのとれた経営体実現の唯一の道であろう。

この弱点改善の日々新たな経営活動は、「部門経営論」の章で述べたように企業内にできるだけたくさんの自主責任経営単位をつくることによって最も望ましい姿で推進されると思う。経営単位であるから、明確な経営目標と権限を持ち、毎月決算もする。その決算を時系列的に観察すれば経営の弱点はどこにあり、それがどの程度かということがおのずから明らかになる。経営幹部の任務は、弱点部門を発見し、そこを強化し、企業全体のバランスを正常に保つことである。もちろん強化の方法にはいろいろあるが、強いところは減量した上で同じ強さを保たせることも強化のうちである。

このようにして、常に組織の点検・補強・強化の作業が活発に行なわれている——日々新たなる経営——これも健全経営の大切な条件だ。

❻自己の力の限界を知る経営であること

これはバランス経営の裏返しであるが、経営者が何か重大な決断を下すときには——特に攻勢に出ようとするとき——よほど他にカバーする条件がない限りは、自社の経営力の一番弱いところを念頭に置いて決めなければならないと思う。

もう十年以上前だったと思うが、松下幸之助とある大学教授とのテレビ対談において、教授の「最近企業の倒産が多い。そしてそれは圧倒的に中小企業であるが、松下さんはやはり日本の中小企業は弱いと考えますか」といった問いに答えて、「私はそうは思わない。私の経験では社員二〇〇名くらいが一番やりやすかった。お互いの考えもよく理解し合い、経営者の考えや方針もよく徹底できるから、むしろ強いはずだ。それが倒産するというのは、ちょっと調子が良いと自分の力以上のことをやるからだと思う」といった見解を述べている。多くのベンチャー企業の思いがけない倒産も、多くは大企業も驚くほどの技術を開発するとその点だけが大きく見えて弱点が視野の外に出てしまった結果であろう。

私の言いたいのは何も自己の経営力の一番弱い点に焦点を合せよというのではなく、そのことをよく知り、その弱点の補強に努め、他の力でカバーすることも考える。そして、あらゆる手を打った上での限界点を見定め決断するということである。

前項と本項は、とらわれることなく現状を正しく見る素直な心があってこそ可能なことと言えよう。

❼ロスの少ない経営であること

会社が好況なときや、業界全体が成長期の波に乗っているときには、少々の無駄があっても売上増による利益の方が大きいから、経営成績への影響には気づかないし気にもならない。しかし、いったん成長が止まり、競争が激化し、値引きや販売促進費が嵩《かさ》んでくると、無駄の有無が経営の死命を制する要素となってくる。「出《い》ずるを制し、入《い》るを図る」（*一般的な言い回しは「入《い》るを量《はか》りて出《い》ずるを為《な》す」）の出ずるの部分である。

ところで無駄というものは、状況が悪くなってから抑えようと思い立ってもそううまくいくものではない。誰しも無駄と承知で会社の費用を支出しているわけではないからである。いつだったかテレビで、再建の神様といわれる方がある会社の社長に就任し、一〇〇円以上の出金伝票をすべてみずからチェックし、社員に細かい指示を与えている姿を見て、その体力と事務処理力に驚嘆したことがあったが、これとて限度がありそうだし、よほどの人でない限り伝票を一目見て、「この費用は必要なものかどうか」の適切な判断は難しいであろう。少なくとも、私にはできそうもない。そこで、費用というものについて、アレコレ考えているうちに、どんな費用でもすべて、経営に必要かつ有効な働きをした部分と、本来は望ましくないものであるが、やむを得ず支出した、という二つの部分があることに気がついた。たとえば、販売促進費という名目の費用も、その中味は、販売を伸ばすために大いに役立ったものと、陳腐化した在庫品を処分するために使ったものがある。後者は、その時点では必要な費用であるが、本来は望ましいものではなく、もしそのような陳腐化商品を抱えておらなければ必要なかった部分である。

この、もし経営をもっと巧《うま》くやっておれば発生しなかったという部分の費用は、考えてみると本来無駄な費用であり損である。そして、この部分の少ないほど体質の良い経営と考えてよいであろう。平素から、こういう損を見つけ出しては減らし、良い体質をつくり上げる不断の努力を続けていることも健全経営の条件の一つとしてあげたい。

ところが困ったことは、今言った損を見つけることはなかなか難しく、一工夫を要することである。それは、この損は表面に姿を現わしていないからである。決算書の項目にはもちろんのこと、どの伝票を見ても、有効な部分と損の部分の区別はなかなかつかない。倉庫の在庫品や材料をチェックしたり工数計算をして、陳腐化した物や余剰人員を見つけ出すことは可能であり、大いにやらねばならぬことであるが、仕事の中に埋もれている目に見えない損が大事なのである。なんとなれば、それらはどのくらいあるのか、増えつつあるのか減っているのか、わからないからである。つまり、目に見えないところに埋没している。この埋没損を見つけ出し、それを減らすには一工夫要する（それについては、後出の項「損をなくせ！」を参照していただきたい。私のささやかな体験を記したので、参考にしていただければ幸いである）。

❽自己反省のある組織運営をすること

真面目な経営者なら誰でも、常に自己反省を怠らず、己を律し経営を顧みていると思う。ここで言う自己反省とはそういうことではなく、組織としての反省点検である。組織は人の集まりであるが、うっかりすると、人の意に反し反省を欠くことになりかねないものである。

組織が自己の行動を定例的に反省するチャンスとして決算検討を、臨時緊急的には内部監査をあげたい。決算検討は健全経営の締め括りであり、内部監査はその仕上げである。

松下電器は、昭和十年から事業部単位で月次決算検討会を続けており、昭和十一年には(注)内部監査制度を採用したという(今日ではほとんどの企業で月次決算は行なわれているが、五十年以上も前から、一小企業がこの二つの制度を実施していたことは、驚くべき先進性であったと思う)。

月次決算検討とは、単に毎月決算書を作ることではなく、その決算書をよく検討し計画と実績の差異を分析し、もし差があれば、その原因を追究し、その解決策を講じ、遅れの挽回策を検討することである。

また、決算検討会では、売上とか利益・資金といった経理の数字に止まることなく、事業計画のあらゆる項目について検討する。たとえば、今月完了予定の新製品の試作品のテスト結果はどうだったかとか、社内教育は予定通り実行されたか、その結果のアンケートはどうだったか、材料費の節減は予定通り進んでいるか……などである。部門経営制度(「部門経営論」の章参照)が確立していれば、経営の細かい点まで、完全に徹底して検討・反省が可能となり健全経営の根がしっかりと地についた姿となろう(毎月決算しても、決算書を社長に説明するだけとか、ファイルに綴じておくというのでは、決算書作りであって決算検討ではない）。

次に内部監査について。

目前の経営に没入していると、つい大局的なことを見逃すこともある。また、人間であるから、そのうちになんとかしようと思っている間に、過大な在庫を抱えてしまうというようなこともある。また逆に、目先の利益に片寄り、将来への投資が遅れるということもあり得る。このようなことに備えるのが内部監査制度である。

このように言うと、その部門の欠点・失点探しのお目付役のようにとられるかもしれないが、そうではなく、「この点に気をつけた方がよいのではないか」とか「ここはこう正した方がよい」という勧告を未然に与えることにより、事が大きくならぬうちに抑え、担当者が苦境に陥るのを未然に防ごう、というのがその目的である。一般の会計監査や税務の監査などとはまったく異質の、企業としての自己健康診断である。

もちろん、自己診断といっても、診断する側と診断される側の立場があるのだから、そこに正しい相互理解と、それを生かそうという熱意がなければ、十分な効果をあげることは難しい。そのためには、監査の内容も財務的な数字の指摘に終わることなく、それをもたらした原因を解明することが大切で、商品政策・販売政策や販売網の問題点、さらに生産性や品質管理などの面まで経営全般の問題にメスを入れ、社内外の事例や比較などを含めて、受ける側に改善の糧となるようなものでなければならない。これは大変難しいと思われるかもしれないが、私の知るところでは、真剣に努力・研鑽《けんさん》し、経験を積めば、社内のことであり資料も豊富なことも相まって、有効な監査能力を身につける人を育てることは、そんなに困難ではないように思う。

私自身の経験では、なにぶん事業部長に任命されるまで設計一本という経歴だったので、内部監査でいろいろなことを知り大変勉強になり、こんな有難いものはないと思った。こちらから二度三度要望し、多忙を理由にことわられたくらいだった。要は受ける側の心の持ちようであると思う。しかし、これができることは、健全経営の一つの条件でもあろう。

（注）樋野正二『「松下経理大学」の本』（実業之日本社）には、松下電器は昭和十一年に内部監査制度の原点といえる「検査規定」を制定した、とある。

❾将来への見通しを持ち、布石をうつこと

たびたび言うが、高度成長時代は、企業の現在歩んでいる路線の延長上に未来像を置くことができたから、特に将来の模索に悩むこともなく、ひたすら現在の業に努力・精進を積めばよかった。しかし今や、そのような努力が輝かしい未来を保証するとは限らない時代である。企業ごとに、環境の変化を予測し、みずからの力を考え、みずからの未来を見定め選定し、それに対する布石をうつことが、生き残る十分条件ではないが必要条件だ（それを、どのようにして定めるかについては、「事業計画論」の章で触れることにしたい）。

❿従業員の志気が高いこと

私は、〝はじめに〟でも述べたが、十年近くある自動車会社に勤め、そこが倒産し松下電器に途中入社した。当時、拾ってくれた恩義ある会社ではあったが、正直なところ、「技術面でも設備や生産管理の面でも、つぶれた前の会社の方がしっかりしていた。なぜこんな状態でうまく行ってるのだろう」と不思議に思ったものである。

そして、今一つ不思議に思ったことは、松下では、コンベアラインについている若い女子作業者が「今月は計画の九五%しか達成できなかった。来月は取り返さなければ……」などと言っていることだった。

以前の会社では、課長クラスの人でも、自分の担当の仕事以外のことに関心を持ち心配する人は一人もいなかったように思う。なぜ松下では作業者が事業計画を知っており、関心を持ち、心配するのか分からなかったのである。

その後、松下では期の初めに事業計画が発表され、毎月朝会で月次決算が報告されることを知った。だから、少なくとも事業部の経営状態については、全員がよく知っている。しかも、このことは何十年も前からのことである。そういう伝統があるから、知らず知らずのうちに従業員の一人一人が、「事業計画というものは、なんとしても達成しなければならぬものなのだ」という考えを持っており、それが経営風土となり、計画必達の執念を持った会社になったように思う。前の会社とは根本的な差があり、なるほど松下の強味はこれだったのかとようやく悟った。

出勤率、災害や事故発生率、提案率、モラールサーベイの結果から、レクリエーションや運動会の参加率、さらに居住地域社会での評判……等、そのこと自体の重要性もさることながら、その背後にある従業員の志気もモラールを示すバロメーターとして大切なものである。

従業員の志気とモラールこそ企業のよって立つ土台である。

【参考】損をなくせ!

だいぶ前のことだったが、原油が急に一バーレル三四ドルにもなって世界中が大騒ぎになった。第二次のオイルショックと言われたときのことである。

その当時、私の勤務していた会社では、石油とプロパンガスの機器を主力商品の一つとして抱えていたから大変なことになった。二〇〇億近い販売ダウンで、この分を他の商品の拡販で補うことは、当時の状況では不可能であった。

実は、その前からいささか経営が停滞中ということもあって、この販売ダウンはダブルパンチの大打撃となり、たちまち大赤字となった。

生き延びるには、「入るを図り、出ずるを制す」であるが、入るを図るには画期的な魅力商品の開発以外になく、それには最低三年は要するし、果たして成功するやの保証はない。また「出ずるを制す」といっても、生産の自動化によるコストダウンは販売増が条件であるし、それはずっと先のことである。人員整理だけは絶対やりたくない。こうなれば、経営の中にあるムダを絞り出す以外にない。これだと、相手は自分自身であり、特に資金を必要とするわけではないのだから、残された道はここにしかないと思った。

まず、絞り出せるムダ――損《ロス》がどれだけあるかを知らねばならない。これは、決算書を穴のあくほど眺めても出てくるものではない。

そこで思いついたのが前に述べた、「費用のうち、もし経営をうまくやっておれば発生しなかったであろう部分」――ロスコストをなくそうという考え方であった。

さっそく各事業部門ごとに、「過去三年間のロスコストを一週間で概算せよ」と特命した。はじめは二～三カ月かかるとのことだったが、危機感のしからしめるところか十日間で算出できた。それによると、年によって多少違うが、驚いたことに平均四～四・五％である。普通なら叱りつけるところだが、このときは有難いと思ったのだから、よほど追い詰められていたのだろう。

今一つ驚いたことは、各事業部の成績とロスコスト率は関係のないことだった。

次に、このロスコストを見つけ、退治した手順について説明しよう。

❶ロスコストを求める

きわめて単純な方法だったが、すべての出金伝票を黒枠のものと赤枠のものに分け、正常な費用は黒枠伝票を使い、本来好ましくないと思われる分は赤枠伝票で発行する（電算機では×をつける）。黒伝票にするか赤伝票にするかの基準は、各部署で検討して定めた。

たとえば販売促進費について言えば、新製品の商品説明会やキャンペーンの費用、訪問販売や実演展示即売会の費用、優良小売店の表彰式や新規開拓のお店の招待の費用は、販売促進に役立つ前向きの費用だから黒伝票、これに対して陳腐化した商品や過剰在庫品を処分するための値引きに当てた分は赤伝票である。クレーム処理のために出張した費用などももちろん赤伝票である。これらの費用はつくりすぎたり、クレームを出したりしなければ、本来発生しなかったはずの潜在ロスコストである。また治工具・金型などの償却費もドンブリ勘定を廃して商品ごとにやる。

ある機種の商品を一〇万台生産販売するつもりで、治工具・金型に一億円かけたとして、予定通りの生産販売であれば、一億円は黒伝票で上がるが、もし八万台で打ち切れば、八〇〇〇万円を黒伝票、二〇〇〇万円を赤伝票で上げる。幸いにも一二万台生産販売ということになれば黒伝票一億の他に利益二〇〇〇万円が上がる。

このように、すべての勘定項目が必ず黒伝票と赤伝票の二通りで発行されている。

このようにして発行された赤伝票の合計がそれぞれの項目の埋没ロスコストである。

この赤黒伝票方式で計算してみると、従来の方式とはいささか違った表現となる。前記の販売促進費についてみよう。

もし予算で販促費四%を計上してあり、それが三・八%で収まっておれば、従来方式では〇・二%節約益が出たということになるが、赤黒伝票方式では黒伝票分一・七%、赤伝票分二・一%で合計は同じ三・八%だが、〇・二%の節約益ではなく、二・一%の損をしていると言うことになる。もちろん、節約は大切であるが、本当に必要有効な費用は無理に締めるのではなく、積極的に有効に活用すべきである。また償却費でも同じで、総計すると、予算標準五億に対し、四・五億で収まったが、その内容は、黒伝票分四億、赤伝票分一億、利益分五〇〇〇万で差引き四・

五億で、決算上は五〇〇〇万の節減であるが一億の損があったという具合である。

各勘定項目の赤伝票分の総合計が、会社の内部に抱えているロスコストである。

ロスコストは、言わば経営の品質不良とも言うべきものである。これは製品の品質不良と同じで、神ならぬ人間のやることであるからゼロにはできないが、QCと同じく、その発生原因を解明してそれを改め直すことにより、限りなく減少させることはできる。事実私のいた会社も、数年間の努力により、一％を切るところまで改善できた。

最近、いくつかの企業でこの方式を実施した結果では、埋没ロスコストは三〜六％であった。誰しも、利益を計上していると、「うちにはそんなロスはないはずだ」と思うものだが、これは経営成績とはあまり関係なく存在する性質のものである。

ロスコストから絞り出した利益を、販売増によって生み出そうとすれば、どれだけ多くのことをやらねばならないか、またどれだけの費用や投資が必要かを考えてみれば、これはいかに有難いものであるかがわかるであろう。

❷ロスコストをなくす

このようにして、埋没しているロス（利益でもある）の大きさが分かったとしても、これを減らすことはそう簡単にはいかない。なんとなれば、そのロスの発生原因は一つの部門の内に存在することは稀で、多くの部門にまたがっているのが普通だからである。したがって、その解決には部門を超えた協力が必要であるが、これは「言うはやすく行なうは難し」なのである。組織間の垣根とかセクショナリズムと称せられるものもあるであろう。

前に述べた販売促進費を例にとり、考えてみよう。

まず、二・一％の販売促進費の赤伝票分の大部分は、二〜三の特定商品の値引き販売原資に引き当てられたものであった。そのような事態に立ちいたった原因を、品質管理でよく使う要因分析法で追究してみた。二三五ページの図がそれで、各部門の代表者で構成したチームがブレーンストーミングで作成したものである。

これを見れば分かるように、値引き販売せざるを得なくなった原因は、商品の過剰在庫とそれが陳腐化していること、さらに小売店の強い要求の三つである。

この三つの原因が生じた理由をさらに追究する。

最大の原因である過剰在庫が生まれたのは造りすぎであり、その生産数は生産販売会議で決めたものである。その会議では、製造・外注・資材の三部門は、それぞれ図に見られるように、自分の部署の立場だけを考えた理由をあげている。

これに対して、販売部門も市場の実態をよく把握していないものだから、そのくらいはやれるだろうと、つい甘く考え三部門の圧力に屈してしまった。

商品の早期陳腐化の理由は、ご覧の通りで、A社の積極的な攻勢と我が方の新製品開発の遅れで、さらにそれには原因がある。

また、小売店や代理店からも、販促費の要求が強く、それぞれ理由があり、現在の販売管理状態から必然的に生まれてきたものだと言えよう。

このように分析を進めてくると、値引きという販売促進費の赤伝票分が生じた原因は、販売部門だけにあるのではなく、多くの部門に広がって存在し、かつ他の部門に主たる原因がありそうである。また、全社の合意を取り決める生産販売会議の運営にも大きな問題があったことがわかる。販売部門としても、小手先の折衝で解決する問題ではなく、もっと大きな抜本的な営業政策の改革が必要のようだ。

その対策として次のようなことが申し合わされた。

値引き販売の要因

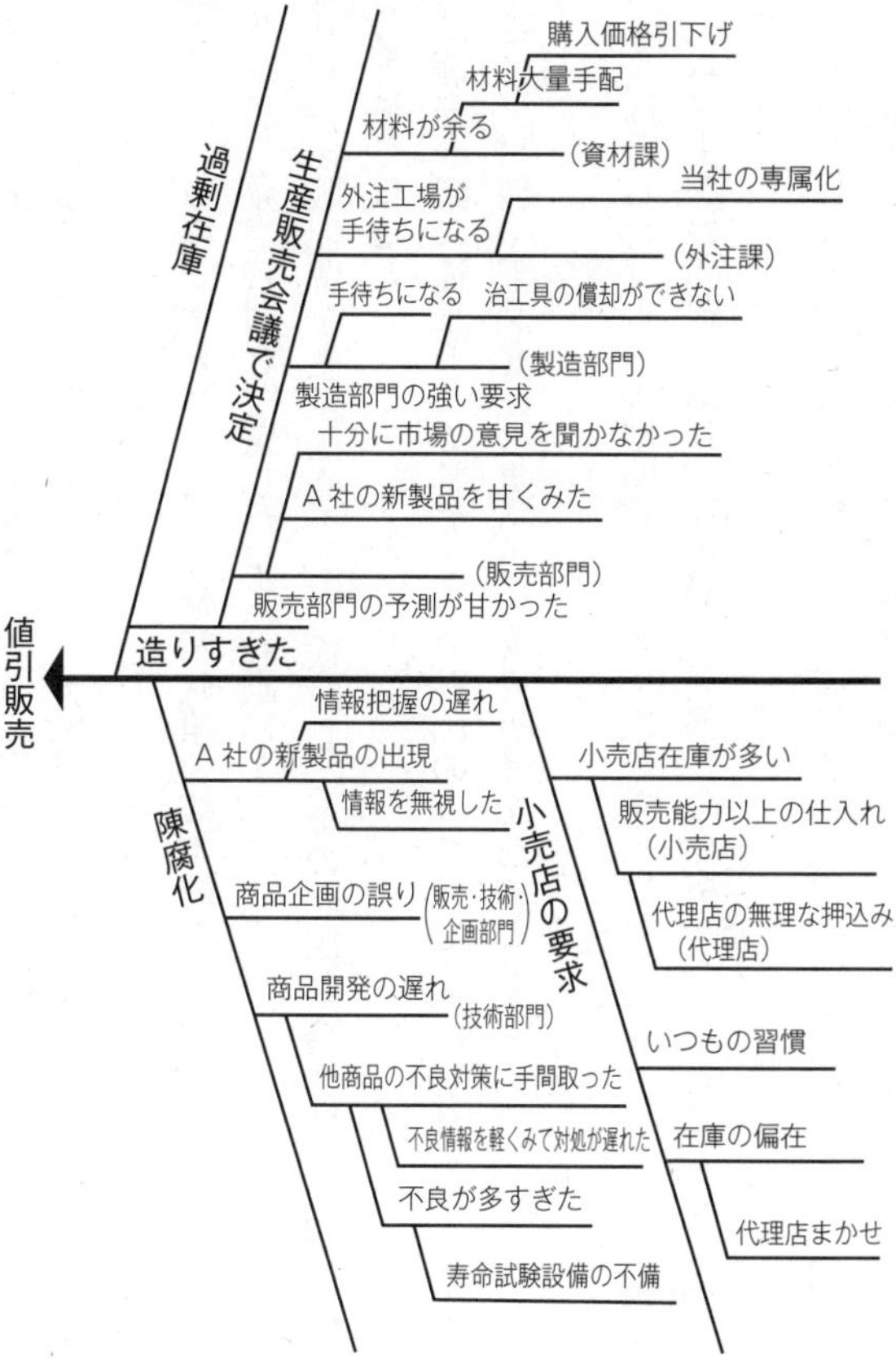

値引販売
造りすぎた
過剰在庫
生産販売会議で決定
購入価格引下げ
材料大量手配
材料が余る
(資材課)
当社の専属化
外注工場が
手待ちになる
(外注課)
手待ちになる
治工具の償却ができない
(製造部門)
製造部門の強い要求
十分に市場の意見を聞かなかった
A社の新製品を甘くみた
(販売部門)
販売部門の予測が甘かった
陳腐化
情報把握の遅れ
A社の新製品の出現
情報を無視した
商品企画の誤り
(販売・技術・企画部門)
商品開発の遅れ
(技術部門)
他商品の不良対策に手間取った
不良情報を軽くみて対処が遅れた
不良が多すぎた
寿命試験設備の不備
小売店の要求
小売店在庫が多い
販売能力以上の仕入れ
(小売店)
代理店の無理な押込み
(代理店)
いつもの習慣
在庫の偏在
代理店まかせ

①販売以外の各部門も市場第一主義に徹すること
②生産販売会議では、市場の生の声をよく検討し、会社全体の立場に立って論を進めること
③営業部は、市場安定を図るための営業政策の抜本的な改革案を考えること
④次期商品の発売時期を考慮した生産計画にすること
⑤毎月、赤伝販促費を生産販売会議で検討し、その原因と責任部署を明確にし、対策を講じること
⑥生産販売会議は従来の二カ月先までの計画のみではなく、四カ月先までの予測もたて、材料や部品発注の見込み注文の過多を防ぐこと

このようなことを定め、各部門が協力して成果を上げるということは、全員の自覚とチームワークの問題であり、社長や事業部長の命令一つで実行できるものではないであろう。

これらの対策を決めてから一年後には、赤伝票販促費は半減した。ある事業部では、さらに徹底した対策がとられ、新製品発売の三カ月前から減産に入り、発売時

点では店頭在庫もほとんどない状態にまで持ち込むことに成功。文字通り赤伝拡販費ゼロになった。多くの人の努力と知恵と協力の結果である。

松下幸之助の、「まかせる経営、衆知による経営」とはこういうものかと、部下から教えられた一つの体験でもあった。

埋没損の原因はすべて内部にある。敵はわが心の中にある。それが組織の垣根という形になって、いたるところに堅固な砦となっている。これの攻略は、外敵と闘うより難しい。

しかし、この改善に要する費用はゼロである。しかも思い立ったそのときが出発点である。心の敵を克服し、各部門の協力体制が生まれれば、損は必ず減る。その分、利益が増える。これは現在の経営の成績に関係なく、ただちに開始すべき体質改善作戦ではないか。

私が、この作戦を思い立ったのは、担当している会社の経営が悪化し苦慮しているときであったが、売上を増すことなく、二年間で三％近く利益を増やすことができた。

しかし、本当はその三％よりも、この体質改善を通じて、各部門がお互いに経営責任を分担し合っている事実を自覚し、共同責任感が生まれ、その後の大きな飛躍のもとになったことこそが一番大きな成果であったと思っている。

【5章】

経営の場における情報論

1 情報の定義

我々は、情報という文字や言葉に、毎日テレビや新聞で何回も何十回も接している。改めて定義を決めるまでもないが、これから、その経営における役割を論じようというのであるから、一応次のように取り決めて進むことにしたい。

「情報」とは、〝経営に役立つ新たにわかったこと〟とし、

- 生の事実または所見を↓データ
- データを整理・集計・加工し企業の活動に参考になるような形にしたものを↓経営情報
- 情報が蓄積されて、一般論として長期間通用するようになったものを↓経営知識・経営ノウハウ

と呼ぶことにする。

2 企業経営の立場からみた情報化社会

今や情報化社会といわれる時代である。だが、企業の経営者は誰でも、この言葉が生まれるずっと前から、その業種を問わず情報を集め活用してきた。特に衆に先んじたといわれる人はその面で一歩も二歩も進んでいたと思う。紀伊國屋文左衛門などは現代においても不世出《ふせいしゅつ》の情報活用の成功者と言わねばならぬであろう。それにもかかわらず現代をことさらに情報化社会とするには、それなりの理由があるからで、その最たるものは、情報活用の適否あるいはその能力の程度が経営に大きな影響を及ぼすようになったことであろう。以前は情報面での立ち遅れによって大きな損失や打撃を被るというようなことはあまりなかったと思うし、ましてそのために、大企業の経営が揺らぐというようなことは考えられなかった。それは、情報面での立ち遅れや誤りを、生産力とか販売力あるいは資金力といった他の経営力で十分にカバーすることができたからである。

だがこれからは、情報のもつ力は、経営の三要素と言われる人・物・金と同じく重要なものとなり、他の経営力では補うことができず、その面での力不足は企業の存亡につながることともなりかねない。これが企業経営の立場からみた情報化社会である。そして、その顕著な特徴をあげると、

- 経営に影響を及ぼす情報がきわめて豊富になり、その出現・変化のテンポが早くなった
- 大量の情報を処理する手段と手法が生まれ、急速に限りなく発展しつつある
- 情報の上手な活用でビジネス・チャンスが拡大しつつあり、その逆も成立している
- 物理的な距離の障壁がなくなった
- 業界の垣根がなくなり異業種間の競争が激しくなる

というようなことが、現在幾多の事実となって発生している。これからは、情報

を参考にしてというより情報を中心に置いて動くという企業がリーダーシップを発揮するということになるだろう。

3 経営の場における情報一二則

データや情報そのものは無性格な一つの事象としても、それを扱う人間とその人間の集まりである組織の側においてその取り扱いや活用において、ある傾向や法則に近いものがあるように思う。情報を扱う場合に、このことを頭に置いてかかることは有益なことである。

私の経験の範囲ではあるが、次のような一二則をあげたい。

①情報は状況の変化により発生し、またそれを予告するものである
②情報のキャッチ度はニーズの大きさと経験の深さによって決まる
③情報の価値はスピードと正確さである

④情報は合目的な整理・加工により価値を増す
⑤情報は表情豊かなほどよい
⑥情報の活用は受信者の感性・経験・知識により決まる
⑦人は都合の良い情報を重視採択し、好ましくないものを軽視し棄却する傾向がある
⑧都合の良い情報は組織を通過する間に拡大され、そうでないものは縮小され消滅する傾向がある
⑨情報過多は、ときに情報不足と同じ結果をきたす。整理が必要である
⑩情報は行動する人に与えられ理解されたときに、その真価を発揮する
⑪情報は多くの人に共有されることによって大きな影響力を発揮する
⑫情報の取得は**give and take**の原則による

これらはみな当たり前のことばかりであるが、それゆえに忘れやすく、忘れたときに失敗は起こる。これらについて少し補足することにしよう。

火山の爆発（大変化）の前には、特有の微震や小地震が発生し、それを予告するこ

とは、大島（＊一九八六年十一月の三原山噴火）や伊東沖（＊一九八九年七月の海底噴火）の件で全国民に認識されたところである。社会や市場の変化も同じで、なんの予告現象もなく突発することはあり得ない。要は、その予告現象をキャッチする感性と能力の有無が問題であると思う。そもそも情報は変化の自己表現にほかならないからである。

厳重な人為的機密保持のもとにある事象でも、必ず何らかの情報を発信することは多くの事実が証明している。太平洋戦争において体験した一つの例をあげよう。

日本海軍敗因の最大のものの一つは情報戦に敗れたことである、とはよく言われるところである。事実、兵力・技術力共に我が方が格段に優勢であったにもかかわらず、作戦計画を完全に探知されたために奇襲をうけ完敗したミッドウェー海戦などその最たる例である。米海軍の各部隊には、必ず有力な情報部門が存在していたが、我が方には連合艦隊にも軍令部にも、そのような部局を欠き、通信部門が存在していたにすぎない事実をもってしても、このことは理解されよう。しかし、我が方も情報がまったくなかったわけではなく、実際は相当正確に所有していたのである。それは、米軍のように巧妙にして科学的な暗号解読という手段ではなかったが、通信部門が傍受した通信量の解析によって、いつ、どの地点に、どの程度の艦隊兵力が集結し、いつ頃出撃してくるであろう、ということを戦争の後半にはきわめて正確に探知予告したのである。通信部門の士官の多くは民間出身の予備学生上がりであったが、その情報把握のもととなったのは、艦隊が集結すれば、各艦相互の連絡交信がその規模に応じて発生し、特に出港前には、それがピークに達し、その後は激減するという現象をとらえ、精度の高い情報に仕上げたのである。もちろん、作戦計画などが交信されるわけではないが、通常雑務の交信の量が、作戦を予告する情報として、厳重な機密保持体制の中から、ちゃんと浮かび上がってくるのである。残念ながら、これらの情報は、孫子の兵法的頭脳を誇るプロの高級参謀によっていつも無視され、活用されることはなかった。感性と人間性の問題であると言えよう。

経営においても、このような例はしばしば経験するところで、私が電子レンジ担当事業部長のときの話である。

まだ入社三年くらいの若い人を特許事務の担当者としていたが、彼がたびたびライバル・メーカーの次期商品の技術的特長を正確に予測するので、聞いてみると特許広報の分析であった。それは、メーカー別に技術項目別に広報を整理し、過去の実績と対比するだけの簡単な作業であったが、そこにメーカーとして最も大切な機密事項である新製品を予告する情報が明確に存在していたのである。

もちろんこれらの予告現象から、情報を抽出するには、強いニーズが存在し、そのニーズが生み出した知恵と、データの裏にひそむ物を嗅ぎ出す感性がなければ、いかに濃度の高いものも猫に小判ではあるが。

次に、データや情報は、合目的に整理加工することにより、その価値を増すのみならず、まったく新たな効用を生み出すものであることを強調したい。特に、コンピュータが発達した今日では、このことの認識は大切である。

ここにあげる例は、十年以上も前の体験であるが、コンピュータのプログラムをちょっと変更するだけの作業で素晴らしい成果をあげた例である。

あるローカルのガス会社が、ガス器具の訪問販売のキャンペーンのたびに抜群の成績でトップ入選をされるので実地見学を兼ねて御礼言上《ごんじょう》に現場を訪問した。

その会社は、数千戸の家庭にプロパンガスを供給する大型店だったが、当時としては思い切って電算機を導入した。手初めに顧客名簿に毎月のガス使用量をインプットし請求書を自動作成するなど事務の省力化に活用したが、その程度のことではペイしない。かえってコスト高になってしまった。そこで、社長さんの考えたのが、会社のもう一つの仕事であるガス器具の販売にも役立てようということであった。

それは、こういうことである。

当時はまだ、係員が毎月、顧客を訪問し、検針したりボンベをとどけたりしていたが、その折に各家庭の保有するガス器具の種類と購入年度を調査し、このデータをも顧客台帳にインプットする。ガス器具というものは高熱部分があるためガステーブル・湯沸かし器・ストーブなどそれぞれ大体の耐用年数が決まっている。訪問販売のときには、この名簿の中から、地域別に耐用年数のきた製品所有の顧客名簿を作り、アルバイトの学生に該当商品のカタログを持たせての訪問販売である。お客にとっても、そろそろ買い換えねばと思っていたところに、タイミングよくセールスマンが現われたことになり、常に、成約率五〇%以上という好成績となったわけである。ほんのちょっとしたデータの整理と加工の結果、まったく別な新しい情報を創出し大きな成果を上げた素晴らしい事例である。

次に情報の表情ということについて述べよう。

あまり好ましくない例であるが、戦場での話を一つ。

敵の動向がわからないので斥候を出したところ、しばらくして有力な敵の斥候に遭遇したとして、不甲斐なくも逃げ帰ってきた。敵状に関する報告は何もないのであるが、「敵斥候は立ち止まっては通信を送っておりました」の一言があった。それを聞いた中隊長は、何気ないこの一言から、「後方に我に向かいつつある敵本隊あり」と判断し、さっそくに半円型に展開布陣し待ち伏せた。果たせるかな間もなく現われた敵部隊を罠に掛け大戦果をあげることができた。並の中隊長であれば、この臆病な斥候を叱責することで終わったと思われるが、この中隊長は、一見無価値に見える一言から、その情報の裏にあるものを読みとるだけの感性と戦場の経験・知識を備えており冷静な態度で判断を下し、大きな成功を得たと言えよう。それがなければ逆の結果が出たに違いない。

このように、情報もそこに盛られた事実だけでなく、秘められたものを無言のうちに現わす、あたかも人間の表情のようなものを有することがある。そして、その表情を読みとるのは、受信者の感性・経験・知識・冷静な心であろうと思う。

また情報は上手に整理することにより、その内蔵する表情をより鮮明に引き出すことも可能で、情報担当者はそのように努力すべきであり、それも必要な能力の一つである。たとえば、品質管理でよく使われる手法で、生データを時系列グラフやパレート図、レーダーチャートの形に整理したり、ちょっとした計算と加工で管理図にすれば、その背後にある大きな情報を無言のうちに教える表情豊かな情報に転換したこととなろう。

⑦と⑧項は、人間と人間の集団である組織に見られる悲しい習性である。「悪い情報ほど迅速に報告せよ」とはすべてのトップの言うところであるが、そのトップ自身が、それができるような雰囲気にない人が多いものである。

情報不足も困るが、その反対の情報過多も、その活用を鈍らせる結果になる場合が多い。ライバルに出し抜かれてから、そんな情報は前に聞いたことがあったような気がするといった類のことがよくあるものである。情報はよく整理し、一定のシステムで管理することが必要である。

次に、情報は、実際にそれを活用し行動する人に与えられ理解されたときに、その真価が発揮されるものである。

第二次大戦におけるヨーロッパ戦線の陸軍司令官を務めたモントゴメリー元帥

（ヨーロッパ戦線地上軍司令官・英国陸軍参謀総長などを歴任）は次のように述べている。

「作戦計画は軍隊の最高機密事項である。もしこれが敵に洩れれば最悪の大打撃を被ることになろう。しかし私は、なるべく多くの部下に、できれば全兵士にまで、これを伝えたいと思う。何となれば、その作戦の重要性を知ることによって、彼らの祖国に対する使命感は一層高まり、また乱戦下に連絡が途絶えた場合にも適切な自主行動を可能にするであろう。このメリットは、捕虜になった者から機密が洩れるかも知れぬという危険に比べても遥かに勝る」

（英国経営者協会における講演より）

軍人にしてかくのごとし。まして経営者たるもの、全社員と情報の共有を絆として強固な団結体を築くを旨とすべし。ガラス張りの経営を望むゆえんである。

情報の共有について二、三の例をあげよう。

本田技研工業では、役員の個室を廃して大部屋にし、相互のコミュニケーションを図っているという。これは、経営に大変なプラス効果があると思う。一般に、大企業の役員という立場の人は案外視野の狭い人が多く、たとえば経理担当役員は経理の面のみから経営をみる傾向が強く、技術や販売についての見識が浅かったり、技術担当重役は技術以外のことについて関心が薄く知識も浅いといった具合である。そういった人が、個室にいればますます専門外の情報に接する機会が少なく視野の拡大を妨げることとなろう。大部屋に同居すれば、日常会話の中で常時自然に情報交換がなされ、経営幹部としての広い視野が培われることになろう。大部屋重役室はまことに適切な情報交換共有の場だと思う。

　昭和六十二年十二月の「日経産業新聞」によれば、「魔神英雄伝ワタル」で人気抜群の大手玩具メーカーのタカラ（*タカラトミー）では商品開発部に一〇〇名の人員を擁している。それらの人達のほとんどは常時、情報収集のために市場に出ており滅多に顔を合せるということはないが、それぞれが集めた情報を開発室の掲示板に張りつけ、その共有化を図っているという。情報の内容は自社・他社の商品の成功のポイント、失敗の原因、子供の世界で流行している事柄、新しい素材等々多岐にわたっており、この掲示板によってタカラの開発部は一〇〇人分の情報を持った一〇〇人の部員という、それこそ大きなタカラ持ちといえよう。

松下電器は伝統的な商品別事業部制を育ててきた会社である。その商品は多岐にわたっており、各担当事業部ごとに研究・開発・生産が一貫実施されている。その利点はきわめて大きい反面、事業部間の技術交流必ずしも密ならず、というのは欠点というより、むしろやむを得ぬ結果であるかもしれない。このことを補うため設けられているのが本社の製品検査所にある失敗の記録室である。ここには、各事業部で過去において発生したありとあらゆる不良品の発生原因と対策が、その現物を添えて展示してある。品質不良は商品の種類には関係なく共通するものが多い。各事業部の担当者はこの不良品博物館を見学することによって、全社のきわめて多くの有効な情報と知識を共有することができる。この施設が、同社の品質の向上と不良発生の未然防止に果たした役割は計り知れない大きなものである。

最後に、情報はgive and takeの原則によってその取得量が決まることを忘れてはならない。早い話が、クラス会などで人の会社のことばかり根ほり葉ほりしつこく聞き、自分の会社については口を閉じて一言も喋らぬというのがいるが、そういう人にはかえって情報が集まらないものである。情報はそれを発信する量に比例して集まるものである。

4 情報の管理について

だいぶ昔の話であるが、取引先の(注)ＪＣペニー社(米国第三位の百貨店)にお伺いしたときのことである。それまでも商品企画の打ち合わせで毎年訪問していたが、思いがけなくも会長さんが一度会いたいとのことで会長室に招じられ、十分間の予定が一時間の歓談となり、大きなブラウン管の画面にみずからの手で会長用情報を映し出し説明してくださるという光栄に浴した。

それは、全米に展開する数百の店舗の主要商品についての売上・在庫から利益・財務諸データなどの計画との対比、さらに競争相手四社の状況や株価の動きなども含め、昨日までの状況が立ちどころに示されるもので、会長は実に楽しそうだったが、私は本当に驚かされた。情報とはこのように管理するものであるとの実地教育を受けたわけである。

(注) ＪＣペニー社は二〇二〇年に経営破綻した。

❶情報管理の標準化

人・物・金の管理については、その選択に迷うほどに、多くの理論や手法が紹介され、その体系もほぼ完成しているが、経営の第四の要素として登場してきた情報については、まだまだ発展過程にあり、これという定説はないように思う。

ところが情報の活用が、経営の死命を制することになりつつある今日、それに応じた管理体制を整えることは、どの企業にとっても大切なことである。良好な情報管理とは、「必要な情報が、それを必要とする人に、それが必要なときに、適切な形で、提供される」状況を保つことである。

そのためには、日常定例的に入る情報を区分け登録し、それぞれに対し、

- どこから、どのような内容のものを
- どの程度の精度と速度で集め
- どのような形に整理・加工し
- いつ誰に提供するか

ということを標準化し、常に定められたルール通りに維持運営することが大切で、そのためには情報の一覧表と、その流れのフローチャートの作成は必須条件である。

❷情報システムの点検と補修

世の中の動きは早く、状況の変化は激しい。当初有効であった情報も情報源も気づかぬうちに陳腐化し役に立たなくなるのみならず、有害なものに転化することもある。その定期点検と補修、さらに必要に応じて改廃更新し、常にフレッシュで感度のよい役立つものを維持していなければならない。

5 企業の情報化の実際

いま、情報産業という分野が大きく伸びつつある。情報そのものを商品とする企業から、VAN（*付加価値通信網）やソフト会社など情報の伝達・整理・加工をしたり、その技術を売る企業、それとコンピュータやOA機器などハードの分野まで情報にかかわる産業である。

経営多角化の一環として、この成長分野に進出する企業も多い。それはそれで情報化時代の一つの生き方であるが、すべての企業がこれを目指すというものではない。すべての企業が目指さなければならぬのは企業の情報化である。

企業の情報化とは、単に情報を重視し活用するというだけでなく、一歩進めて、本業——今やっている仕事を情報を軸にして進め展開する姿に転換することである。企業の構成要素は人・物・金と言われてきたが、それに情報を加えた四要素よりなる企業とし、かつ情報をその軸に位置づけようということである。

このことを理解していただくために次に事例をあげよう。

大和ハウス工業㈱流通店舗事業本部

一九八九年度の『会社四季報』によると、年商五六〇〇億円、経常益は五期連続過去最高を更新、プレハブ住宅の先発で大証指定銘柄、建設業のみならずリゾートホテル・日曜大工道具・金融と幅広く事業を展開する優良企業である。

同社は全国に一四〇余の営業拠点があり、そこで集めた地主情報とテナント情報のデータベースを軸として、店舗建築を大きく展開するという同社流通店舗事業本部の素晴らしい建築事業の情報化の話である。

いまの流通産業界にあっては企業の将来を左右するのは、将来性の見込まれる地域に新たな店舗とそれを支える流通センターや倉庫、事務所などの展開である。そのためには、適切な出店地を確保しなければならず、もしそれがリース建物を含めて借用できれば、それに越したことはない。そういったテナント企業に関する情報がテナント情報である。

一方、土地のオーナーは、土地を遊ばせておけば固定資産税・都市計画税などの負担が増えるばかりなので、なんとかこれを活用して安定した収入を得たく、信用のおけるテナントを求めている人が急激に増している。

このようにテナント業者と土地所有者は、互いに求め合う立場にあるが、そう簡単に条件の合う相手が見つかるものではなく、双方ともビジネス・チャンスがつかめない。

そこで、この事業部では豊富に集めた地主とテナントのデータをインプットしたデータベースから条件の合いそうなコンビを抽出する。双方の希望条件は事業内容、立地条件、土地面積、地代家賃などリース条件、企業の信用度など多岐にわたるが、コンピュータの力を借りれば適切なカップルを生み出すことはそう難しいことではない。そして地主さんには、今まで蓄積した土地活用のノウハウ、土地利用経営の試算、資金計画、法律税務などコンサルティングなどの情報を、出店企業には市場調査に基づいた土地情報、リース条件の折衝から専門家による出店プログラムのアドバイス、建築プランなどの情報を提供し、双方の納得の行く条件にこぎつけるまで仲介の労をとる。合意に達すれば、建築を受注し、そこではじめて本業がはじまる。まさに情報を軸にして見事に展開した建築業である。

社員の方のお話では、そのあとうまく行って、地主さんとテナント業者の双方から喜んでいただくのが何より嬉しいとのこと。そして、そのお客様から得た知識と経験が、また次の仕事に生きてくる。give and take の法則である（大和ハウス工業㈱流通店舗事業本部のパンフレット「LOCシステム」より）。

郵便局や全国規模の宅配便を扱う運送業者が、地方の物産情報を活用し、その運送配達機能にカタログ販売機能を追加し業容の拡大に成功している。これは情報活用によって本業の付加価値を大きくした好例と言えよう。

6 むすび

勝敗を争うには、攻撃と防御の両面がある。経営について言えば、「出ずるを制し(防御)、入るを図る(攻撃)」がそれに相当しよう。いわゆる高度成長時代にあっては、どの企業も現在路線の延長線上に輝かしい未来像を見ることができたから、単純な攻撃作戦でよかったが、それが見えなくなった現在では、防御は別として、攻撃は単純なやり方ではなかなか成功しなくなってきたように思う。その攻撃面に新たな知恵と活力を注入しなければならない。それには、

●既存の事業の革新を図る

●既存の事業に新たな付加価値を追加する
●新たなビジネスを開拓する

ことであるが、それを成功に導くもとになる要素は情報以外にないであろう。これからの経営者――特にトップにとっての最大の課題の存在するところである。

【6章】

経営の場におけるリーダーシップ論

1 リーダーシップの多様性と特長

ちょっと大きな書店をのぞくと、リーダーシップに関する本は一つの書棚を埋めるくらい豊富にある。それぞれ特長があって参考になるが、その強調するところは本によって相当差があるように思う。それは、リーダーシップというものは必ずしも普遍的に論ぜられるものではなく、さまざまな要素によってそのあり方が異なることの反映であろう。

私の経験では、リーダーシップのあり方を決める要素は、大別して、

- 職業
- リーダーとフォロワーの相対的な関係
- リーダーの地位

の三つであると思う。

企業におけるリーダーシップを論じる前に、この三つの要素とリーダーシップのかかわりを明らかにしておきたいと思う。

❶職業による違い

リーダーシップのあり方、様相は、職業によって大きく差がある。職業によってリーダーシップの背景が全く違うからである。いくつかの職業やグループにおけるそれを考えてみよう。

●軍人

軍人は国を防衛するために戦争を遂行する職業であるから、当然その特長は戦場におけるリーダーシップを前提としている。リーダーは部下に生命の危険のある行動を命じることができるし、部下たる者はその命令に従うことが義務づけられている。それは上級者の命令には絶対服従という規約が守られていることを前提として成立しているリーダーシップである。その前提がくずれると軍隊は成り立たないから、これは法的に保証されており、戦場で抗命すれば軍法会議にかけられ、場合によっては死刑である。このことは、リーダーもフォロワーも承知の上である。

猛烈な空襲の最中、私以下十数名で壕の中に這いつくばって生きた心地もなかった。そのとき、ふと見ると、逃げ遅れた一人の兵士が命中弾を受けて血まみれで助けを呼んでいる。私は思わず「誰か行ってかついで来い」と誰にということなく叫んだところ、二人の兵が弾の雨の中を飛び出して収容した。将校である私は内心大いに恥じたが、反面自分のリーダーシップも満更でもないなという気もした。しかし、考えてみるとこれは大きな間違いで、見も知らぬ二人の兵を行動せしめたのは、今述べた軍隊社会特有のものにほかならない。

●政治や宗教のグループ

政党は基本的に志を同じくする人の集団である。たとえば共産党は全グループ員がマルクス・レーニン主義の信奉者であり、その目指すところは共産主義社会の実現という共通の思想と志を持つ者のみの集団である。したがって、党のリーダーはフォロワーに対し、思想や理念については改めて説得する必要はない。また、宗教グループでは、その団体の構成員はすべて共通の信仰と宗教的人生観を有する。つまり、政党や同じ宗派の信者のグループは志を同じくする人達の集まりでそれを基盤にしたリーダーシップは初めから確立されていると言えよう。また、そういうグループであるから、グループの共通の思想や信条、目的意識に反するフォロワーは、みずから身を引くか除名されるかしてグループを去らねばならない。これらのグループのリーダーシップはこのような背景のもとに成り立っている。

●労働組合

労働組合のリーダーは組合員の投票によって選出される。そして、そのリーダーは多数決によって決められたことを遂行する限りにおいては全権が与えられる。そういう条件の範囲内で成立するリーダーシップである。その条件を守っている限りは、その任期の間中は年齢や経歴・地位などに関係なく全組合員に対しリーダーとしての権限を行使できる。それに対し組合員も異議を申し立てることなく従うことを約束している。その代わり、多数決の枠外の行動をすればリコールされ、立ちどころにリーダーシップは消滅する。

●教師

教師というリーダーは学生というフォロワーにとっては、未知の知識を教えてくれる先生である。師弟関係を前提としたリーダーシップである。

●企業

企業経営の場を構成する人達は、志や思想・信仰・人生観・生活条件など何をとっても共通する前提も、またそれを強制する条件もない。それどころか、自分の所属する企業に対する希望、評価、愛着の度合いなどもまったくまちまちである。企業におけるリーダーはこのような環境のもとでリーダーシップを発揮しなければならない。

私はさまざまな職業のリーダーに接しただけではなく、自分でも山岳部のリーダー、海軍の士官、労働組合の委員長、企業における事業部長や社長、大学の教師などを体験したが、リーダーとフォロワーの関係においては企業におけるそれが最も難しい条件のもとにあると思う。

❷リーダーとフォロワーの相対的な関係

リーダーシップはリーダーとフォロワーの間に成立するものである。その相対的な関係はさまざまである。そして、その関係によってフォロワーのリーダーに対する認識や態度は著しく変化する。

リーダーシップとはリーダーのフォロワーに対する対処であるから、フォロワーに応じてリーダーがそれを決めなければならない。その対処が不適切であると破滅するのはリーダーであってフォロワーではない。つまり、リーダーシップの本当の主役はフォロワーなのである。そして、そのフォロワーは基本的に二つの要素によって大きく変貌する。それは時代とリーダーの立場の条件である。リーダーはそれをよく認識しておくことが大切である。

●時代

時代によって人々の考え方は大きく変わる。同じ武士でも戦国時代と江戸時代と明治維新の頃では大違いだ。戦国武士の行動を決めた最大の要素は利害の観念であったと思う。だから彼らのリーダーであった戦国大名の第一条件は、戦と策謀に強く、隣国を侵略し領地を切り取って部下の武士に土地と地位を与える能力であった。この能力に欠けると、他にいかなる能力があっても、フォロワーたる武士はさっさと去ってしまうか、主君に取って代わろうとする。これは当時としては当然の常識で何も道徳に反することではなかった。

ところが天下泰平の江戸時代になると大名の領地は固定してしまい、フォロワーに恩賞を与えることができなくなった。江戸時代の武士は、昇給、ボーナスなしの永代固定給のサラリーマンである。そのようなフォロワーに対するリーダーシップを確保するために生まれたのが、「君、君たらずとも臣、臣たり」(*君君たらずとも臣臣たらざるべからず)という主家に対する忠誠心である。すなわち武士道精神である。これと鎖国政策で将軍と大名は三百年間リーダーの地位を保持したが、幕末になると時代の変化はそのリーダーシップの根底を打ち破って近代を迎えることになった。これはすべてフォロワーの側の変化であり、リーダーがその変化に対応できなくなれば破滅することの実証である。現在は時代の変化はさらに激しい。数年前の新入社員の考え方と、今年の若者とでは大きな差がある。リーダーたるもの心すべきことである。

●リーダーの立場

リーダーとなった経緯によって、フォロワーのリーダーに対する認識は大きく違ってくる。選挙によって生まれたリーダーと、実力で成り上がったリーダーと、任命によって地位についたリーダーでは部下の見る目が違ってくるのは当然である。企業でも、オーナー社長とサラリーマン経営者ではおのずと異なるものがあり、また同じオーナー社長でも、実力で今日の企業を築いた創業者と先代からその地位を引き継いだ二代目・三代目社長ではフォロワーの見る目には大きな差があろう。リーダーはみずからの立場をよく認識して、みずからのリーダーシップのあり方を考えることが必要である。

❸地位によるリーダーのあり方

リーダーシップのさらに難しいことは、リーダーの地位によって求められるものが大きく変わることである。それは軍隊を考えれば一番よく分かる。小隊長は常に陣頭に立って、部下を掌握し臨機応変の指揮をとらねばならないが、司令官がそんなことをしたら大変だ。第二次大戦でドイツの最高リーダーだったヒットラーは連隊の戦闘までみずから指揮をとり、しばしば全軍を麻痺状態に陥れたという。リーダーは当然のことながら、その地位に応じたリーダーシップを発揮しなければならない。それは地位によって、その任務が異なるからである。太平洋戦争の日本海軍連合艦隊司令長官・山本五十六大将の有名な「やって見せ、言って聞かせて、させて見て、褒めてやらねば人は動かじ」との言をもって、彼を名リーダーと評する人がいる。この言葉はリーダーシップの名言の一つではあると思うが、それは兵に対する下士官のそれであり、上級士官のものではない。まして将に将たる地位の司令長官のそれとは縁もゆかりもないものである。

ちなみに言えば、彼のライバル米国太平洋艦隊司令長官・ニミッツ大将とくらべると、司令長官としてのリーダーシップのあり方には格段の落差があることを認めざるを得まい。

企業にあっても同じことで、製造係長は作業の安全と品質の維持という責任があり、それに応じて部下の訓練と標準の維持が第一の任務となろう。社長となるとたくさんの従業員とその家族の生活と幸福に責任があり、そのためには企業を永続させ繁栄させるという大きな任務がある。係長と社長の間の多くのリーダーも、それぞれの地位に応じて任務が異なり、その任務にふさわしいリーダーシップを身につけねばならない。ときどき課長時代には素晴らしい人だったのに工場長に就任してからはさっぱり駄目だという人を見うけるが、新しい地位のリーダーシップのあり方を理解できないことによる悲劇である。

余談であるが、私は地位に応じたリーダーの変貌の最も素晴らしい例は織田信長であると思う。彼はフォロワー三〇〇〇人足らずの尾張のリーダー(小大名)時代には、今川義元三万の軍勢の侵攻になすところを知らず狼狽する家臣を尻目に、文字通り単騎陣頭を駈け、桶狭間の奇襲を敢行する。しかし大名として格が上がった以降は奇襲戦は二度と行なわず、常に兵力と鉄砲火力の優勢を保持しての戦いに徹し、一か八かの冒険はやらない。さらに天下をうかがう地位につくと、戦闘のリーダーは配下の秀吉や柴田勝家にまかせ、みずからは経済と軍制にリーダーシップ発揮の場を変える。それは安土・草津・加納などの流通経済都市の建設、戦場道徳の確立

リーダーシップを考える

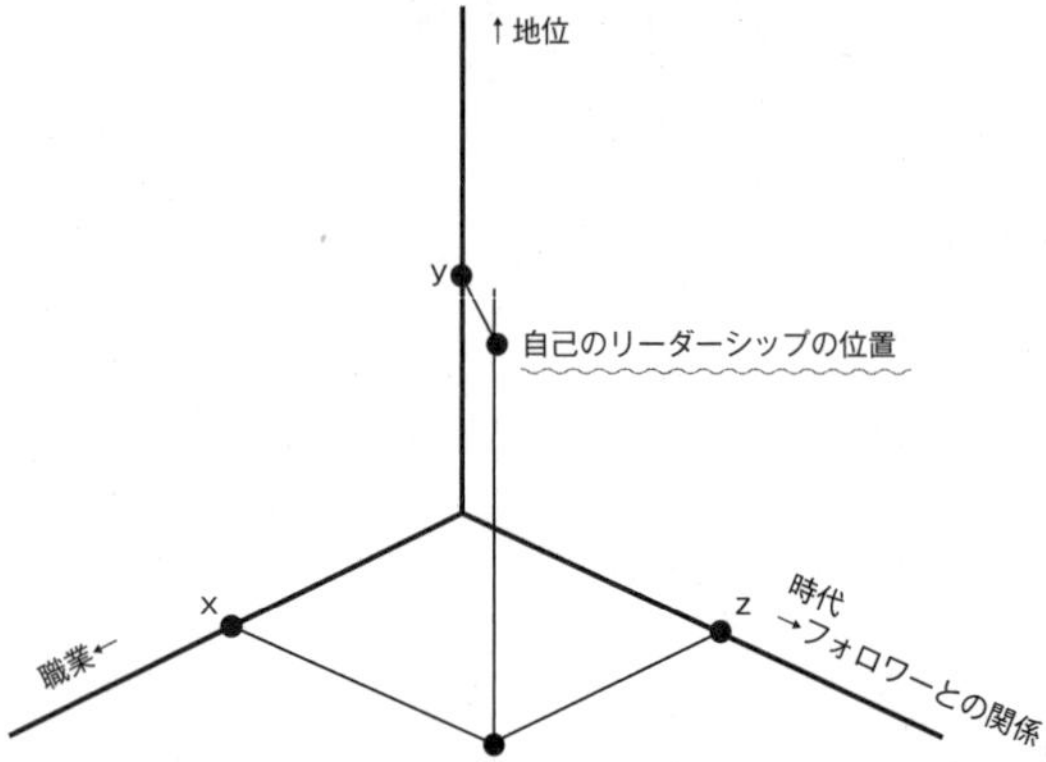

や武将の俸禄制による軍制の確立、さらに足軽鉄砲隊による騎兵から歩兵への兵制改革など天下取りにふさわしい別なリーダーに成長する。

地位に応じた変貌をとげるという点では歴史上最も卓越したリーダーであると言えよう。ベンチャー企業の素晴らしいリーダーも、その企業規模や業界における会社の地位の変化に応じて、みずからのリーダーとしての器量を改革しなければ大変なことになる。

このように考えると、リーダーシップというものは、職業（所属するグループ）と、時代・フォロワーとの相対関係、地位という三つの座標を設定し、それにふさわしいリーダーシップはいかにあるべきかをみずから考え決定する以外にない。もちろん、優れたリーダーの実例やいろいろな人の唱える理論や所説も大いに参考にはなるであろうが、最終的には前ページの図のように基本の三座標を見定めて、自己の個性・人格・見識に基づいて、自己の現時点でのリーダーシップをみずから定め、その実践を通じ、さらに次の段階のそれを身につけるべく精進努力する以外にないところに、他の能力と違った特性があると思う。こういうことを前提として、企業経営の場におけるリーダーシップのあり方を論ずることにしよう。

2 リーダーシップの定義

これから経営の場におけるリーダーのあり方を論ずるにあたり、リーダーシップについての定義を次のように定めて話を進めたいと思う。

「リーダーシップとは、自己の指揮下にあるグループに共通の目的・目標を設定し、その達成のためにグループを結集し、必達の信念を持たせ、**その努力を成果に結び**

つける能力である」

特に、太字の部分を強調しておきたい。よく、この部分を抜きにした定義が多いが、私はこの部分こそ、リーダーシップの結論であり、目的であると考えたい。前節で述べたように、企業のフォロワーは、志を同じうする人達でもなければ、共通の思想や信仰を持った人々でもない。また、一つの目標達成ごとに褒賞が設定されているものでもない。そういう条件のもとで、リーダーの指示に従って行動する人達に報いるものは、その行動の成果以外にないであろう。もし、これを確保できなければ、リーダーは多くのフォロワーの精神的・肉体的な奉仕・献身・努力の一切を取り上げて無為に棄ててしまったことになる。その罪は大きい。あえて太字のところを強調するゆえんである。

3 経営における人の役割とリーダーシップ

経営は人なりとよく言われる。その通りである。

ところで、この場合の人というのは昔は主として経営トップを指して言ったと思うが、今日の企業にあっては、トップの力量だけで経営が左右されるものではなく、全従業員を含めた〝人の質〟と考えたい。もちろん数多い一般従業員の個人的資質の平均値が企業によって大きな格差があるとは考えられない。特に優秀な人だけで構成されている企業などあり得ないからである。ところが企業全体として見ると、相当な格差が存在する。なぜか。それは企業における人の力は、各個人が各個に発揮する面よりも、リーダーとフォロワーのコンビで発揮される場面の方が多いからであると思う。

その力の発揮の度合いは、

- ●リーダーとフォロワーの団結の度合い
- ●リーダーの保有する権限
- ●リーダーの熱意と責任感
- ●リーダー同士の連帯感と努力の度合い

などによって大きく左右されるからである。そして、それら四つについては、企業により大きな格差が生じ得るものであり、また現実に見られるところである。経営の場におけるリーダーシップのあり方を追究してみたいと思う。

4 リーダーとフォロワーを結ぶもの

本来なんの繫がりもない企業におけるリーダーとフォロワーを結びつけ、フォロワーをしてリーダーの意に従い行動をとらしめるには、フォロワーの心か頭脳、あるいはその両方にアピールする何物かが、リーダーとフォロワーの間に存在しなければならない。つまりリーダーシップを成立させる基本的な要素である。リーダーはこのことを念頭に置いて、自分のリーダーシップは何により成立しているのか、また何を主体にすべきかを考えることが必要である。

心理学的に分析研究すればさらにいろいろなことが考えられるかもしれないが、その要素を私は大別要約して利益・権力・徳・感動・信頼感・共感の六項であると思う。

以下それについて少し考えてみよう。

❶利益

自由な社会の特長の一つは利益を打算して行動できることである。給料のより高い企業に鞍替えすることも自由であり、高給をもって人材をスカウトすることもできる。

自己に利益を与えてくれる者の意向に従うのは人間のきわめて自然な行動基準の一つである。利益は、企業におけるさまざまなリーダーとフォロワーの間にも介在する要素である。上司に良く思われなければ、昇給やボーナスの査定に影響するとか、無闇に逆らえば左遷されるかもしれないとの思惑から、多少のことは我慢して命令に従うということもあるであろう。また、リーダーの中には、昇給や地位の配慮をちらつかせて部下を操ろうという人もいるかもしれない。ときどき「自分と部下の間には、欲得感情など一切存在しない。純粋な人間的信頼のみだ」と思い込んでいる自信家がいるが、本人だけの気楽な自信過剰であることが多い。もちろん、特定の部下に特別の利をもってのぞむなど、リーダーシップの外道《げどう》の最たるものであることは言うまでもない。

❷権力

集団生活をする動物にその原形が見られるが、力ある者が権力を握り、力弱き者を支配することは社会現象の一つである。戦国時代などは一〇〇％この現象に支配された時代であった。現代でも政界などではこの現象は顕著で、田中角栄は金の力で権力を握り、刑事被告人でありながら、長期にわたり日本の政治を実質的に支配し続けた。

企業においても、リーダーは、その地位によってある権限を与えられ、それが転じてある種の権力に変ずることがある。たとえばオーナー社長によく見られるがオールマイティの権力を保持するワンマン社長などである。大企業のサラリーマン社長でもその座に長く座ると、知らぬ間に強大な権力者となり、もっぱらそれを背景としたリーダーシップを発揮している人も見られる。フォロワーの中にも、その前に無条件に屈従する人が生まれてくる。

権力は悪であるということはないが、それを同一人が長期にわたり握り続けると、知らぬ間にその人の心をまげてしまうことが多い。驕り・傲慢・高慢などはその一つの現象である。その傾向に応じて、その人の周りには権力におもねる者が集まり、それによって真実が見誤られ、判断に公正を欠くようになり、腐敗に陥ることもしばしば見られるところである。

また権力の行使は精神的にえも言われぬ快感を伴うもので、人格的に浅い人にあっては、それを乱用、悪用し、その結果、人格がさらに歪められるということも見られる。人間の持つ悲しい弱点である。また権力によるリーダーシップの限界を示すものと言えよう。

❸ 徳

大多数の人間の本性は善である。その一つの証は、徳ある人を敬う心である。ときには人々は権力や暴力に屈せず、利に惑わされず、徳に従うことがある。人間の心の崇高さを発揮するときである。その最も顕著な例の一つは鎖国時代の切支丹信徒であると思う。当時、もし信者であることが露見すれば磔《はりつけ》の極刑になることを承知で、三百年の永きにわたり、多大の犠牲と弾圧に耐え信仰を守り抜いたことは世界の宗教史上にも希有な事実である。信徒をしてこのような行動をとらしめた根底のものはキリストの教えであり、その徳以外の何物でもないであろう。

このような極限を考えなくとも、人に対する温かい思いやりや親切には、人は感謝の念を持つものであり、それに乏しい冷たいリーダーのリーダーシップはその分だけ割り引かれるのは当然である。

徳は人間として必要な、リーダーに望まれる要素ではあるが、経営の場におけるリーダーシップの主役にはなり得ないものである。激しい競争の場に置かれている企業にあっては、人徳ある人というだけでは、困難な局面においてリーダーの役割を長期にわたり果たすことはできないであろう。

しかし、やはり人間として人徳を慕われるということは大切なことであり、特に大きな権力を有する人、たとえばオーナー社長のように権力と切り離しては考えられないような座に立つ人には、権力というものの持つ冷酷さを和らげる大切な要素である。

❹感動

これも人間のみに見られる情感である。人間は魂を持つ唯一の動物であり、ときにその魂をゆさぶられる感動・感激を覚えるのがその精神の特長である。そして、そのような精神の高揚を覚えたときには、人は欲得を抜きにした、通常では考えられない次元の行動も起こすことがある。

私が近年、最も感動したのは一九八六年のアキノ大統領を選出したあのフィリピンの無血革命である。当時、十数年にわたり警察力・軍事力・金力すべてを握る世界で最も強力と思われていた独裁者マルコス大統領をして国外逃亡を余儀なくせしめた民衆のパワーを結集発揮せしめたものは何であったか。それは当時の大統領候補者アキノ夫人に備わったリーダーシップではなかった。アキノ夫人にはあれだけの民衆を動かす能力・人徳・政治力・政策といったものは何一つ備わっていなかったはずである。国民大衆をマルコス政権打倒に結集したリーダーシップの根源は、その三年前にマニラ空港で暗殺されたアキノ上院議員の行動が与えた感動こそ、そのすべてであったと思う。

アキノ上院議員は、長い間マルコスの政敵として追放され、アメリカに亡命を余儀なくされており、帰国すれば生命の保証なしとのマルコス側の脅迫にも屈せず、敢然としてフィリピンの民主化のために帰国し国民注視の中で劇的な死をとげた。このことに湧き上がった全国民の感動が、身代わり立候補したアキノ夫人を勝利に導き、マルコス追放の大運動を成功せしめた原動力となった。

しかし感動はときに、このような大きな力を発揮することがあるが、その特長は長期にわたり持続するものではなく、そのもととなった出来事も思い出の分野に押しやられ、人々を行動に駆り立てるような力は失うものである。感動は長期にわたりリーダーシップの要素とし持続するものではない。現在(一九九二年)、フィリピン社会は依然として不安定な状況にあり、アキノ大統領(*一九九二年に任期満了で職を辞した)に対する国民の不満の声も高まっている。

アキノ大統領ももっと早く、民衆を引きつける実効ある政治を実行し、新しいリーダーシップのもとになるものを確立しておれば、亡夫の残した感動によるバックアップが消滅しても苦境に陥ることはなかったであろう。

❺信頼感

高度成長期のように、企業を取り巻く条件・環境が良いときには、リーダーの多くは大した苦労なくおおむね任務を全うすることができる。そういうときには、フォロワーもリーダーの権威・権限に従い、リーダーが穏やかな人柄で部下に親切でありさえすれば、人気ある上司としてまずまずの評価が得られよう。フォロワーも自分の生活を大事にし平穏を好む常識を有するから当然のことである。

ところが、経営というものは長期にわたり平穏無事ということは稀で、困難な目標に挑戦し激しい競争や環境の変化に耐え、ときには存亡の危機に直面するという巡り合せが必ず来るものである。そうなるとリーダーは部下に厳しい過酷な要求をもってのぞまねばならない。

こういう事態になれば、上司の地位による権威や穏やかな人柄とか一時的な感動などでは部下は動かないし、また動けない。私は何回か経営者として経営のピンチを迎えたことがあるが、従業員は固唾をのんでこちらを見ているという感じであった。そういうときに、部下を奮起させ自信を与え団結して困難に立ち向かわせる前提となるものは何か。それはリーダーに対する信頼感である。これがあってこそフォロワーはリーダーの言に耳を傾け、その指示に従って行動を起こすことができるのである。

では信頼感とは何か。一口に言えば、フォロワーをして「この人がいる限り大丈夫だ」「この人について行けば間違いない」と思わしめるものである。

その信頼感は何によって生まれるか。それは今までに述べた項目のように単純なものではない。今日のフォロワーは教育レベルも高く、それぞれの人生観や社会観はもちろんのこと、企業に対する考え方や仕事への思いも多様である。さらに生活環境・経済条件もまちまちだ。このような人達で構成されているグループ全体から危機にのぞんでのリーダーとして信頼されるには、一つや二つの要素ではなく、多くのものを備えていなければならない。その要素とは何であろうか。それは、

- 決断力
- 勇気
- 実行力

信頼感の構造

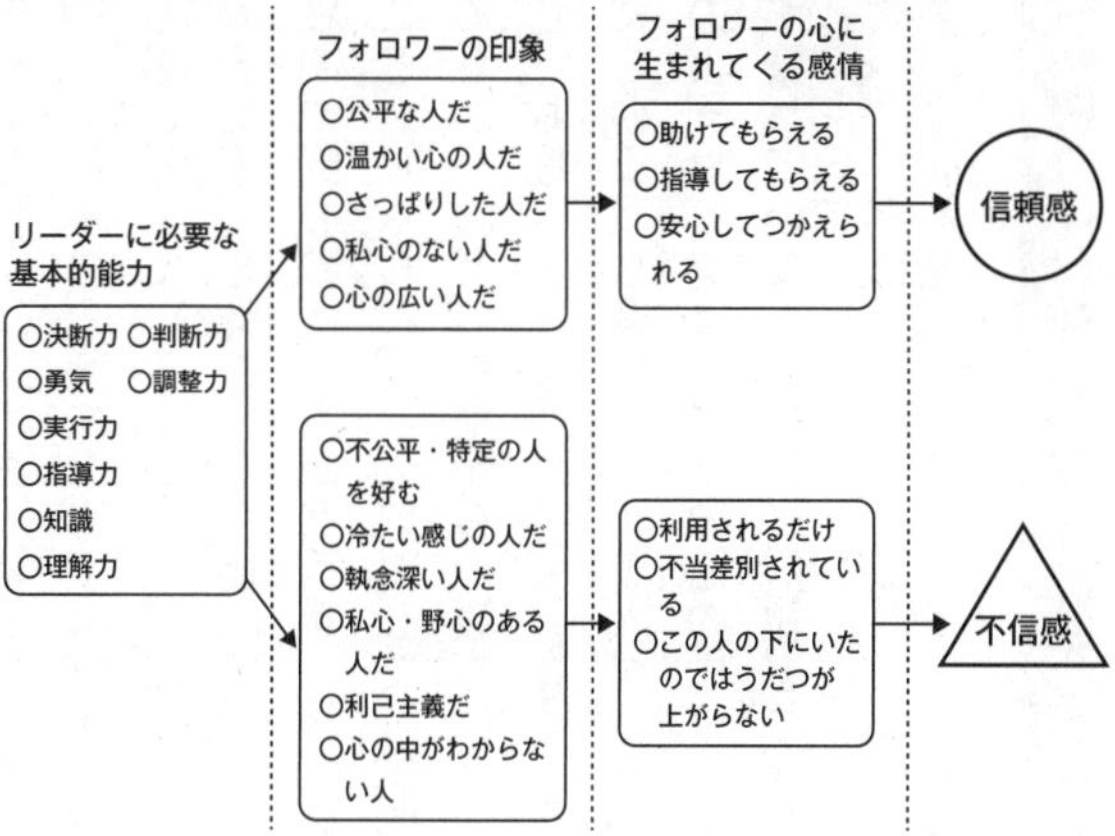

●指導力
●知識
●理解判断力
●調整説得力
●明朗性
●楽天性

といったようなことであろう。

ところが、部下から信頼を得るということの難しいところは、リーダーとして前記の諸要素を備えているというだけでは必ずしも十分ではないことである。というのは、信頼感の成立にはもう一つの条件があるからで、それはフォロワーの心の中に存在する。信頼感を確立するには、リーダーはこれをも満たすことが必要なのである。

一般に、日本の企業にあっては欧米と違って、職場を長期にわたり自分の人生をおくる場と考えている人が多い。だから上司に対する関心は深く、必ずそれに対する個人的な感情を胸のうちに秘めている。それは、この上司は部下を公平に扱う人か、私心や野心のある人かどうか、冷たい利己主義者ではないだろうか、というようなことからさらに、自分に対して好意的であるか、自分をどう評価してくれているだろうか、などの見地からの観察に基づく日本人に多いウエットな個人感情による評価である（これは海外での経営を経験するとよくわかる）。また、リーダーの中には、部下にこのような疑心を与える人がいないわけでもない。

このような、フォロワーの心の中に生まれた第二の感情的評価が悪いと、本来の能力が優れていても、それは信頼感とならずに逆に不信感のもとになってしまうことがある。

❻共感

本来の才能と並んで、リーダーに必要なもう一つの人間的条件である。

いままで述べた五つの要素はリーダーの持てるものを、フォロワーにアピールする形をとるものであったが、ここに述べる共感はフォロワーの心に湧き出す自覚によるものである。それは使命感とか責任感あるいは働く意欲といった形をとるが、それがリーダーの働きかけにより生まれたものであり、かつその方向がリーダーの意図するものと同じであれば、それは最も次元の高いリーダーシップを形成することとなろう。なぜならば、この場合はフォロワーのみずからの意思に基づいた行動という最高の条件があるからだ。その意欲は現場を知る者のみの生み出す創意工夫を生み、より大きな成果と成功を生むであろう。また、リーダーとフォロワーが同じ使命感を共有することこそ団結という言葉の具体化にほかならない。

では、そのような共感は何によって生まれるか。急場にのぞんで急に生み出すことはなかなかできるものではない。リーダーとフォロワーの間の日頃のよきコミュニケーション、折にふれての教育、心の通じる隔意なき意見の交換などを通じて生まれる相互理解と人間関係の中から自然に生まれてくるものであろう。

5 リーダーの努力・研鑽すべき一〇カ条

フォロワーがリーダーに魅力を感じる最大のものは、それぞれの個性に基づく人間味である。しかし、厳しい環境下にある経営の場において、リーダーとして成功を収めるには、日々怠らぬ努力・研鑽を積んで、その個性に磨きをかけ、より高いレベルの自己を保持することが必要である。以下の一〇カ条は、私が多くのリーダーから学び、またみずからリーダーの地位にあっての反省から、かくあるべしと思うところである。

❶自己の信念を持ち哲学を確立すること

一般に企業のリーダーは部下より経験を積んでいる。したがってその経験から、仕事について部下より強い信念と高い見識を得ているはずである。その信念の強さと見識の高さのレベルがリーダーとしての値打ちを決める一つの条件である。一番上級のリーダーである社長のそれは、その企業の経営理念となるべきものであるが、各リーダーも係長は係長として、課長は課長として、それぞれの任務遂行に当たっての信念と見識を明確に持つことが必要である。さらに一歩進めて係や課を一つの経営体であると自覚すれば、その信念を経営の哲学・理念へと発展させることができよう。

どんな仕事でも、全身全霊を打ち込んで取り組めば、必ず「こういうことはやってはならぬ」とか「こういう考えを貫くべきだ」といったことがわかってくるものである。それが固まってきたものが信念で、その信念を積み重ね一つの理論として成り立ってくると、哲学となり経営の理念として動かぬものになる。さらに地位に応じて、その哲学・理念をより次元の高いものに磨き上げることによって、その地位にふさわしいリーダーにみずからを育てるのである。このような自己研鑽の過程をへて、はじめて先人の残した経営理念を理解することができるし、また新しい経営理念を生み出すことができる。

❷仕事が好きで楽しみであること

私が松下電器にあって事業部長に任ぜられたときの松下幸之助会長(当時)からの話である。

松下(松下幸之助会長) 君はこんど事業部長さんになったのやな。事業部長は経営者や。経営の仕事は好きか。

――(経営の神様に対し経営が好きなど僭越で言えるものではない)

私 大変大きな責任と思っております。いっそうの熱意をもってやります。

松下 熱心は当たり前や。新入社員でも熱心にやってるわ。経営者は経営が好きでないとあかん。

私 ……………。

松下 経営というものは、一生懸命やってもうまくいかんことがある。赤字になることもある。そんなときには経営者は夜も寝てられへん。血の小便が出ることもあるで。そうなると参ってしまい病気になる。君、せっかく事業部長になっても病気になったら不幸や。しかし君は手当ても上がるんやからまあええ。一番不幸になるのは君の部下や。赤字が続き経営者が病気で倒れたら、会社はつぶれてしまうがな。そうなったら従業員はどうなるんや。たくさんの人の中には路頭に迷う人もでるかも知れん。本当に会社が苦境になったときには責任感や熱心だけでは保たん。

君が本当に経営という仕事が好きやったら、そういうときでも、これをなんとかして立て直すのも好きな仕事のうちや、ということで闘志も湧いてくるし楽しみも出てくる。苦しくても楽しさがあるから知恵も生まれてくる。それでないと会社を立て直すというようなことはなかなかできるもんやない。君もし経営が好きやなかったら正直に言うてくれ。何か別な仕事を考えてあげるわ。

私 ……何とか好きになりつつあります……。

——（と冷汗まじりで答え、窮地を脱したと思ったら）

松下 そうか、好きやったらええ、しっかりやってや、しかし下手の横好きはあかんで。

これには最後の止めを刺された思いだったが、私はこのときから目の前がパーッと明るくなったのも事実である。それから何回か経営の危機・苦境に遭遇し、他から大変同情されたり慰めの言葉をかけられたこともあったが、私自身は常に明るい気持ちで、新たな闘志と知恵を生み出し、なんとか切り抜け、大変口幅ったいことを言うようだが成長することができたのは、このときの言葉が心にしみ込んでいたからだったと思っている。

ときどき経営の立場にある人で、自分は仕事の苦しさを忘れるためにゴルフをやっているのだとか麻雀をやるのだと言う人がいる。これは大きな間違いで苦しさを忘れるための趣味やスポーツは邪道で、それはそれ自体の楽しみのためにやってこそ、得るものがあるのであり、仕事に苦しみがあるとすれば、それは仕事の中に楽しみを見出《みいだ》すことによって解決すべきことであろう。そういう意味では日本の経営者は趣味や娯楽・スポーツなどを通じての人間の幅をもっと広げることが必要であると思う。

❸人から好まれ尊敬される品性・品格を備えること

私の若い頃は、リーダーの一般像は豪傑型が通り相場で、特に工場などでは、少々品が悪く大ざっぱで「何も考えずに俺について来い」といったタイプが多かった。今は違う。リーダーたる者は教養と品性・品格があるレベルに達していないとフォロワーから軽蔑されよう。フォロワーが変わったのである。国民全体のレベルが向上したのである。

❹人に愛情を持っているか

これも私の松下電器における体験である。

昭和五十年の初めの頃、それまである地方の同じ敷地内にあった五つの事業部と研究所をまとめて子会社として独立することになった。どういうわけか、それまで数年間経営成績が思わしくなく、各事業部交代で赤字を出す羽目となり、平均するとトントンという状態にあった。そういう中での独立なので、当時よく行なわれた「不採算部門を別会社とし、労働条件を切り下げ縮小する」ということになるのではないか、という疑念が生まれるなどあまり良い雰囲気ではなかった。

そのときに、松下幸之助相談役（当時）より私（当時五人の事業部長のうちの一人だった）

に電話があり、

「こんど独立の会社になり、事業部長さんはみな重役になったのやな、おめでとう。一度皆さんを激励したい。本当は夜どこかで一席設けたらいいんやけど、わしも八十歳になるんでそれは勘弁してもらい、お昼ご飯でも一緒に食べよう。君は常務さんやな。皆さんをつれて出て来てや」

とのこと。

こういうわけで、六人の新任役員一同、ホテルの一室で相談役を囲んでフランス料理をご馳走になった。相談役もビールを二杯も傾け真赤な顔になり、話がはずみ大変ご機嫌で、あまり意気あがらない我々を激励してくださった。そのうちに料理も進みメインのステーキがでた。私達は早々にたいらげてしまったが、ふと隣の相談役の皿を見ると半分残っている。そのとき相談役より声があり、

「小川君、このステーキを焼いたコックさんを呼んで来てんか、マネージャーと違うで、コックさんやで」と。

私は、これはクレームだ、「相談役もお客になるとなかなか厳しいな」と思うと同時に、せっかくの楽しい雰囲気に「そんなこと言わんでもよいのに」と思った。し

かし相談役の言いつけなのでコックさんを呼んで来た。コックさんもクレームと思ったのか、相談役と私の間に入って「何か不都合がございましたか」と恐懼《きょうく》の体《てい》だった。何しろ相手は松下幸之助だから。そこで相談役、

「このステーキあんたがせっかく焼いてくれたけど半分残すわ。まずいんと違うんやで、おいしいんやけど、私はもう八十歳なんで、全部よう食べんのや。気い悪うせんといてや」と。

小さな声だったが聞き耳を立てていた私にははっきりと聞こえた。クレームだとばかり思っていた私はとんだ下衆《げす》のかんぐりだったと恥じ入ると同時に、松下幸之助の働く人への深い深い思いやり、愛の心を見て、胸がジーンとなり目頭が熱くなるのを抑えることができなかった。

私は三十五歳での途中入社者だから、松下の昔のことは知らないが、わずか三名（松下幸之助と奥様と奥様の弟さん）の零細企業から出発して、わずか六十年足らずで日立や東芝と並ぶ大企業になったのだから、大変厳しいことや相当な無理もあったと思うし、またそのような話も聞く。しかしその間、全社員が総帥・松下幸之助のもとによく団結し、常に明るさを失わずに困難に耐え、今日を築き上げた理由が、こ

の瞬間に分かったような気がした。

愛情とか思いやりというものは、個人の性格や個性によっていろいろな形をとるものであり、その表現も異なるものであるから、かくあるべしなどとは言えない。しかし人の上に立つ基本的な資質として欠くべからざることは、その心の中に人間に対する愛を蔵していることではないかと思う。企業にあってはリーダーは部下に、軍隊にあっても士官は兵士に、教師は生徒に、市長は市民に、大統領は国民に、愛と思いやりが存在しなければ、外観はいかに見えようとも、その内部は崩壊である。

❺ 仕事には厳しく

前項に続き、松下幸之助との触れ合いの話。

子会社設立のとき、お昼ご飯をご馳走になってから五年目。お恥ずかしい話だが、経営はあまり好転せず横ばい状態が続いた。そのとき、世に言う石油危機（オイルショック）を迎えた。産油国が結束し原油価格を一〇倍に値上げし、石油文明の上に繁栄していた西側経済は大打撃を被った。日本にはもう石油やプロパンガスは入らないかもしれないとの噂が支配する有様だった。

会社の売上には、石油とプロパンガスの機器が大きな比重を占めていたからたまらない。もともと損益分岐点が高いところに販売減が重なり大赤字となった。

ちょうどそのとき、松下幸之助相談役(当時)が工場に来ることになった。経営が悪いから見に来るというのではなく、近くに行く用事ができたが、松下の看板を上げてる会社の前を知らん顔して通り過ぎるわけにもいかん。久し振りに工場を見て皆さんと話もしたいとのことだった。悪いときに、と思ったが仕方ない。そのとき私は専務だった。

まず工場をご覧になり、「ほう、松下でこんな大きなボイラーも造ってたんか」とご満悦だったが、その後が大変だった。当時トップの方が病気で倒れ、私が専務となり臨時代表格となったばかりだった。以下は忘れようとも忘れられない相談役との対話である。

松下 工場も商品も素晴らしかった。ときに経営はどうか。
私 オイルショックで売上が減り思わしくありません。
松下 思わしくないとはどういうことか。

私　少々赤字です。
松下　どのくらいの赤字か。
私　九〇億です。
松下　なに？　売上がゼロになったら人件費分だけ赤字になるのは仕方ない。一〇〇〇億以上も売って九〇億の赤字とは何事か。松下にこんな会社があったのか。こういう経営をやったのは君以下ここの役員の責任だ。しかしこういう経営をやらした本社にも責任がある。本社が二〇〇億もの金を貸すから、こういうことになったのだ。まず本社として責任を取り、明日その二〇〇億を引き上げるように話す。わしはこれで帰る。小川君しっかり再建せよ。
——これには一同声もない。私は必死の思いで追いすがり、
私　相談役、それだけは勘弁してください。後五日したら給料日です。月末には材料や部品の代金払わんなりません。今二〇〇億取り上げられたら、支払いできません。それだけは勘弁してください。
松下　そやなあ。給料も下請けさんへの支払いもできんなあ。料理屋のつけも払えんやろ。

――これで、二〇〇億円の運転資金の引き上げだけは取りあえず助かったかと思いきや、

松下 そやけど、こんな経営する君達には金貸せんで。明日引き上げや。

私 それでは、どうにもなりません。倒産です。私は辞職です。

松下 何言うんや。ここには四〇〇〇人もの立派な従業員がいるやないか。皆とよく相談して衆知を集めて、これならやれるという再建計画作るんや。ただし、本当に自信のあるものやで。そして、自分の自信だけやなしに、それを銀行が見ても、なるほどこれなら大丈夫や、お金貸しても必ず返ってくるというものでないとあかんで。その計画ができたら、僕が住友銀行さんへ紹介状書いてあげる。それを持って行って、ここの七万坪の土地と建物・設備を担保に差し出せば、二〇〇億くらいの金は貸してくれるやろ。それで君、やり直すんや。

その当時まで、長期にわたり経営が低迷し内部留保も少なく、そのうえ季節商品が多く、そのため本社から運転資金を二〇〇億円も借り入れる羽目となったのだが、事業部制の規約に従って銀行金利に等しい利息を払っていた。当然のことではある

が、実は赤字にあえぐ子会社から金利と本社費まで巻き上げる本社は冷たいなどの愚痴をこぼしていた我々だった。五年前にコックさんにステーキを残す詫びを言う相談役を見て、仏様のような人だと目頭を熱くした私も、今回は鬼より厳しい人だと思った。

しかし、そんな感慨に耽《ふけ》っている暇などない。全役付者を集めて

「松下の看板は上がっているが、もう松下の会社ではない。もし再建できなければ会社はつぶれ全員失職だ。そうなると、役付者はまず部下の就職先を探し、それから自分の身の振り方を考えるのだ」

「各課ごとに決算し少しでも利益を計上してくれれば、会社は必ず立ち直る。課ごとに全員の知恵を集めよ」

「各事業部の営業部門は三年先にこんな商品ができれば売上を五〇％増して見せるという要求を出せ。研究所はそれを実現するためのテーマに専念しよう」

「売れなければ、全員で担いで売りに行こう」

「余剰人員と設備を一〇％捻出せよ。その人達のやる新しい仕事に売上の一％を販売投資する」

「埋没損から二%の利益を生み出そう」

「これさえ実行できれば会社は優良会社になれる」

「これをやる知恵は現場にあるはずだ」

など、ごく普通のことを呼びかけた。

普通のことではあるが実行はなかなか難しいことだ。しかし全員よく、私の期待を超えた知恵を生み出してくれた。そして、その年は大赤字だったが、私が退任した五年後には松下の子会社として恥ずかしくない状態にまでなることができた。この立て直しは私の力ではない。現場の人達が出した知恵の数々が積み重なり合計された結果である。しかし、そのもとは、不振の理由を他に求めていた我々の考え方を打ち砕き奮起せしめた松下幸之助の仕事・事業に対する厳しさ以外の何物でもなかったと、当時を回顧し今想う次第である。

経営者たらんとする者は、初級のリーダーのときから、「人には深い愛を、仕事には限りなく厳しさを」ということを身につけるよう努力することが大切である。もしこれが逆になり、人には厳しく仕事には甘いというようなことになると、大変なことになる。心すべきことである。

❻明るさ・ユーモア感覚を身につけること

人の上に立つ人、リーダーは明るくなければ駄目だ。少なくともフォロワーからネクラと思われるようではリーダーとして不適格である。

明るいとはどういうことか。いつも楽天的だとか、騒いでいるということではない。経営のリーダーは困難や苦境に陥ることもしばしばあるから、明るく振舞おうと思ってもそうできない場合も多い。明るいとは、その人の外観的なことではなく、常に部下の長所を認め、希望を与える態度である。

明るさと関連して、今一つ大切なことはユーモア感覚である。これは暗い事態をも明るく表現するもので、日本人に一番欠けた特性であると思う。ユーモアは地位が上になるほど大切となる要素であるが、これまた日本のリーダーはその逆の傾向があるように思う。

外国人は一般にユーモア感覚に富み、かつ地位の高い人ほどウイットに満ちたユーモアを連発する能力を身につけている。第二次大戦の初期、英国は大陸で大敗し、盟友フランスは降伏し、ロンドンはドイツ空軍の猛爆下にさらされ、武器はなく、上陸ドイツ軍に対し文字通り鋤《すき》・鍬《くわ》をもっての戦いを国民に求めるという絶望的危機を迎えた。そのときも首相チャーチルは議会で、街頭で、また前線で、国民と兵士に機知に富んだユーモアを交えて危機を訴え、希望を説き続けた。一方では声高らかに勝利を宣言するヒットラーやムッソリーニ、それに日本の東条英機、小磯国昭といった人々の、明るさを微塵も感じさせない威嚇的な演説。当時、ニュース映画でしばしば見せられた二つの対照的なフィルムに、私はどうしても敵側のチャーチルの方に人間としての大きな魅力を感ぜざるを得なかったものである。

だいぶ前のことだったが、東京で国際青年経営者会議の年次大会が開かれた席上である。松下幸之助の記念講演のあと、ある外国の人から「松下さんの説く考え方は素晴らしい。松下の全従業員はそれを体して行動しているのか」という質問があった。にっこり笑って答えていわく、

「日本には灯台下暗しという諺がある。うちの社員が一番知りませんわ。だから皆さんに話して、まわりから灯台下を照らすようにしてもらおうとしてますのや」（*筆者要約）と。

これに全会場爆笑となり気負い込んだ質問者もなんとなく納得したようすで引き

下がった。松下幸之助は天性のユーモリストでもある。

❼未来への夢を持つこと

「経営の樹」の章で、樹の頂点に夢を掲げた。夢こそすべての明るさの源であるからだ。明るいリーダーたるためには、まずみずからの夢を持たねばならない。人生の夢、企業に託す夢、職場の夢……夢は多いほどその人の魅力を増すものである。

❽広い常識と先見力の涵養

ときどき、高い地位にありながら、「わしは経理出身だから技術のことは分からん」とか、「技術屋だから営業は知らん」などと平気で言う人がいるが、あれは駄目だ。経営におけるリーダー失格をみずから宣言しているに等しい。なにも専門知識を要するものではないが、ある程度の地位になれば、リーダーたる者は、少なくとも自社の属する業界の商品や技術、会社の成績の経理的な見方などについては相当な知識とそれに基づく判断力を持っておらねばならない。

昭和三十五年頃のことだったが、アメリカのサンビームという中堅どころの電化製品メーカーの副社長と会談したことがあった。その人は銀行から迎えられ三年目ということだったが、アイロンやトースターについて原価構成の説明を材料や作業時間の原単位から説明するし、持参の商品をみずから分解して特長のPRをやり、製造工場では彼我のコンベヤーのスピードをくらべたり、QCのデータを見て感想を述べ、さらに販売体制や補修部品のストックまで一人で説明し、翌朝には「昨日の話はこうだったな」と夜の接待の後でホテルで自分で打ったタイプをくばるのには驚かされた。

経営の場におけるリーダーは、若いときからみずからの周辺の専門外のことに関心を持ち、常識の涵養《かんよう》に努めることが必要である。そうしていれば地位の向上に伴いおのずから大局を判断する能力が身につくものである。地位が上がってから急に努力しても駄目だと思う。特にコンピュータや情報ソフト面の進歩など日進月歩である。コンピュータの専門知識は必要ないが、それはどんな働きをし、どんなことに活用できるかをわきまえていることは、上級リーダーの必須条件となってしまった。

⑨任務の自覚と成長への努力

先に述べたように、リーダーはその地位の変化により任務が大きく変化する。また環境の変化によっても変わる。その自覚が遅れるとチグハグなリーダーとなりその資格を失うこととなろう。

自覚が遅れるなどは論外で、自覚を先取りしなければならない。課長の地位にある者は、もし自分が部長であればどう判断し、どう行動すべきかを考える。そうすれば、上司である部長の行動から、自分の次の段階への糧を学び取ることができるであろう。新しい地位に任ぜられてからの勉強では遅い。現在が次の地位への充電の機会である。前項の知識の涵養、勉強と共に大切なことである。

⑩健康を保つこと

健康が大切なことは言うまでもない。リーダーの大切な資格の一つはみずからの健康管理ができることである。アメリカでは腹の出た人は重役になれないと言われている。生来、体の弱かった松下幸之助があれだけの偉業をなしとげたのは、徹底して努力して行なった自己健康管理があったればこそである。

以上述べた一〇カ条は、いずれ先天的に人間に与えられるものではなく、すべて努力・研鑽によって後天的に身につけ得ることばかりである。つまり、リーダーシップというものは人に生まれながら備わるものではなく、その大部分は、勉強・努力・精進によって獲得する能力である。よく人を評して、「生まれながらにして人の上に立つ人」とか、「生来人を使うことに向かない人」などと言う人がいるが、とんでもない勘違いであると思う。

6 リーダーシップ発揮の六つの段階

前節まではリーダーシップについての基本的な概念について述べたが、本論に入って、そのリーダーシップを経営の場において最も効果的に発揮する手順を追究してみよう。

前節に引き続き不世出の名経営リーダー松下幸之助に今一度登場してもらい、その実践の分析から、前記のことを導き出してみたいと思う。

昭和三十五年の経営方針発表会（松下電器では一月十日に全役付者を集めて行なわれる）でのことだった。松下幸之助社長（当時）より「五年先に週五日制を実施する」との発表があった。

週五日制など当時の日本としては考えられないことであり、予想もしていなかったこの発表に、会場を埋める七〇〇〇人の社員は一瞬どよめいたものの、むしろ戸惑った感じで、しばらくは拍手も湧かなかった。私も係長として出席していたが、二度も会社が倒産した苦しい経験のしからしむるところか、「そんなことをすれば会社がつぶれるではないか」との思いが先に立って、喜びの気持ちはなかなか湧いてこなかった。

それから、社長の話は、

「（注）日本の人口はもうあまり増えないであろう。これから松下電器がさらに大きく発展するためには、市場を海外に求めなければならない。しかも、それは欧米先進国を対象としなければならぬ。ところが、それらの国の製造業では週五日制を採用している企業が多い。

もし週六日働いて輸出すれば、日本は劣悪な労働条件を武器とするアンフェアーな国だということになり、トラブルが起こるだろう。輸出するには、相手と同じ条件で働き、その上で品質・性能が良く価格も安いということでなければならない。

また別な面からみても週休二日は必要だ。土曜まで働いて日曜は子供の相手やゴルフ、そして翌日出勤ということでは、休養もできないし勉強する時間もない。土曜日はそのためにも休日とすることが必要だ。

このように考えると、どうしても週五日制にしなければならない。これは必ずやる。もちろん、今ただちにやれば会社はつぶれてしまう。五年の間に、全員が知恵を出し、いま六日間でやっている仕事を五日でやれるよう考えてもらいたい」

と続いた。

この間二十分（当時の日本は、貿易大赤字国で一ドル三六〇円レートをもってしてもなかなか輸出が難しく、貿易摩擦どころか、アメリカの援助を受けており、輸出による自立を求められている状態だった)。

それから大変なことになった。製造の班長は六日分の生産量を五日間でこなすにはどこをどう改善したらよいか、部下を集めて検討する。営業部門は六日分の売上を五日で上げるにはどうするか。小売店訪問のやり方から検討しなおす。経理では、いま六日間かかってやっている決算を五日でやるにはどうすればよいか。……文字通り全社をあげて全員参加の生産性向上・合理化活動となった。

その結果、五年後に週休二日制が実施されたが、経営成績は一段と向上した。私はこのときから松下の経営は本当に力をつけたように思う(それから二年後に電機業界はほとんど週五日制に移行した)。

わずか二十分間に、七〇〇〇人のリーダーの心を一つにし、そのリーダーをして五年間にわたり五万人のフォロワーをリードせしめ、大成功を収めたこの総帥のリーダーシップを分析してみると次の六つの段階を考えることができるように思う。

それは、

①今後の松下電器の繁栄は世界市場に進出以外にないとの基本戦略構想を定めた。現状から大局を洞察した判断である

②この戦略を実行するための基本となる条件は「週休二日制の実施」という基本方針を定めた。この方針は、働く人にとって望ましい条件としても実現しなければならぬという信念も定まった

③リーダーとして、この戦略・方針・信念についてフォロワーの同意協力を得るために、このことを定めた環境とその必然性を説明した。状況の周知徹底である

④しかし、このことを実行するには経営をそれに耐える体質に改善する必要があるから、それに五年をかけるという具体的な目標を明示した。フォロワーがその目標を承認すれば、リーダーとフォロワーは同じ目標を共有したことになり、それはとりもなおさずその目標に対して強固な団結体をつくり上げることになる

⑤この目標を実現する具体的計画は、各仕事を分担する人達の知恵に任せた。衆知を集める経営である

⑥実行——実行者みずからがたてた計画であるからその達成意欲は強く、さらに

新たな創意工夫も生まれよう

この六段階をさらにまとめると、次のような手順表とすることができると思う。

(i)問題点を明確にし構想(戦略)をたてる
(ii)構想実現の基本方針を定める
(iii)方針をフォロワーに周知徹底する
(iv)具体的目標を示しフォロワーの同意を固める(↓団結体をつくり上げる)
(v)衆知を集めた計画をたてる
(vi)信念をもって強力に実行する } (↓細部は任せる)

大変、口幅ったいことを書いて恐縮だが、私は松下電器に二十八年余り在職し、約二十年間は経営の場におけるリーダーを務めた。その間の大小さまざまの出来事をふり返ってみると、成功したときには大体この手順を踏んでおり、うまく行かなかったのは、この手順のどれかを省略したときだったように思う。

この六段階手順は簡単なことのようであるが、経営の場におけるリーダーシップ発揮の基本となるものだと思う。

次に、⑥の実行段階についてよく質問を受けるので、少し補足することにしよう。リーダーたる者、実行段階においては、信念を持って強力に推進することが原則であるが、次のことを念頭に置き、配慮を怠らないことが成功の条件である。

ⓐ少々の不安は大胆に押し切って進む
ⓑ大きな状況の変化には柔軟に対応する
ⓒフォロワーの実質に応じた指導をする

経営を取り巻く状況は刻々変化する。一度たてた計画も実状にそぐわなくなることがあるが、その反面少々のことですぐ計画を変更したりすれば、フォロワーの信頼を失う。それに対処するために、ⓐとⓑの相反する二条件を上げたのであるが、いずれをとるかはそのときのリーダーの判断による。その手順のところで述べた(i)の構想を定めたときの状況や条件の変化に類するようなことであれば、思い切って計画を変更する柔軟性が必要であるが、大胆に押し切って目標に突進することの方が大切な場合が多い。

もちろん、一概には言えないが、前者は主として上級リーダーに、後者は現場リーダーに求められることが多い。

また、フォロワーへの対処は相手に応じたやり方が必要である。あまり細かいことは言わずに目標だけを示し任せた方が力を発揮する人もいるし、細かく指示し常にチェックしていないと失敗する人もいる。どういう指導方法をとるかは相手によ る。どんな相手であるかをよく見極めることがリーダーの一つの資格でもある。

最後に、もう二つリーダーシップの発揮に大きな影響のあることがある。それは、教育とコミュニケーションということであるが、これは次節において論ずることにし、ここでは一つの目標を設定してから、その完了までの範囲のそれについて論じた。

(注) 三一〇〜三一二ページに掲載のある「五年先に週五日制を実施する」の話については、『松下幸之助発言集23』(PHP総合研究所研究本部「松下幸之助発言集」編纂室編、PHP研究所) に同様の内容があるが、一部表現等が異なる。

7 リーダーシップと教育・コミュニケーション

今まで述べてきたことは、主として行動の場におけるリーダーシップについてであったが、今一つ大切なことは、日頃の教育とコミュニケーションである。この場合の教育とは、会社の方針とか、リーダーの意図することをフォロワーに理解せしめ共感同意を得ること、という意味である。

一つのグループが困難な目標に取り組んだ場合、その成功の度合いは、そのグループにおけるリーダーとフォロワーの間にある信頼と共感の強さに大きく影響されるが、その信頼は両者間の日頃のコミュニケーションにより決まる部分が大きい。また、共感はリーダーの日頃の教育によってあらかじめ確保されよう。つまり、リーダーシップ成否の相当大きな部分は、行動を起こす前にすでに決まっていると言えよう。その関係は三一九ページの図に書いたように、リーダーシップ発揮の出発点の高さを決めるものが、日頃の教育とコミュニケーションの良さであり、出発してから終点に達するまでの時間の進行角度が、その間に発揮するリーダーシップの上手下手と考えれば理解しやすいと思う。

私の経験ではリーダーシップにおける教育の重要さの度合いはリーダーの地位に比例すると思う。係長や課長のときには自分で先頭に立ち、部下を強引に引っ張って行くというリーダーシップが多かったが、事業部長というゼネラルマネージャーの職になると、そんなことはやろうと思ってもなかなかできないし、やっても成功しないことが多い。教育を通じて、自分の意図を知らしめ、部下のリーダーが自発的にその方向に進んでくれるようにするリーダーシップが望ましい。社長のリーダーシップは九〇%までが日頃の教育にウエイトをおくべきだと思う。

ついでに、企業で行なう教育について、私の考えを述べておこう。

私は教育の最初の段階は、そのグループのトップリーダーが担当し、最終の成果は仲間から学ぶことによって得られると思う。

たとえば全社をあげて新しい方針とか新しい制度や管理手法を採用しようというときには、その主旨・意図・背景について社長みずからが熱意をこめて、何回も耳に胼胝《たこ》ができるまで説明すべきである。それではじめて、やらねばならぬのだな、

リーダーシップと教育

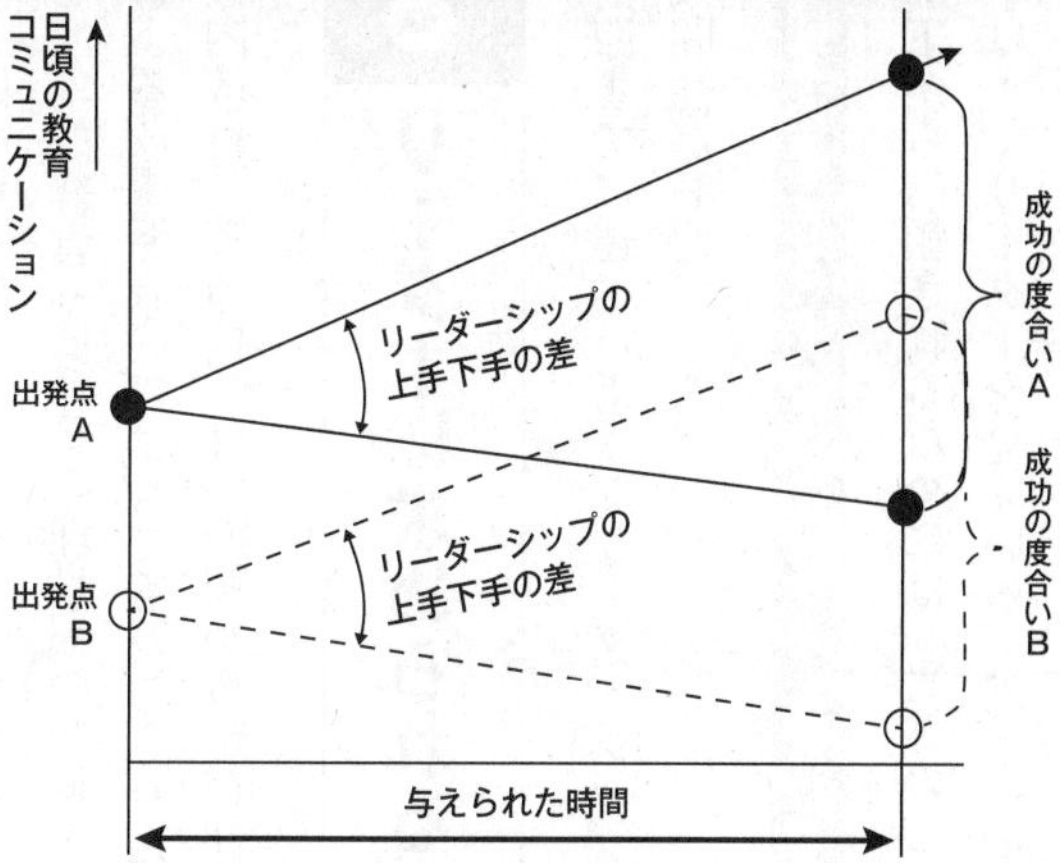

という空気が生まれてくるものである。挨拶だけして後はスタッフや担当者任せではスタートの加速がかからない。本来、大衆は保守的なものである。ようやく、その気になっても新しいことにつきもののいろいろな障壁にぶつかる。そうなると停滞あるいは後退する。そのときに効果を発揮する唯一のものは同僚仲間からの教育である。仲間による教育とは、仲間の成功や成果を見ることである。現場で働く人にとって、これに勝る刺激・発奮・勇気づけとなるものはない。「彼がやったのなら——俺にもできるはずだ。俺もやってみ

よう。俺ならもっとうまくやってみせる」ということである。思えば私の導入したQC、部門経営（課経営）、埋没損の発掘・撲滅、訪問販売などの成功はすべて実行者による成果発表会によってもたらされたものである。

社内教育の締め括りは「仲間から学び仲間に教える」ことである。

8 リーダーに求められる人間性一〇カ条

前節までに述べたようなリーダーシップを発揮するには、リーダーには次のような人間性が必要だ。

❶部下を信じる、人の性は善なりと信じる

部下から信頼されるためには、当然のこととして部下を信じることが前提である。部下はよくリーダーを見ている。部下を信じていないリーダーは、そのことをすぐに見破られるであろう。そうなれば部下の信頼を得られないのは当然である。

部下を信じるには、その前に人の性は善なりと心から信じることが前提である。

こんな体験をした。アメリカに小さな現地分工場を設けた。従業員は一〇〇名余り。事業部からの若い出向責任者A君。他の幹部は皆アメリカ人である。その工場が創業二年目に商品の売れ行きが悪く在庫が増え、生産を半減せざるを得なくなった。業界全体が不況だったので、アメリカの各社は一斉に人員整理を実施した。当然その分工場でもそうしようということになった。アメリカではごく普通のことであり、労働組合もないローカルの小さな会社のことだから事は簡単なはずだったが、やはり首切りは嫌なもののようで、現地から経営責任者である事業部長の私に、至急渡米の要請が来た。仕方なく出かけたが作業者の半分以上は黒人やメキシコ系の人達だった。むこうのルールでは年齢の若い入社の新しい人を指名することになっているが、工場を歩くと、それらの人は恨めしそうな目でこちらを見ている。なんとなく首切り通告がしにくい気持ちになり、A君と相談して、全員を食堂に集め、経営状況を説明し「三〇%の人に辞めてもらうか、全員がその分だけ賃金カットし週休四日とし景気回復まで我慢するか、今夜家族ともよく相談し、明日回答してもらいたい」と申し入れることにした。なんとなくすっきりしない話だが、このようにした。アメリカ人幹部は不満のようだった。

翌日の回答は意外なことに、全員が賃下げ承認——人員整理回避ということだった。アメリカ人幹部は、「こんなことは考えられないことだ」と驚きの表情。私とA君は驚くより感動した。その日もう一度全員に集まってもらい、「皆さんの家族の方々も含めて、生活を犠牲にして仲間を助けようという気持ちに私は感動した。会社としても全力をあげて販売に努力し、一日も早く賃金を元にもどすように努力する。皆さんの決定に感謝して、全員の方と握手したい」と挨拶した。アメリカ人の幹部から、最高の地位にあるボスが作業者と握手などしない方がよいとの助言があったが「明日帰るからかまわない」と実行した。中には最敬礼しながら両手で私の手を握りしめる人や、いかにも嬉しそうな笑顔を向ける人など感動的な〝握手会〟だった。

私はこのときから「国境も人種も超えて人の性は善である」ということを信じて疑わない。正直言って、それまで首相在職当時に黒人差別発言をした中曽根康弘さんと同じ意見だったのだが、このときからその考え方も変わった。

❷部下の成功を心から願う

経営の場にあるリーダーの基本的な任務は、部下を成功させることである。そのためには部下の成功を心から願い喜ぶ心がなければならない。そういう心に欠ける人は本質的にリーダーに不適格な人である。

❸真実を語る

第二次大戦で英国の危機を救ったモントゴメリー将軍は陸軍大学における講義で次のように述べている。

指導者は部下に真実を語らねばならない。もし虚があれば部下はすぐそれを見破り、彼にたいする信頼は薄らいでくるのである。(中略) 私は、その任務を能率的に遂行するために部下が知らねばならないことはすべて話すことにした。そして私が話したことはつねに真実であり、部下はそれをよく理解してくれた。これによって部下との間に信頼感が生じたのである。

（『モントゴメリー回想録』高橋光夫・船坂弘訳、七五ページ、読売新聞社）

と。そして、彼はさらに、

このことを信念として貫いたことが、敗北を勝利に転じ、大きな成功を収めることのできた最大の要素であった。

（＊前掲書第六章より筆者要約）

と、述懐している。モントゴメリーの主張は決して軍人だけのものではなく、すべてのリーダーに必要な基本の人間性である。ガラス張りの経営、リーダーは知る限りの情報を部下に与え共有すること、これが経営の場における信頼関係を築くもとである。

❹現場へ行く

リーダーはその任務を正しく果たすために真実を知らねばならない。そしてそのためには現場に行くことが必要である。

真実に基づかない指揮や指導は、真実を知る者には通じない。そして、その真実は現場にあるからである。

現場とは仕事が実際に行なわれているところである。販売であれば小売店の店頭、製造であれば物造りの作業が行なわれているところである。

リーダーは一般にその地位が上がるにつれて現場から離れて行く傾向にある。役職が上になるほど、会議・出張などが多くなり、その他の雑務も増え、物理的にも現場に行く時間が少なくなる。それに加えて自分の意識も現場行きを妨げる。上級リーダーもかつては現場にあって、現場を知りつくした経験者である。「俺は部下より現場をよく知ってる」という意識が現場まわりを億劫にするからである。

今は変化の激しい時代だ。現場は急激に変わりつつある。お客様の考え方もセールスマンや小売店の意識も昔のままではない。製造現場も自動化されロボットが入りコンピュータで制御され、作業者の意識も質も大きく変わっている。現場の様相も問題点も、かつてのそれとは全然違う。二〜三年も現場を離れていると、久し振りに訪れても、その実態や問題点をなかなか把握できない。そうなると部下の報告や話の肝心な点が理解できなかったり、誤った解釈をしてしまうことになりかねない。ベテランをもって任ずる営業部長の打ち出した販売施策が小売店の不評を買ったり、経験豊かなはずの労務担当重役の政策がどうもしっくりしないというのはそのためである。

上級リーダーになればなるほど、しばしば現場を訪れることが必要である。それは、現場陣頭指揮をするためにではさらさらなく、部下の言うことや、小売店の気持ちを理解する能力を保持するためである。

今一つ、上級リーダーに望まねばならぬことは、自分の過去に体験したことのない現場を、特に初心にもどって回ることである。たとえば、技術出身の事業部長や社長は、販売の現場の体験がなく、営業出身であれば製造や技術の現場を直接体験していない。そういう人は、特に体験したことのない現場を頻繁に訪れる必要がある。それをやらない人は、体験のない部門の問題は部下に一任し、口を出さない（出せない）ということになる。ゼネラルマネージャー不在という事態になりかねない。ゼネラルマネージャーは、その出身などには関係なく、経営のあらゆる分野の問題について方針を定め推進し成果を収める責任があるからである。このことについて私自身の話で恐縮だが、次に記してみたい。

私は学校卒業以後二十数年間、設計部門一筋の勤務体験のみで事業部長に任ぜられた。しかも、その事業部の担当する商品は新規分野のものだったので、販売が一番の問題点だった。営業担当者も苦心惨憺の有様で、事業部長としても当然ここに力を集中しなければならない。何も分からない私は、さっそく販売関係の本を読み漁ったが、面白くなく役に立たない。そこで週一日（月四日）を風邪か腹痛で休んだことにして小売店訪問を思い立ち、それを五年間実行した。延べで二百日以上販売の現場にいたことになり、特にその半分くらいは神田秋葉原で勉強させてもらった。おなじみになったお店の方から電話で情報が入って来るようになり、会社の中で一番営業の分かった事業部長の一人といわれるようになることができた。それは物を売るのが上手ということではなく小売店さんやセールスマンの心がなんとなく分かるようになったからだと思う。また、社長になってからのことだが、工場災害がなかなか減らない。それで、災害発生と同時に真先に社長室に一報させ、来客中でも会議中でもただちに現場に駆けつけることにした。私が一番先に現場到着ということもあった。それでやっと災害防止について誰の言っていることが正しいか、私がバックアップすべきことは何か、ということが分かるようになった。それで防止にトップとしての役割を果たすことができたと思っている。

「リーダーは迷うことなく現場へ行け。そこに真実があるから」

⑤素直な心になる

前項で現場に行くことを強調したが、そこに真実はあるけれども、それを読み取ることができなければなんにもならない。真実を読み取るには素直な心でなければならない。

太平洋戦争の初期、真珠湾の一撃で日本海軍は米海軍に対し技術力・兵力・兵器すべて優勢という時期を迎えた。それにもかかわらず数回の会戦をへて一年余りで敗北を決定する状況をつくり出してしまった。これは戦場での教訓を全く取り上げることなく、同じ失敗を拡大再生産したためである。これに対し米海軍は一会戦ごとに兵術においても、兵器装備にも必ず改善改良を加え、次の会戦にのぞんできた。戦訓の活用である。太平洋戦争の敗因はすべて物量の差ということになっているが、決してそうではない。日米海軍のリーダーの心の素直さの差に根本原因があったと思う。

松下幸之助の希有の成功は、常の人では考えられないほどの素直な心により真実を見て誤りをおかさなかったことによると思う。

❻部下の立場にたって考える

ひょっとしたら部下はむりやりに自分の意思を殺し、リーダーの意思に従っているかもしれない。リーダーは常に部下の立場にたってみることが大切である。それだけではなく、小売店の立場、下請け工場の立場にたってみることができてはじめて、営業や外注のリーダーとしての人間的な物の見方、考え方になれる。相手の立場が分かるにはやはり素直な心の持ち主であることが前提だ。

❼部下の良い点を探す

どんな人にも、必ず何か優れた点、良いところがあるはずである。それを見つけ出し、褒め激励せよ、とは名リーダー松下幸之助の言である。

リーダーは、部下の失敗を追及したり、激しい叱責を加えねばならぬこともある。

相手は表面は平気を装っていても内心は打ちのめされた気持ちになったり意気消沈しているかもしれない。それを救い再び意欲を生み出させるのは、「君には良いところもあり優れた点もある。それはリーダーも認めている」ということを知らせること以外にないであろう。

❽部下を成功させる

部下の成功を願うだけではなく、実際に成功させなければならない。「失敗は成功のもとである」というが、私は必ずしもそうだとは思わない。気の弱い人は、「これは難しいな」とか「失敗したら困るな」などと思いつつ仕事に取り組む。そのうえで、もし失敗すれば「やはり俺は駄目だ」という挫折感か、ときには「リーダーは俺に無理を強いている」という反発が残り、次の成功を目指す反省はなかなか生まれないのが普通である。そういう人に最もよい対処は、まず成功させることである。何度か成功して、その喜びを味わううちに自信を獲得し、失敗にめげない人に成長する。「失敗は成功のもと」よりは「成功は成功のもと」であると思う。そのためにはじめに何回かは成功の可能性の高い仕事を与えるか、リーダーがバックアップして成功させる配慮が欲しい。

❾部下の面目を立てる

ときどき、こういう相談を受けることがある。「昔は大いに働いた会社の功労者で役職についているが、人を使うのが下手で若い人がついて行かない。役職をはずすと、その人は面目丸潰れで、功労者を遇する道ではないが、さりとてこのままでは部下が困る。どうしたものか」と。よくあるケースである。私が社長のとき、傘下の事業部からはじき出されてきたそういった役職者数名を待遇はそのままの社長付とし、「経験豊富な、少し頭髪の薄くなった貫禄のある人でないとできない仕事」ということで、代理店駐在の会社代表に任じた。部下なしの一人一役だが、会社代表であり、ときどき役員会にも出席し、代理店の実状を報告し献策するという面目の立つ仕事につけたつもりであった。一年間駐在し大変なご苦労をおかけしたが、一年たって引き上げるとき、駐在先の代理店から「もう一年駐在してもらえないか」との要請があった。これこそ本人にとって最高の面目だった。その結果「もう職場に帰らない。この仕事を定年まで続けたい。もっと成績の悪い代理店に駐在させてもらいたい」と申し出る見違えるような意気軒昂、潑剌とした人材になった。これには私も驚くとともに望外の喜びでもあった。

少々時代にマッチしなくなった年配の人でも、別な面では何らかの潜在能力は持っているものである。それを引き出し面目が立つように配慮すれば新たな活力が生まれるものだということを私は教えてもらった。

⑩部下に教えを乞い、部下に感謝する

リーダーシップの目的はフォロワーに能力を発揮させ、成功させることである。だから活動の主役はフォロワーである。リーダーはフォロワーを研究することによって、リーダーシップの能力・技術を身につける。つまり先生はフォロワーである。部下に学び教えを乞う心がなければリーダーシップの技術は身につかない。私も管理者あるいは経営者としていろいろな体験をし、多少のことは身につけたつもりである。本書に記述したことはそれであるが、それはすべて部下から学んだことにほかならない。振り返り、心から部下に感謝すると同時に、私がもっと幅広い豊かな人格を持っていたならば、もっと多くのことを学ぶことができたであろうと思って

いる。

9 スタッフのリーダーシップ

これまで述べてきたことは、リーダーとその直属の部下という間を想定しての話であったが、経営にあっては、自分の部下以外の人や部署に対してもリーダーシップを発揮しなければならない場合が多い。たとえば、人事や経理部門や、工場における品質管理や技術部門はそういう立場におかれることがしばしばある。これらの部門はスタッフと呼ばれ、建前としてはラインの長に対する補佐が任務で、みずからラインを動かす権限はなく、その献策や意見はラインの長を通じて実行されるということになっている。しかし実際には、いちいちそのような回りくどいことではなく、経理や人事とか品質管理の担当者はトップの指示や与えられた権限・任務に基づいて他部門を指導したり、統御し指示を与えるようなことをやっている。これからは、ますますこのような傾向は強まるであろうと思う。

このように組織上では指揮系統の線上にない関係にあってのリーダーシップには、今まで述べてきたことの上に、つぎのような点を特に留意することが必要である。

①日頃のコミュニケーションを通じて、こちらの任務・立場・仕事の内容をよくＰＲし理解を深めておく
②当方も相手の立場や感情をよく理解し、言動に気をつけること
③説得を通じてのリーダーシップに徹すること
④相手から親切な相談相手か援助してくれる人と受け取られるように努めること
⑤必ず、こちらから相手の現場に出かけて、現場の雰囲気の中で話し合うこと

スタッフはともすれば他部門から官僚的だとかトップの権力を笠にきているなどと思われがちな立場にあることを忘れずに、他部門から親しまれ、頼りになるなんでも言える相談相手と思われ、実際にそうなって指導力を発揮するのが本領でなければならない。

10 リーダーシップと企業風土

企業には必ず社風とか風土といわれるものが存在する。良い風土はリーダーの良き助けとなり、好ましくない風土はその逆となり、リーダーはその打破に苦労することになる。

企業の風土は長い年月のうちに形成され定着したものであるから、なかなか変わらないものである。しかし、そのもとを辿ればその企業のかつてのリーダーの行動やリーダーシップのあり方の遺産である。リーダーは現在の風土を嘆くよりも、現在の自分の行動が将来の風土づくりであることに思いをはせて、明るい気持ちで苦労することである。

【7章】

事業計画論

1 ジャンボジェット機と佃煮屋さんの話

私は子供の頃から飛行機が好きで、大学の航空科をでて、戦時中は飛行機会社に勤め、海軍の航空隊にもいた。そんなことで飛行機にちなんだ話を一つ。

一九六〇年の初め、世界の航空界は「次の世代のジェット旅客機はいかなるものであるべきか」ということで二つの意見に分かれて論争していた。

一つは超高速輸送論である。飛行機はその誕生以来もっぱらスピードを求め続けてきたという歴史的背景からすれば主流派的な主張である（私もその信者だった）。レシプロ・エンジンとプロペラによる時速四〇〇キロの大型輸送機からジェット機に変わり十年たち、時速七〇〇〜八〇〇キロのものが主力だった当時としては、次の世代はマッハ二（時速約二五〇〇キロ）を狙うべし、というのが高速輸送論者の主張であった。当時、戦闘機はすでにこの段階に達していたから、大型輸送機の十年後の姿としては当然でパリ―ニューヨークを三時間余りで結ぼうという考えである。

もう一方の主張は大量輸送論で、スピードは今のままでよい、その代わり旅客を五〇〇名乗せようとの主張で、当時の大型旅客機の乗客は二〇〇名前後であったから、前者はスピードを後者は乗客をそれぞれ二倍以上にしようという対照的な主張であった。前者は英仏連合で政府投資による半官営事業として国の威信をかけて、後者は米国ボーイング社が社運をかけて開発に着手した。

それから十年、それぞれ大変な費用と努力を投じ、前者は主として航空力学的分野で、後者は構造の分野でそれぞれ画期的な技術成果を生み出し、一九六九年に時を同じくして完成した。

英仏陣営のものはコンコルド機、超音速機にふさわしい空を切り裂く矢のような魅力的なスタイル。着陸時に機首を折り曲げる独特のスタイルから、人呼んで怪鳥。マッハ二・〇二、乗客一二〇名、重量一二〇トン、計画通りの素晴らしい性能である(驚くべきことはソ連もコンコルドと瓜二つのツポレフ144をほとんど同時に完成した)。

ボーイング社は、乗客五〇〇名、重量三五〇トン、空飛ぶ船のような巨人機。時速は九〇〇キロ。その姿から醜い家鴨《あひる》と呼ばれる747ジャンボ機である。私は正直言って「勝負あった!」と思った。もちろんコンコルドの完勝と断じた。

それから二十年。ジャンボ機は八〇〇機余り造られ、なお二〇〇近い受注残。コンコルドは試作とツポレフ機も含めて二〇機足らずの生産で現在飛行中のものは一四機とか。このクラスの大型輸送機のペイラインは二五〇機といわれるから、この差はあまりにも大きすぎる。

ボーイング社は世界のトップ・メーカーに成長し、英仏合弁公社は国の財政に打撃を与える大赤字を抱えて解散の憂き目。

ある会合でこの話を事例に未来予測の重要性を強調したところ声あり。

「未来とか長期の予測の大切なことは分かったが、それは航空機や自動車でのこと。また大会社ならその必要もあろうし、それをやる人材もスタッフもいるだろう。だが我々のような毎日の売上を心配してる中小企業では無縁の話」

声の主は若い食品会社の社長さん。そこでいろいろ聞いてみると、その会社は、ある地方で七十年も続いている老舗の佃煮屋さん。従業員は一三〇名という規模だが相当な売上で、利益も十分計上している優良会社である。

「佃煮ってそんなにいい商売ですか」と尋ねると、

「いや、ここ数年、佃煮は減り続け、現在では自家製の生ハム、ソーセージ、お惣菜が伸びて売上の六〇%を占めています」と。

よく聞いてみると、ハム、ソーセージは十数年前から先代ご主人が始めたとのこと。さらにその動機を聞くと次のようなことだった。

――その頃から健康関係の本や雑誌はもちろんのこと、新聞やテレビでも「日本人は塩分のとり過ぎだ。そのため高血圧や胃癌が多い。また脳出血や心臓病の原因にもなっている」とのPRがさかんになり、これでは塩辛いものは悪の根源扱い。そのうちに佃煮など食べる人はいなくなるのではないか、という危惧を感じた。この危機感から、何か佃煮以外の商売を思いめぐらしたが、やはり今までの経験を生かすには食品と考え、これからの若い人に人気が出そうなハムとソーセージに着目したのがその発端であった、とのこと。

このような着想ではじめた新事業も、そう簡単に軌道にのったわけではない。数十年の佃煮家業の成功のため、店の人々の考え方も技術も商売のやり方もしっかりと佃煮方式に定着しているからだ。先代の苦労はここから始まる。

まず皆の反対を押し切って、新しい設備や機械を入れ、職人さんにハムやソーセージの作り方から勉強させねばならない。ようやく、それらしい物ができて店頭に置いたが全然売れない。やっと、「あの店は昔からの佃煮屋さん」というイメージが地域に浸透しているから佃煮人口しか店に来ないのだと気づいてスーパーや百貨店の食品売場に出店した。工場も長年の間に定着した佃煮感覚を改め、異質なハム、ソーセージの生産技術を身につけるのは大変なことだったとのこと。そして日々佃煮の商売に精を出し、その儲けの中から、いつ物になるか分からぬ〝旦那の道楽〟に、番頭さんや親族の反対を押してお金を注ぎ込むのは店の主人としても辛いものだった。その十数年後の結果が今日の姿である。

「もし、ハム、ソーセージをやっていなければどうなってますか」と尋ねたところ、三代目の若社長いわく、

「それはとっくの昔につぶれてますわ」と。

ジャンボ機と佃煮屋さんでは、商売や投資の規模は桁違いだが、中味はまったく同じ話だと思う。どちらも十年後を睨んだ生き残りをかけての新事業の開拓である。佃煮屋さんの方は計画書といったものは何もなく、すべて先代社長さんの頭の中の存在だったが、技術・製造・販売などすべての面にわたる体質改革まで含めた幅広いものである。

この二つの話は、企業がこれからの世の中に生き残り繁栄しようとするには、

● 長い先の世の中の移り変わりを考えたプランをたて、
● それを実現させるために今のやり方を少しずつ改め、
● 現在を生きつつ、新しい方向に着実に進んで行く

――ことが必要で、これは企業の規模や業種に関係ない共通のものだ、ということを教えていると思う。

2 戦略と戦術の話

本論に入る前に、もう一項余談をお許しいただきたい。

❶企業の寿命三十年から十年へ

今から十数年前に、ある雑誌で「企業の寿命三十年」という大変ショッキングな文字を見て驚いたことがあった。それは、同じ事業を同じやり方で経営していれば三十年で寿命がつきるという主張である。当時まだ高度成長期の余韻が抜けていなかった私は、よほど大きな失敗をやらない限りは、そんなことはない、特に大企業ではあり得ないことだ、と思った。

ところがその後、この説を実証するような事実を続々と見せつけられた。戦後の混乱を脱した昭和三十年前後に出発点を置くと、国鉄や造船、鉄鋼など日本を代表する大企業においても、この例にもれない状況を迎えたようだ。国鉄は昭和四十年代までは国の財政を支える存在であったのが六十年代には国民一人当たり数万円という負債を残して実質的には倒産した。国鉄は創業以来、鉄道輸送一本という変化のない経営を続けてきたが、私鉄は早くからターミナルに百貨店を開き、沿線に宅地を造成し、レジャーランドやホテル業へ進出するなど経営を多角化し乗客を確保するという経営革新を常に怠ることなく続け繁栄を維持している。

造船も、一時は国を支える産業として造船王国の名をほしいままにした時期があったが、その後船台撤去、事業転換、人員整理、大赤字と構造不況を辛うじて政府の援助で切り抜けた。これも三十年目である。

鉄鋼も「鉄は国家なり」という考えは急速に修正を迫られ、売上の九〇％が鉄鋼関係という体質の大転換がその存続条件となっている。

日本経済界のリーダーともいうべき人をトップにいただき、多くの優秀な人材を擁する大企業がなぜこうなったのであろうか。それはやはり前説の通り、同じ事業を同じやり方で三十年間続けてきたこと以外に求められない。いかに優れた頭脳といえども、同じ環境のもとに何十年も置くと、知らぬ間に視野がせまくなり、思考が限られた範囲に止まる、いわゆる硬直化をきたすのであろう。従業員全体も一定の枠内に鋳込まれ、そこに定住してしまう。その結果、企業全体も変革を好まない保守的体質になる。

ところが、世の中は三十年たつと大きく変わる。人々の考え方も変わる。あらゆる分野で需要の構造も違ったものになる。科学技術が進み思いもよらない対抗商品が生まれる。先進国と開発途上国の相対的な地位や関係も大きな変化をきたす……

等々。

こうした世の中の変化に、内部が硬直化した企業が対応できないのは当然である。これが企業の寿命三十年説の実態であろう。このように考えると、いま隆々と栄えわが世の春を謳歌する企業も、時代の変化に対する対処を誤れば必ず寿命の尽きる日を迎えるに違いない。その寿命は三十年ではなく二十年か、それ以下となりつつあるように思える。

❷クラウゼヴィッツと現代の経営

戦略・戦術とか攻撃・防御という言葉は元来は軍事用語であるが、今や政治、経済、日常生活やスポーツなど、我々の身近でしばしばお目にかかる言葉である。特に、経営を論ずる場合には経営戦略・戦略経営・長期戦略など通常用語として頻繁に登場してくる。また事実、これらの用語の意味するところは今後いっそう重要度を増してくるであろう。本書においてもたびたび登場するので、ここでその定義とあらましを述べておくことにしよう。

戦術・戦略という概念を学問（軍事学）として体系的に明確記述したのは、今から百七十年も前に出版されたプロシア（*プロイセン）の将軍クラウゼヴィッツによる有名な『戦争論』という本である。正しくは、将軍の残した草稿を彼の死後、奥さんがまとめて出版したものだが、今もその評価はいささかも落ちない古典とされている。また驚くべきことは、その所論は現在の経営にも通じるものが多く含まれていることである。

以下、その[注1]抜粋を紹介する。「　」に囲んだ部分がそれで、クラウゼヴィッツ『戦争論』（淡徳三郎《だんとくさぶろう》訳、徳間書店）より[注2]掲載した。読者もみずからの経営の場に当てはめて考えていただきたい。

「戦略（Strategy）の語源はギリシャ語の詭計であるが、詭計が戦略ではない。戦略には詭計なぞあり得ない」

戦争というものは、古来、唯一回の戦闘で勝敗を決するものではなく、いくつかの戦闘が断続して行なわれた末に勝負が決まるものであるとした上で、戦略と戦術を次のように規定している。

「戦略とは各個の戦闘を連合させせて、戦争の目的――勝利に結びつけるよう運用することである」

「戦術とは各個の戦闘を秩序立てて指導すること。即ち一戦闘中における戦闘力の運用法である」

「戦略は戦闘を行ないたい場所・時期・それに参加する戦闘力を定める」

次に戦略と戦術の概念を勝敗という面から明確にしている。

「戦略には勝利というものはない。戦術における勝利によってその成果が判定されるだけである」

そして次のように結論づけている。

「戦略における失敗は戦術力では補うことはできない」

これはクラウゼヴィッツの戦略論の白眉《はくび》とも言うべき教養であり、経営者たるものの肝にとどむべきものである。

次に戦略を定める二つの要素として精神力と物的な力をあげ、次のように明快に断じる。

「物的要素は木でできた槍の柄《え》であり、精神力は磨ぎすました金属の穂先である」

そして、精神的要素として、理性と徳性と大胆さをあげ、それらは、

「これらの精神的なものは、極度の困難と勝利の体験の中から生まれる」

としている。経営においてもまさにその通りで、辛酸をなめそれを突破した成功の体験こそ戦略者の資格と言うべきか。

さらに、戦略と戦術をその運用面から分析し、それぞれの指揮者のあるべき姿に言及し、次のように述べている。

「戦略上の重要な決定をすることは、戦術の場合より一層堅固な意志が必要である」

戦術の場においては、万事が瞬間的に決定される。行為者は激流の中にいるようなもので、ぐずぐずしていると、押し流されてしまうから、みずからのうちに湧き上がる不安の念を抑え、大胆に前進するより仕方がない。戦略にあっては万事がいっそう緩慢に進行するので、内心の、あるいは外部の人の危惧や非難や意見などに惑わされる危険がはるかに大きい。また戦術の場合は、多くのことが直接目に見えるが、戦略上の物事は少なくともその半ばは推測に頼らねばならず、それだけ確信が弱くなる。その結果、古来多くの将軍が根拠のない危惧の念にとらわれ決断不能に陥ってしまった。

ここに述べられたことも、そのまま現在の経営の場に当てはめても言えることである。

また、戦略・戦術の実施における要諦として、

「戦略は、戦場に出かけて行って細かいことは現地で決め、全計画にたいし不断に修正を加えることが必要である。戦略は一瞬間も現実の作業から手を切ることはできない」

として戦略者は現場から遊離してはならないことを強調している。これも経営者の忘れてはならない心得である。

そして、最も大切な勝利の条件として有名な兵力の集中論を次のように導き出している。

「勝利の条件は、戦略においても戦術においても、敵よりも優勢な戦力を確保することである」

と当然の常識である条件をまず設定し、しかしその条件は指揮者に常に与えられるとは限らない、「それは国力とか政府によってむしろ常に制限を受けるのが普通である」と現実を肯定したうえで、

「戦争の運命を左右するような決定的な瞬間に、その場所に可能なる限り多くの戦力を集中し、少なくともその場においては相対的な優勢な状態をつくりだす」

ことを説いている。これが有名な勝利のための第一則、戦力集中の原則である。当時のヨーロッパは群雄割拠し、それぞれの国の軍隊が武器・編制・術力に大差ないという状況のもとにあったから、このことが勝利を決める決定的条件であった。もちろんこれは一般的な原則でもある。そして、この戦力集中を実行するために指揮者に求められる資質として、次のことをあげている。すなわち、

「敵情の正しい判断と決戦場の正しい推定をする能力」

「ある期間、寡弱な兵力を戦場に放置する大胆さと強行軍を敢行する気力を持つこと（決戦場に戦力を集中するために、現に敵と対峙中の戦線から兵力を抽出しなければならぬ場合のことを言っている）」
「危機の瞬間にますます活動力を発揮する精神力」
「重要であるものと、そうでないものを見分ける知力」
「兵力の最高度の集中を確保する決断力」

これらのことは、経営戦略を決断するトップにそのまま望まれる資質でもある。

ついで、戦略と戦術の用兵面における相違に言及して次のように述べている。

「戦術的な場面においては、指揮者は常に手元に予備兵力を保有し、突発する事態に備えることが必要である。これに反し、戦略的予備なるものはあり得ない。戦略的な場面、ここが正念場という時には全戦力を余すことなく投入しなければならぬ」

これは軍事的分野の表現でちょっと読者に理解し難いかもしれないが、こういうことである。部分的な戦闘の行なわれる戦場にあっては混乱と消耗の連続で、勝ったと思っても、次の瞬間に敵の伏兵が現われ逆転されるようなことがしばしば起こる。それに備えて、戦場指揮官は常に三分の一くらいの兵力を、いつでも戦闘に投入できる状態で手元に持ち、そういった危険にただちに対処できるようにしていなければならない、ということである。戦略的予備はあり得ないということは、大きな戦力を戦線のはるか後方に温存して、戦争そのものに貢献させないで戦争が終わってしまった、というようなことがあってはならないという意味である。経営で言えば、工場には機械の故障に備えて、多少の予備機は必要であるというのが前者の例で、膨大な遊休土地を抱えながら、資金不足のために有望な新分野への進出が遅れライバル企業に敗退、苦境に陥った、というようなことがあってはならない、というのが後者の戒めである。

戦術の場にあっては予備隊を持ち兵力を逐次投入、戦略の場においては全戦力を決戦場に集中せよ。戦術と戦略の場をはき違えてはならぬ、ということである。

次に、戦力を別な視点——攻撃と防御に区分して、そのあり方を論じている。攻撃と防御の観念はスポーツや勝負の世界では常識であるが、経営の場ではあまり聞かない。しかし、次のクラウゼヴィッツの所論を読めば、経営においても大いに参考になると思うのでここに紹介する。


「防御の目的は維持である。元来、維持は奪取（攻撃）より容易である」

「防御は攻撃より堅固な戦闘方式であるが消極的な目的しか達成できない」

「戦争では絶対的な防御というものはありえない。何故なれば、そうなると一方だけが戦争を行うことになるからである」

「防御を主とすることは、我が方の兵力が弱いときに限られ、積極的な目標が持てるほど強力になるやいなや、これを放棄しなければならぬ。防御に始まって、攻撃に終るのが戦争の自然ななりゆきである」

「攻撃は攻撃活動を主とするが防御活動も併用する」

「如何なる攻撃も、その頂点に達すれば防御に移らねばならない」


抽象的な一般論のようであるが、経営にもそのまま通じる考え方である。たとえば、経営手法でもコストダウンや品質管理、生産性向上、予算統制などは防御力を代表するものであり、販売網の開拓や新製品開発、新規分野への進出などの力は攻撃分野のものである。また積極的な投資をし事業拡大を図るのは攻撃活動であり、経営体質の改善を図り内部留保に努め、次の飛躍に備えようとするのは防御力強化の経営と言えよう。ベンチャービジネス興亡の事例は、この理論の実地証明のように思えてならない。

また、作戦計画については次のように述べている。

「どんな戦争においても、それによって何を達成しようとしているのか、またその中で何を獲得するのかを予め作戦計画として明確にせずには開始されるものではなく、また開始すべきではない。前者は戦争の目的であり後者は目標である。この基本構想により、あらゆる方向が与えられ、手段の範囲と必要な戦力の分量が決められる。その影響は行動の末端にまで及ぶ」

これも企業の作戦計画である事業計画に当てはめてもきわめて妥当なことである。

以上のクラウゼヴィッツの『戦争論』から、どのような教訓を引き出すかは読者の経営観による。

一般の企業の戦略は公表されないから、結果からの推定評価ということになるが、参考のために二、三の例をあげよう。

（注1、2）この項で紹介しているクラウゼヴィッツ『戦争論』の言葉には、筆者が加筆したものがある。

普通車に進出したホンダの素晴らしい戦略展開

ホンダは戦後に本田宗一郎氏のアイデアになる自転車に取り付ける小さなガソリン・エンジンを造る町工場から出発し、「カブ」「ドリーム」などのオートバイで、たくさんあったライバルを圧するトップの座を占めた。これが同社発展の第一段階であったと思う。ここまでで終わるのが並の人だが、本田さんはそれに止まることなく軽四輪車に進出した。軽四輪車とオートバイでは技術内容が全く違うし、流通業者も別であり、必要とする資金量も大きな差があり、異業界と言ってもよいであろう。オートバイ・メーカーは当時三〇社以上もあったが軽四輪車業界に進出した企業はホンダ以外にはない。

新しい軽四輪業界でもホンダは持ち前の積極性とチャレンジ精神を発揮し、新しい大胆なアイデアを次々と実行し、数年にしてトップの座を占めるに至った。オートバイと軽四輪の二本柱で、どちらもトップという強力な会社になれたのだから、ここで止まるのがまた常識であろう。ところが、経営理念でもあるチャレンジ精神がそれを許さない。普通車への進出を決断する。進出というより、新しい別な企業への転生である。

普通車といえば日本ではトヨタと日産である。当時の普通車の業界は、この二大メーカーの谷間にいくつかの企業が細々と生存しており、トヨタの比重がますます大きくなりそうな状況だった。ここに、ようやく軽四輪をものにしたばかりのオートバイ兼業のホンダが参加しようというのだから、業界の目にも、世間の目にも自殺行為と映ったのも無理はない。当時、軽四輪と普通車では、技術・生産・販売すべての面における格差は、オートバイと軽四輪車との比どころではなく、越え難い巨大な壁があるとの考えが常識だったからである。またたとえホンダの普通車が誕生しても、オートバイのイメージのホンダ車を誰が買うかということになると、さらに大きな壁があるという見方がごく普通であった。

こういう状況のもとに、ホンダのとった戦略はまさにクラウゼヴィッツの優等生だった。

まず第一に戦場の選定である。自動車は世界のどこでも通用する国際商品である。そして、その最大の市場はアメリカである。アメリカでは昔から自動車は生活必需品である。自動車の主戦場はアメリカであるとして、ここに主力の進出を決めた。これは理論的にはそうであっても、並の戦略家では決め得ることではない。当時のアメリカには外国車など微々たる存在で、今日の日本車の姿など思いも及ばぬことで、ビッグ3(GM、フォード、クライスラー)の支配する異次元の世界のように見えたものである。そこに自社の未来の主戦場を選んだことはクラウゼヴィッツの言う、**戦略決定者に求められる大胆さ**の遺憾なき発揮と言えよう。

「GMだってはじめから巨大だったわけではない。いつの日かホンダがGMを倒せる日が来るかもしれない。オハイオ工場はその第一歩だ」

とは、トヨタ、日産が尻込みする中に一九八〇年一月対米進出を決めた本田宗一郎氏の言である。

もう一つ見事な戦略は戦力の集中である。

現在の工業社会においても普通車事業というものは最高に資金と技術力を要するもので、おいそれと始められるものではないことは常識である。もちろんホンダといえどもそれに必要な経営資源は容易に調達できるものではなかった。そこで彼は当時二本柱の一つ、軽四輪車事業から撤退し、その技術力と資金を全部新しい普通車事業に投入するのである。現在激戦中の主戦場の一つから全兵力を引き上げて強行軍で新たな、より大きな主戦場への投入だ。おそらくクラウゼヴィッツも驚嘆したであろう戦略行動である（後に余力ができた段階で軽四輪市場に再進出し、いったん放棄した市場を取りもどすという第二段の戦略にも成功している）。

この大胆な戦略は今や米国における第四位のメーカーに成長し実を結びつつある。もちろんこの成長は良き品質、軽四輪の体験による低コスト設計、規模の割には投資額の少ない工場、連続三年顧客人気車ベスト5のうち三つまでを占める商品開発力など、卓越した戦術力があってこそ獲得できたものである。

大沢商会無念の戦略的敗北

大沢商会といえばかつては国際的にも通用した最大手のカメラ専門商社であり、数十年の歴史を誇る老舗でもあった。その最盛期の頃カメラ業界が一つの転機を迎えた。それは8ミリムービー・ブームである。当時はカメラ店のショーウインドーの半分は8ミリ撮影機と映写機で占められていた。そのとき、大沢商会は流通専業から脱し、メーカーとしても地位を占めるチャンスと判断して、子会社大沢精機を設立し、当時の8ミリ業界の王者ベルハウエル社（米国）と技術提携し商品を完成し、メーカーとしての名乗りを上げた。

ところが、その少し前に電機業界ではビデオとビデオカメラを完成した。これは技術的にはカメラとまったく異なるものであるが、その働きは8ミリムービーとまったく同じである。出現当初は考えられもしなかったことであるが、その後数年にして8ミリムービーは市場から姿を消し、カメラ店のショーウインドーにもビデオカメラが並ぶことになってしまった。これは世界的な現象である。その結果、大沢精機はもちろん、ここに大投資をした親会社の大沢商会も倒産の憂き目にあった。短期間に8ミリムービーを造りあげたのだから戦術分野では大いに頑張ったと言えるのかもしれないが、いかんせん戦場が別のところに行ってしまったわけで、まさに**戦略的失敗は戦術力で補えない**というクラウゼヴィッツの教義を見せつけられた無念の結末となった。

明暗を分けた戦術力――リッカーミシンとブラザー工業

戦後長い間ミシンは国民渇望の品であり、その業界は二十年間にわたり機械工業の中でも有力分野であり数多くのメーカーが存在したが、既製衣料の使い捨て時代となり成熟から漸減産業となり、多くの中小メーカーは淘汰され、大手メーカーは残ったものの業界全体の発展は望めない状態となった。当然、新分野への進出という戦略がとられることとなった。ここで明暗二つの道を歩む会社が生まれたのである。

当時、リッカーはミシン分野のトップ・メーカーで占有率三五％近くを占め、独特の積立クレジット方式で資金も豊富な優良企業であった。そして新分野としてホテル業を取り上げ、矢継ぎ早の買収で全国的規模のホテル・チェーンを形成し世間を驚かしたものである。ところが、その後数年にして当時としては最大級の負債で倒産し、そのときオーナー経営者が声高に銀行を非難したこととあわせて、再び世間を驚かす結果となった。原因は規模・格・特長・経営力の異なるホテルを買い集めたため、チェーンとしての特長も出せず固定客をつかめず、さらに何よりもの欠陥として、ホテル経営のノウハウを習得するに至らず開業を急いだことなどが災いしたと言われている。ホテル業に進出したこと自体は必ずしも失敗とは言えないかもしれない。むしろその後の時代の流れを見れば先見の明のあった戦略であったと言えないこともない。ところが失敗の原因を見れば、すべてホテル経営の戦術力の悲しいばかりの拙劣さが目につく。結果が倒産であるから、ホテル業界進出という戦略が良かったのか悪かったのかは論じられない。もし、ホテル経営のベテランをその部門の指揮者に据え戦術よろしきを得ていれば、大成功したかもしれないからである。

一方第二位のブラザー工業は、その新規分野としてミシンの製造で長年培ってきた精密加工技術を生かし、自動販売機・電子タイプライター・放電加工機からプリンターやワープロなど情報機器分野に着実に事業を広げ、いっそうの優良企業となった。自己の持つ技術力をフルに発揮し、それをさらに拡大し、戦術力を高めつつそれの範囲内にある新分野を開拓するという堅実戦略である。戦略というものは無限であるから、この堅実戦略よりもっとよい戦略があったかもしれない。しかし結果はリッカーと違って優良会社になったのだから最良であったかどうかは別として、その戦術力に見合った良い戦略の一つを選択したことは確かである。

❸企業経営における戦略と戦術

先述した「ジャンボジェット機と佃煮屋さん」の挿話、本節の「企業の寿命三十年説」「クラウゼヴィッツの諸説」などを一つの教訓として、企業経営の場における戦略・戦術について考えてみよう。

高度成長期の特長は、企業の未来の姿を、現在歩んでいる路線の延長上に見ることができたことである。無駄を省き合理化を進め、コストダウンを図り、人や設備を増強し、商品の改良を怠らなければ、その努力は必ず実り、企業は栄えることができた。

ところが今は違う。企業の寿命三十年が二十年となり、十年となるかもしれない時代である。企業が命を長らえるためには、たとえ現在好調であっても将来の環境変化に対応する手を考えておかねばならない。それは経営のやり方や事業内容の変更改革から、さらに新規分野への進出にも及ぶ。そのためには現在の事業の縮小や撤退、経営資源の再配分、あるいはさらに思い切って他企業との合併や買収など大胆なことも実行しなければならない。このような変化を予測し、それに適応する新たな路線の選択と必要な改革のプラン、これが経営の場における戦略——経営戦略である。多くの企業が生きのびるためには戦略が必要になってきた。これからの時代は戦略経営の時代と呼ばれるゆえんである。

ところで、このような企業の進む路線を修正したり変更しようというような行動は、特別な例外はあるとしても、思い立ってただちに実行というわけにはいかない。多くの調査を行ないデータを整理分析し、いろいろな場合を予測し慎重に検討し決定するもので、咄嗟の判断や直感により即決ということはめったにないであろう。また経営のやり方を変えるとか新規分野への進出など口で言うのはやさしくとも、いざ実行となるとそう簡単にいくものではなく、いろいろな修正や変更を加えつつ数年とかそれ以上かかることも珍しくないであろう。だから経営戦略はどうしても三年から十年という中長期のプランになることが多い。ところがそのような長い先のことは、いくら綿密な調査や分析をしても予測が外れることが多いし、またその間に状況の変化も起こる。そうなると戦略計画はしょせん「絵に描いた餅」という評価も生まれかねない。しかし、「戦略的失敗は戦術力では補えない」ということもまた厳然たる事実である。当たらないからと言って、やらなければ初めから敗北であり、やってもなかなか当たらない。当たらずといえども必ず遠からぬところをプランする能力を持たねばならない。経営戦略とはこういうものであろう。

戦略が定まれば、次はそれに沿って実践する行動プランが必要である。実践プランは、それによって企業が生きていくものであるから、現在の力を最高に発揮し最大の成果を獲得しなければならない。

通常、企業における実践活動は一年間を一サイクルとして締め括り自己評価する。一年間の事業計画をたて、決算する。また年間計画をできるだけ良好に達成するために、毎月締め括ってチェックする。月次決算である。決算は通常はP／L・B／

Sというスタイルでまとめられるが、この正規の方式は年次計画と月次計画についてのみ行なわれ、中期計画や長期計画にはそれはない。つまり正確に成果を計算し、企業の社会に対する義務である税金を支払うための評定を下されるのは年次計画だけである。また、年次計画における決算書こそ、企業と経営者の優劣を最終的に定める唯一の評定書でもある。本来はこれによって賃金もボーナスも配当も決まるものである。

このように考えると、年次計画は知恵を絞り全力を注いで経費を最小に抑え、最大の売上を実現し、できるだけ多くの利益を確保するものにしなければならないことは当然である。また、一年程度のスパンでは環境の変化もそれほどには大きくないであろうから、そんなことに気を奪われることなく、短期決戦に専念できよう。

つまり、この実戦の現場ではひたすら目前の成果を目指して、

● 全従業員を無駄なく戦列に配置し、
● その持てる顕在・潜在すべての力を引き出し、
● それをできるだけ成果に結びつけるよう活用し、

●突発事件に迅速に対処し混乱を防ぎ、
●日々の活動の中で、その能力を高めていく、

ことが必要である。この能力が経営戦術力である。

この戦術力を高度に発揮し、年次計画の区切り点で成果を発揮することこそ経営が生きており活力にあふれていることの唯一の証であると言えよう。ところが、我々の前には厳然として、「戦略の失敗は戦術力では補えない」という否定することのできない定理が存在しているのである。ここに経営の難しさと面白さがあり、事業計画の最大の問題があると言えよう。

このような観点から、長期・中期・年次の事業計画を考えてみることにしよう。

3 事業計画の位置づけと役割

事業計画の本論に入る前に、経営管理におけるその位置づけと定義を定めておく

ことにしよう。

経営を遂行するためには多くの手法がある。P/L・B/Sなどの決算方式や経営分析・原価計算など財務に関するもの、工程管理・品質管理・IE・VAといった生産に関するもの、マーケティングや人事・教育から情報や研究開発などの管理に関する新しい手法に至るまで、まことに絢爛《けんらん》たるものがあり、それぞれが優れた理論と体系を備えている。だが経営全般からみると、それらはその役割を独立・自己完結的に果たすものではなく、何らかの形で最終的に事業計画の中に組み込まれ生かされ実行されるのでなくては、経営になんの寄与も果たすものではない。事業計画は経営のすべてを包含した結果である。これが事業計画の位置である。

このような位置づけが決まると、その役割・定義はおのずと次のように定まってこよう。

- 経営者の意思表示
- 一定期間の経営理念実践の姿
- 一定期間の従業員の行動の道しるべ

●その間の経営活動の適否を測る物指し

以下、事業計画とはこのような役割を果たすものであるとして本論に入ることにしよう。

4 長期計画——生き残るための戦略構想

❶使命と性格とスパン

一節から三節まで戦略ということを強調し、本節にも「生き残るための戦略構想」というサブタイトルをつけたが、長期計画即戦略ということではない。長期計画が戦略的要素を含んだものになるかどうかは経営者の意志と能力、それにその企業が戦略的転換をどの程度必要とする環境のもとにあるかということによる。

そもそも企業が戦略的転換を行なうという場合に、その成功をあらかじめ保証するものは何もない。どのような綿密な調査分析をやっても不確定要素ばかりである。言わば絵に描いた餅である。しかも莫大な投資を要するから失敗すれば致命傷を負いかねない。そうなると、従業員と世間に多大の迷惑をかけ、非難の的になる。経営者としてまことに気の重い限りである。それでもあえてやらねばならないであろうか、決意を決めるにはまず、企業の前途を大局的に把握することが必要であろう。

企業の前途といっても、それは未来の環境によることであるから、その推定が前提であるが、それは別に考えるとして、結論は三つのスタイルしかない。図1〜3に示したA・B・Cである。

縦軸に成長、横軸に経年をとって、企業の成長の予測図を作ってみる。

●A－タイプ（図－1）

企業の属する業界が長きにわたり好環境のもとにあることが確実な場合である。上手な経営をやれば平均より上、少々下手でもまずまずの成績を保てるという結構な見通しである。高度成長期の日本はまさにこのような状況であったと思う。本当にこうであれば長期計画は現在路線を延長することで事足りよう。あえて戦略構想など持たず、力の限り努力し投資を先行すれば必ず報いられるであろう。

●B－タイプ（図－2）

図－2に示すように、業界は成熟期に入り全体としては低成長か横這いとなる。しかし、需要全体が低下したり消滅するということはあり得ないという構造の業界に身を置く場合である。

個々の企業は低成長や横這いでは我慢できないから、自分だけは平均より高い成長を実現すべく努力する。売上を伸ばす攻撃力と防御力を強化する合理化の両面にわたり激烈な競争が展開される。もし飛び切り強い成功者が現われるとその反動として脱落する者（Ⓦ）がでる。市場のパイが一定であるから当然の結果である。

この環境のもとにあって繁栄を維持しようとすれば並の努力では駄目だ。次から次へと新たな攻防の成功を積み重ね、図に示したX・Y・Zの包絡線を辿るような経営を実現する自信がなければならない。多くの企業はこの状態にあると思うが、その中で大きな成功例として松下電器のアイロン事業部を見てみよう。

アイロンという商品は完全に成熟期に達してから久しい。総需要はなんとか横這

図－1 A-タイプ

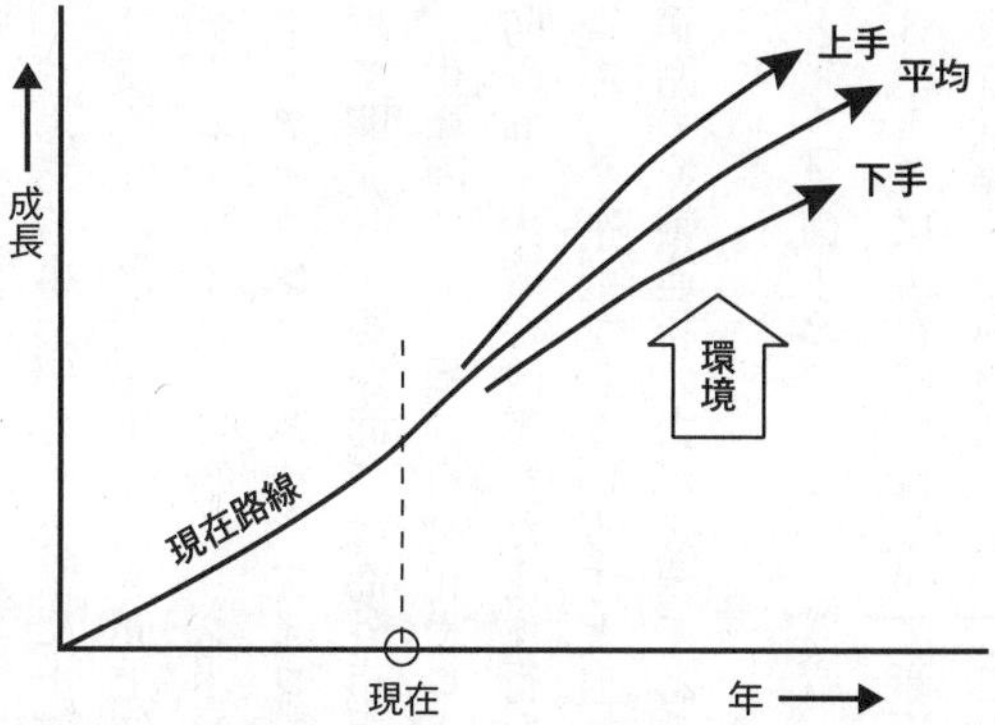

図－2 B-タイプ

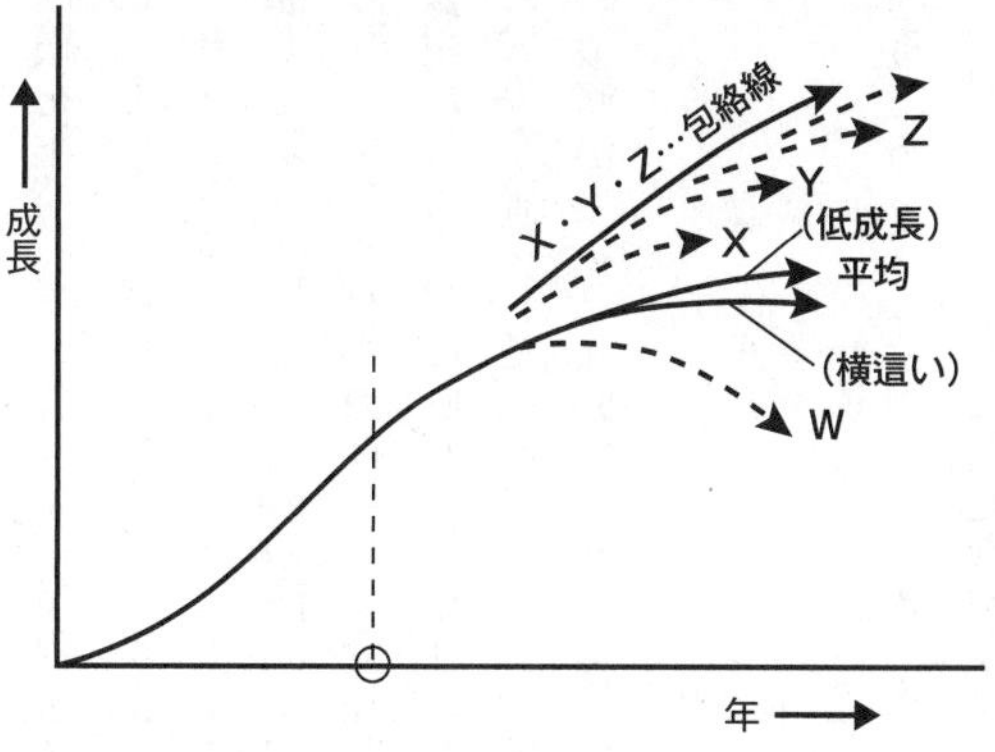

いを維持といった状態である。ところが同事業部は長い歴史を生き抜いて、松下電器のたくさんある事業部の中で常に上位の経営成績を維持している。家電業界全体があまり良くない最近三年間にも売上伸び率五〇%という高度成長である。商品面ではスチーム・アイロンに始まりズボン・プレッサー、トラベラー・アイロン、コードレス・アイロン、しみ抜きアイロンなど新需要をよび起こす新機能の商品を他に先がけて開発し、販路面では海外市場開拓のみならずライバル会社からも受注している。生産面でも工程の自動化やロボットの採用などで人員はむしろ減少するなど、攻防両面で大変な改革をたえず行ない、その成果を確保している。

Bの進み方を選択するということ自体は一つの戦略かもしれないが、その実施は戦術の範囲で連戦連勝の力が必要である。

●C－タイプ（図－3）

図－3のように現在路線はやがて衰退の道を辿るであろうと予測され、B－タイプのような活路も望み得ないということであれば、図－3のように新たな事業をタイミングよく開発し、現在の本業の衰退を補うことを考えねばならない。現在の事

図－3 C－タイプ

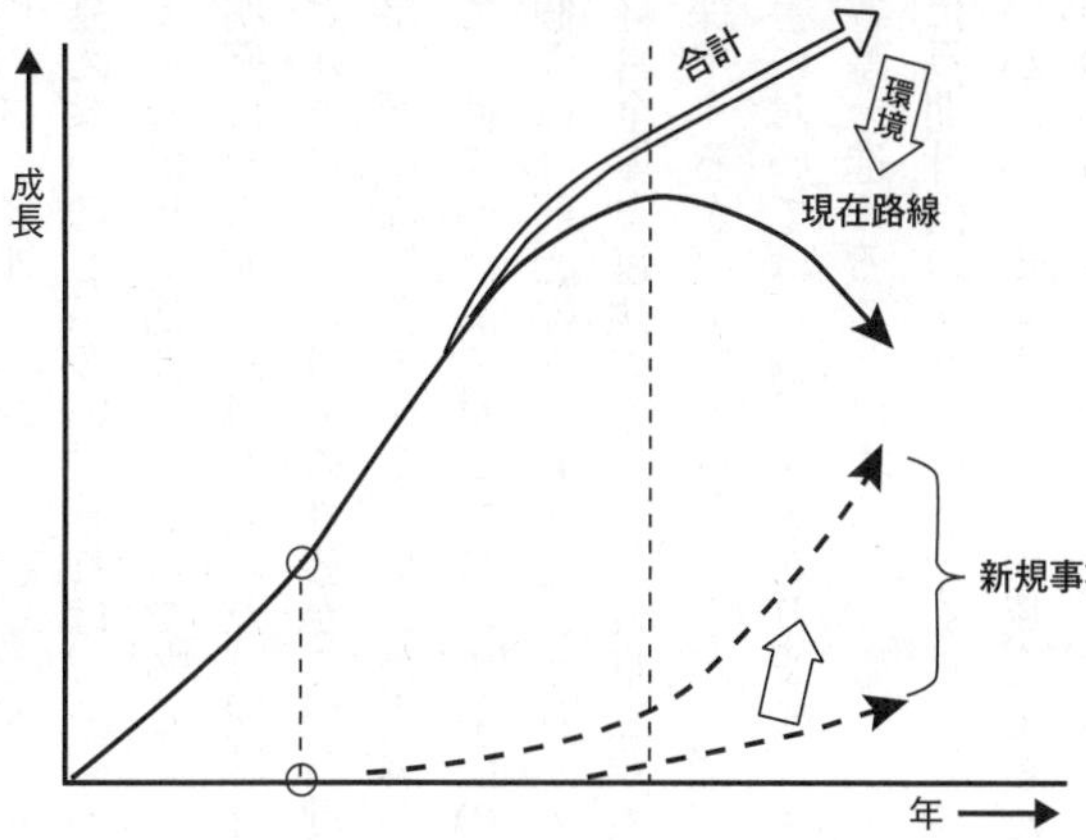

業の衰退の度合いによっては、新規路線をいくつも開拓し、事業の多角化を図ることも必要となろう。さらに衰退がある限度に達すれば、損失発生の前に思い切って撤退を考えることも必要である。この場合、限られた経営資源をどの事業にどれだけ配分するかということが大きな課題となろう。

いつどのような分野（戦場の選定）で戦い、生き残る（勝利を得る）ためにはどの分野（決戦場）に重点を置く（戦力を集中する）かなど、これはまさに生き残り戦略である。

本節のはじめに企業の未来は、こ

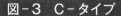

の三つのスタイルしかないと書いたが、現実の企業にあっては必ずしもこのような姿は見えないことが多い。それは、多くの企業が多かれ少なかれ多角経営となっており、その総和で把握するからである。しかし、それでは内に蔵する問題点がなかなか明確にならず、対処が遅れたり曖昧な対処になったりで、後に大きな禍根となることが多い。それは体の外観からのみ健康状態を判断するようなものであり、やはり早く適切な処置をするためには内臓の検査が必要である。経営の内部をよく分解して、個々の商品や事業について前記の分析を試みることが必要である。そうすれば個々には前記のA・B・Cいずれかのパターンに落ち着くはずである。その上で、経営全体を包含する大きな戦略を考えるか、小さないくつかの個別戦略を並立して採用するか、双方を併用するか、経営者の判断することである。

本書においては、論旨を分かりやすくするため主にCの場合を想定して、事業計画の各論を進めることにする。

次に長期計画のスパンはどのくらいとするか。別にこのくらいが良いという基準はないが、あえて言えば、Cの場合で新たな事業に着手してから、それが育って現在路線の落ち込みをカバーして一つの柱となり、経営全体が順調な姿となるまでの期間が経営としての一つの区切りであると思う。私は後述するように、この区切り期間は大体五〜十年先をカバーするものが良いと思う。方法としては二年とか三年ごとに見直し、そのつどその分だけ先に延長すれば常にそういう長期計画を持っていることになる。

❷内容

事業計画は経営者の意思表示であるとともに、従業員にとっては進むべき道筋を示す地図であり道標である。年次計画は隣の町へ行くようなものであるから、詳細な地図の用意もできる。長期計画となると遠い未知の地への旅であり、未開地の探検計画となることもある。未知の山あり谷あり空白地帯もあり、地図どころか計画も不確定な要素が多く含まれざるを得ない。しかし、そうであればあるほど、リーダー連中にはその計画を徹底し納得しておいてもらわねばならない。ところが、事の性質上か、その計画内容はさまざまで、私もいくつかの会社のものを見せていただいたが共通するものはほとんどなかった。未知の未来に対し、考え方も個性も違う人が取り組むのであるから当然かもしれないが、私は少なくとも探検のリーダークラスは次のような項目については合意していなければならないと思う。

❶戦略構想

新規開発あるいは新規進出すべき事業分野と現在営んでいる事業の基本ポリシイ。すなわち新分野の規模と比率、業界における地位、現在の各事業の拡大・維持・縮小・撤退などの方針とそれを決めた理由などである。

❷長期計画達成時の企業の姿

売上・利益・人員などの規模のほか、展開地域などの大略の姿。

❸構想実現のための条件

構想を実現するためには財務体質・資金・販売・技術・生産・組織と運営などの面でどのような体質になっていることが必要か、そのアウトラインを明示することが必要である。それによってこの構想の現実性が判断される。またこの条件は中期計画のテーマを提供するもとになる。

❹基本の補給計画

構想実現のための諸条件は自然に生まれてくるものではない。人・物・金すべて必要なものは企業内部から生み出し、不足分は外部から条件つきで調達しなければならない。その流れを示すプランが補給計画である。この裏づけがなければ長期計画も戦略構想も絵に描いた餅になる。

かつて日本人は補給軽視の人種であった。日露戦争から太平洋戦争までほとんど補給を考えない戦争を遂行してきた。それが破綻の根本的な原因である。長期計画に真面目に真剣に取り組んでみれば、長期計画の最も大切な項目は補給計画であることを悟るであろう。欧米企業にあっては事業を拡大したり新規事業を開拓する場合に金融子会社を設ける例が多いが補給計画の一つである。

❸策定のもとになるもの

事業計画は経営者の意志であると言ったが、年次計画では企業を取り巻くいろいろな条件が現実のものとして見えているから、経営者の意志は現実的な常識的なものとなるのが当然である。しかし長期計画となるとそうはいかない。特にその中で戦略的な部分は、無限に考えられる企業の生きざまの中からあえて一つを選ぶものである。だから何を基準に選ぶのか、何によって意志を決めるのか、それによってさまざまな絵が描かれることになろう。それは、企業の将来を磐石の基盤に置き繁栄の軌道にのせるものもあれば、誤った崩壊の淵に導いたり、初めから実現性のない、絵に描いた餅にすぎないものであったりさまざまである。そして、計画を立案した時点では、そのいずれに属するものであるかはにわかに判定し難い。

結論としては、有用・有効な長期計画を策定するには、

- それを定める人が正しい物を見定める力を持っていること
- それを定める人が正しい判断を下すための広範な知識と情報を持っていること

につきる。

前者は別として後者は図－4に示すような項目であろう。

経営戦略の多くは長期計画の中に含まれ具体化されてゆくものであるが、まず図

図－4　長期計画

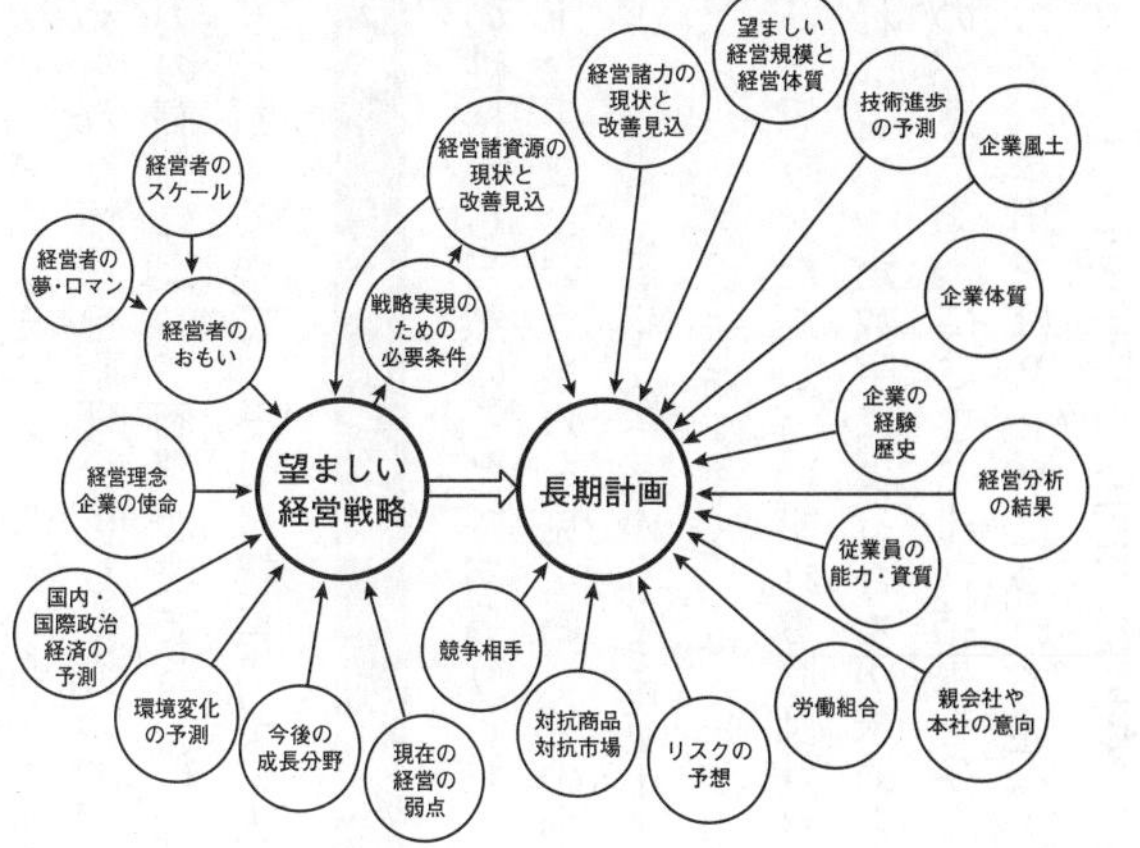

の左半分に示した要因によって、経営トップとして望ましい経営戦略を想定し、それを右半分の現実的な要素を勘案し修正を加え具体的な長期計画に持ち込むのが妥当な手順のように思う。

この際の右半分の要素は現在のものではなく、その改善を適当に見込んだものとするのがよいであろう。その改善は中期計画の課題とすることによって長期計画のレベルアップが図れよう。

上の図の左上部にあげた経営者のスケール・夢・ロマンとそれから生まれたおもいは何によっても規制す

ることのできないその人の個性の部分である。その他の要素は企業の内部と外部から求められた情報を整理分析したもので、その情報源の正しさ、情報網の広さ、分析能力の高さによって価値が決まる。後はそのいずれに重点を置き、どのように組み合せ判断するかで、それは経営者その人の物事を見定める心の問題である。

❹手法――PPMについて

その性格から当然のことであろうと思うが、戦略とか長期計画については、ポピュラーな手法というものを見ない。その中で私は成熟度曲線とPPM方式（＊「市場成長率」と「市場占有率」の二軸からなる座標上で事業や製品、サービスを分類することによって、経営資源の投資配分を判断する手法）はきわめて単純ではあるが、大変有効な優れた方法であると思う。ただし、いずれも原価計算とか品質管理のようにデータをインプットすれば定まった数字による答えが求められるというものではなく、それを活用する人の恣意によってさまざまな結果を生むものである。成熟度曲線の活用は先に述べたので、本項ではPPMについて述べよう。

PPMとはProduct Portfolio Managementの頭文字をとった略称である。まず

PPMと筆者の出合いから話そう。七〜八年も前のことである。

アメリカ(というより世界)のトップ電機メーカーGE(*ゼネラル・エレクトリック)社の幹部の方が面会を求めて来られた。まだ四十代の若さだが副社長で、戦略担当とのこと。用件は電子レンジとクーラーを松下から購入したいということで、当時いずれも私が担当していたのでお目にかかった。

はじめ私は、「これは我々のコスト力を偵察に来たのだ」と勘ぐって、

「それらは貴社においても家電分野の主力商品ではないか。なぜそれを我々から買うのか理解に苦しむ」

と切り込んだところ、相手もこちらの気持ちを察したか、

「我々はPPM分析の結果、この二商品は貴社に生産を依託し購入した方がよいと判断した。貴社にとっても悪い話ではないと思う」

とのことで図-5(三八四ページ)のような一枚の図を見せてくれた。そして
「図を見れば分かるように、電子レンジ(Microwave-oven)は将来大きく伸びる商品だがGEの力は強くない。いくら頑張っても労多くあまり成果は期待できないと判断している。クーラー(Cooler)はGEの占有率は高く強い商品だ。しかし、一定の買

図－5　PPM表

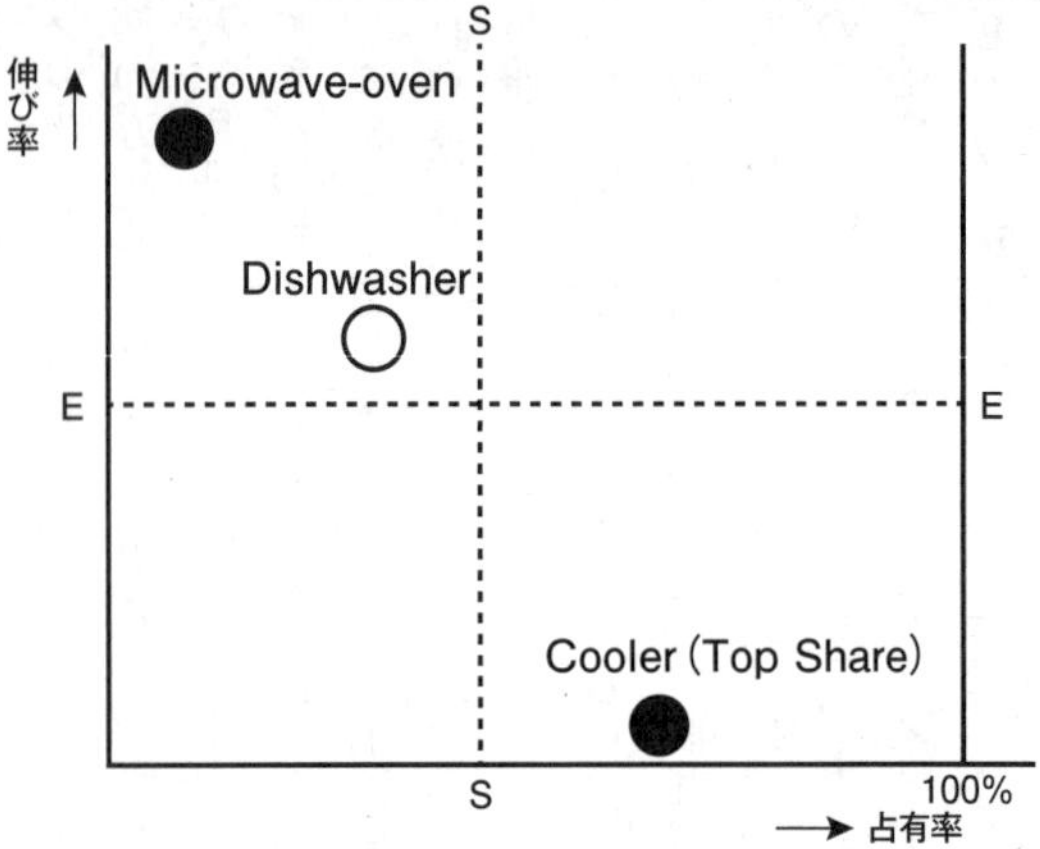

い換え需要はあるものの業界全体としても我が社にとっても横這い商品だ」

そして「このような判断をしたデータはこれだ」と膨大な市場調査のデータを見せてくれた。そして「GEとしては、これらの生産を中止することにより相当な費用が助かる。貴社は我々の生産を引き受けることにより、工場の稼働が上がり、コスト引き下げになるではないか。その安い商品をそれぞれ販売できるから双方にとってハッピーではないか」とのこと。

一応話の筋道としては分かった

が、私は意地悪く
「もしそうなれば両部門の従業員や工場はどうするのか」と質問したところ
「それは皿洗機（Dishwasher）につぎ込む。この部門は今後相当伸びると思うし、GEとしては商品開発と生産に自信を持っている。すでに部品点数が半分以下のものの開発も終わっており、自動組み立て工場を建設し、一挙にシェアを上げ、高収益事業に育てたい」との返事。

以上読まれた通りのきわめて率直なアメリカ人らしい気持ちのよい会談で、商談も成立し、以後長き良き協力関係が生まれた。

しかし、私はPPM表を見たのはこのときが初めてで、正直なところ、「天下のGEともあろう会社がなんと単純な方法で戦略を決めるのか」と驚き呆れたものである。しかしよく考えてみると、初対面のアメリカ事情に疎い私にでもよく分かる話であったことも確かだ。

もう少し補足すると、図の縦軸の伸び率というのはアメリカ全体の伸び率、つまり事業としての客観的な魅力度であり、横軸の占有率はその事業におけるGEの強さを示している。いくら魅力的な事業でもＧＥとして勝つ見込みがなければ諦めた方が良いであろうし、ＧＥが圧倒的に強くても先細りの事業であれば、今はよくても将来のお荷物になることもあろう。

Ｅ—Ｅ線はこれより上であればＧＥとして魅力を感じるという限界線であり、Ｓ—Ｓ線はここより右にあれば我が社は強力であるというラインである。このラインをどこに引くかはその企業の判断による。

❶ＰＰＭの活用法

次にＰＰＭの一般的な活用の仕方について述べよう。まず、そのためにＰＰＭのＥＳ線によって形成された各ゾーンの名称と性質をまとめたものが、次ページの図－6と三八八ページの表－1である。

表に記載した性質・役割・方針の強弱の度合いは、図の上下左右の境界線に近づくほど大きくなる。

もちろん、ここにあげたものは、一般的に言ってこうなるということであり、判断や対処の仕方は人によって、場合によって違うことは言うまでもない。たとえば、

図－6 各ゾーンの名称

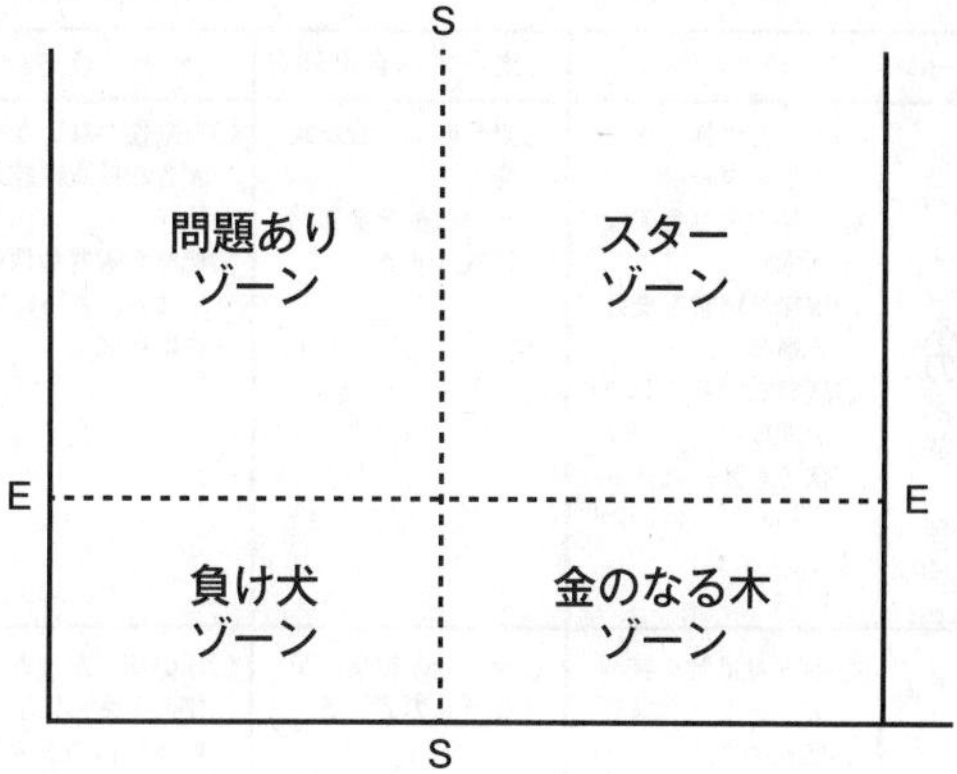

負け犬ゾーンにある事業でも、現在のやり方が悪いからそうなっているので、担当者をかえれば、金のなる木ゾーンに入るという判断もあろう。

また金のなる木ゾーンに入るが、あまりにも過当競争が激しく収益が出せないということもある。その実態と判断によって取るべき対策は変わってこよう。

次にPPMの活用であるが、前記GE社はこれによって起死回生の大成果をあげている。

GE社はご承知のように世界一の電機メーカーであるだけでなく、原子力部門・化学工業部門・ジェットエンジ

表－1　各ゾーンの性質・役割・方針

ゾーン	性　質	果たすべき役割	とるべき方針
金のなる木の事業・商品	○我が社は強く業界のリーダー ○収益力大（金のなる木） ○現在、経営を支える事業 ○残念ながらこれ以上伸びない。いつまでも我が社を支えるわけにはいかない	○当分の間、我が社を支える ○その収益を他部門に投入する	○将来性がないから大きな投資は控える ○無駄を省き合理化に徹し、さらに収益増を図る
スター	○我が社は強く業界のリーダー ○収益力も大 ○将来ますます拡大し大きな利益が期待できる （スターである）	○我が社の将来を荷なうものである	○思い切った投資を続け、さらに強い位置を占めるよう推進する ○大スターになるよう全力をそそぐ
問題あり	○将来性ある事業ではあるが、我が社は今のところ強くない ○利益は今のところ低い	○今のところ積極的な役割を果たしていない ○将来スターに育つか負け犬になるか分からない （問題ありである）	○よく諸般の状況・条件を検討して撤退するか、スターに育成するか、早急に慎重に方針を決めよう
負け犬	○我が社は弱い ○事業として将来性もなく魅力に乏しい ○欠損である ○どうにもならない （負け犬だ）	○何の役割も果たしていない ○将来の見込みもない	○早く撤退すべし

ン部門などでも世界的な有力企業である。その事業分野の広さにおいてもまた世界有数と言える。

ところがPPM方式を導入する以前は、その巨大企業が実は利益なき繁栄と言われ、売上は巨大だったが利益率はきわめて低くゼロに近い状態だった。

長年続いたGE病とでも言うべきこの状態からの脱出戦略こそ、私の驚いた単純なPPMによって定められたのである。たくさんの事業単位に前述の二つの評点を与え、PPM図表にプロットし、後は強力に忠実に表Ⅰ-1のとるべき方針を遂行した。その結果は効果てきめんで販売をたいして伸ばすことなく、短期間に利益率一〇%を超える優良企業に脱皮変身したのである。

この成功は、当時のトップの不動・不退転の信念と蛮勇に近い勇気、そして凄じいばかりの実行力によるものである。負け犬事業から撤退、あるいは売却し、問題あり事業を撤退と育成に分け、そこと金のなる木分野から生じた経営資源と資金を果敢にスターとスター候補に注ぎ込んだ戦略的処置の結果である。

この壮大な実験とその成果によって、PPMとその考案者マッキンゼー教授とマッキンゼーコンサルタント会社（*マッキンゼー・アンド・カンパニー）の名声は、一時神話として信仰された。一九七〇年代の後半、『フォーチュン』誌選出の五〇〇社の半数、さらにその上位一〇〇社にあっては八〇社がＰＰＭを活用していたとのことである。

❷ＰＰＭ――私の活用

私の主張は「経営は分かりやすいものでなければ駄目」ということである。分かりにくい理屈をこねまわす経営は経営者の独善にすぎない。そういう意味ではＰＰＭ方式は大変優れた経営手法だと思う。

私はＰＰＭを次のように企業の将来性の診断に活用した。

まず、私の担当していた会社の八つの事業部ごとに、その担当商品をすべてＰＰＭ表にプロットしてみた。

スターと金のなる木のゾーンに多くプロットされておればまず大丈夫。しかし問題も適当に抱えていることも必要である。金のなる木ゾーンにばかりあれば、現在はよいが将来の成長が心配だ。それへの対処を求める。問題ばかり抱えている事業部は少々強権を発動しても、しっかりした現実路線をとるよう指導する――などで

図-7 売上の大きさを示す

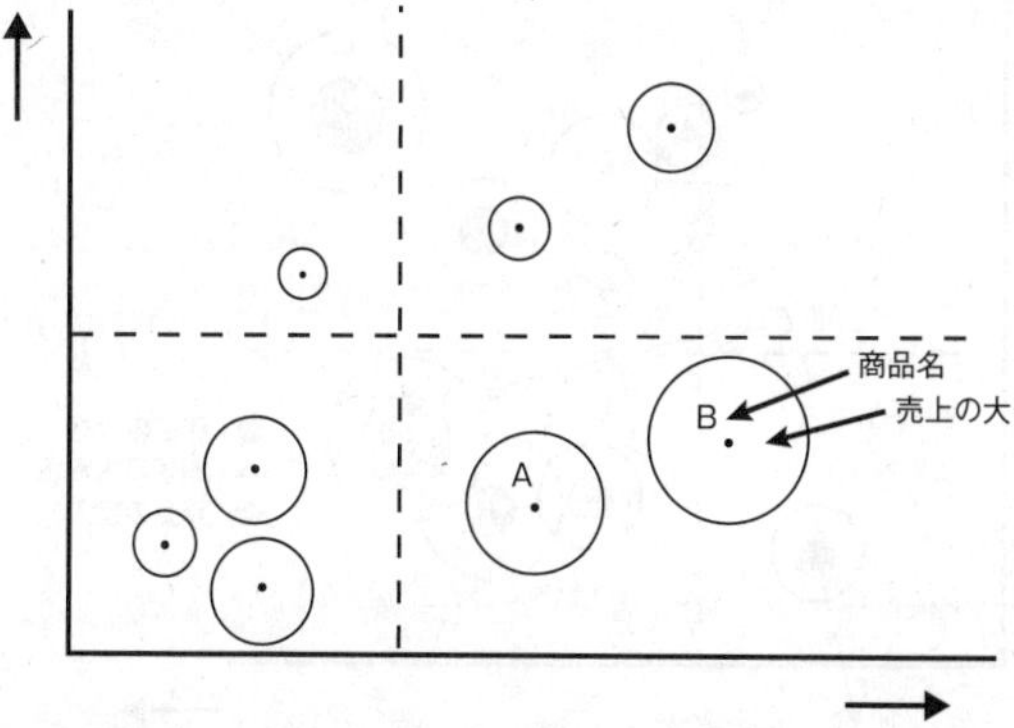

図-8 今後の計画を追加

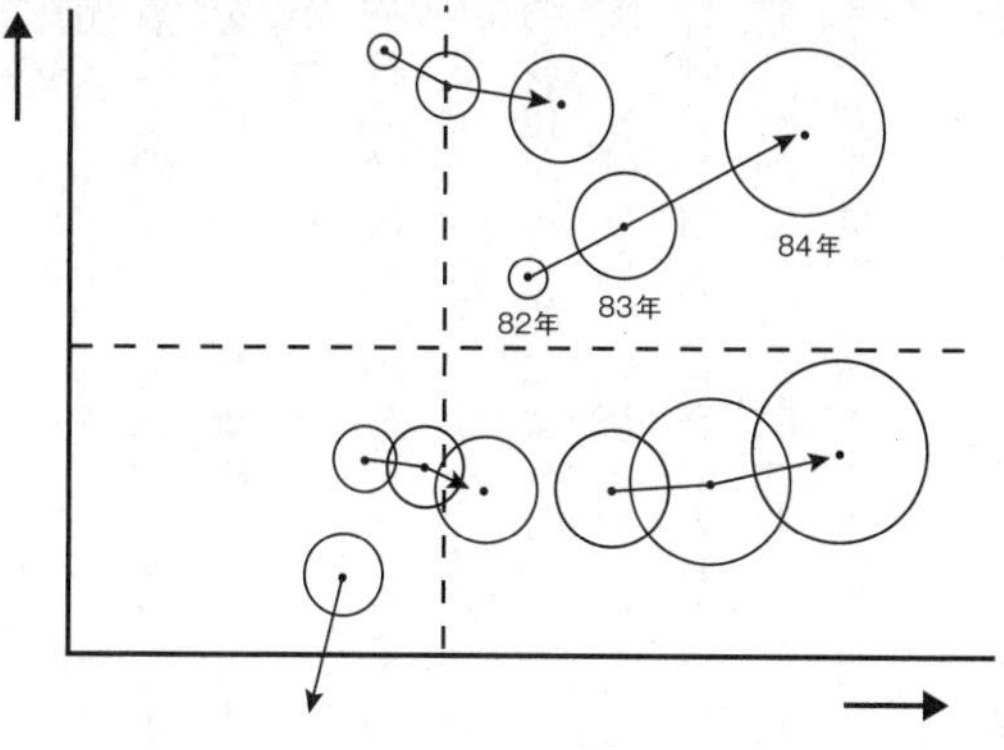

図－9　収益を追加

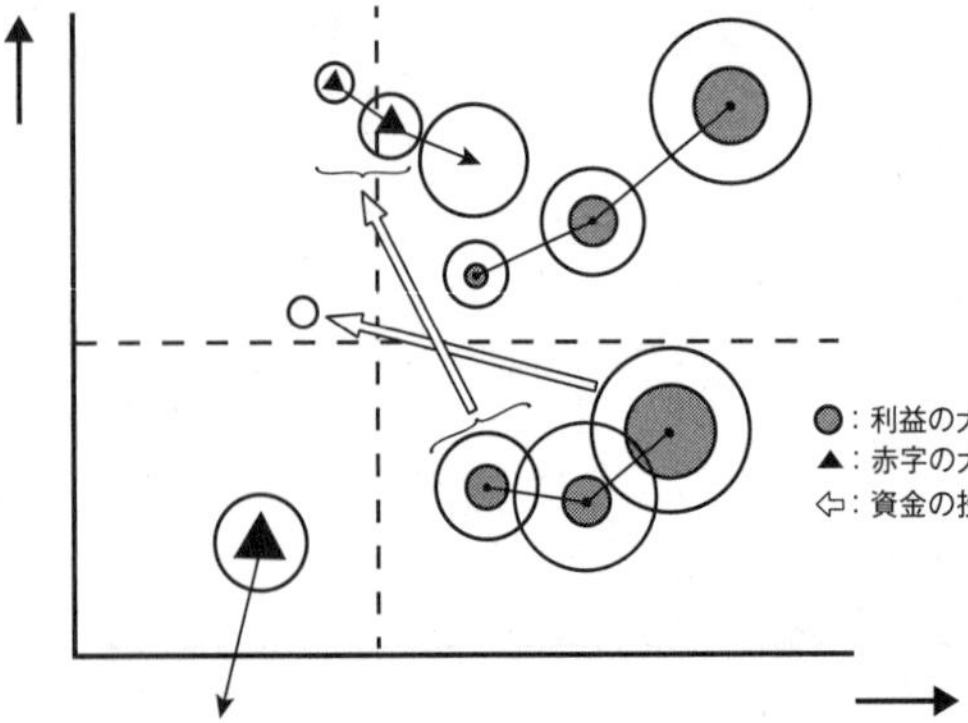

ある。

前ページの図－7のごとく、プロット点にその商品の売上の大きさを示す円をつけ加えると状況はいっそうよく分かる。

それに今後の計画を追加したものが図－8で三年計画による企業の戦略体質の変化が視覚的によく分かる。

図－9はさらに収益をつけ加えた三年計画PPM表で資金の流れを含めた戦略計画図で、各部門（商品）の果たすべき役割を理解する上で大いに役立った。

また、事業や商品の代わりに営業地域（県や輸出相手国）をプロットし販売の戦略検討に役立てたこともある。

❸ＰＰＭ活用上の注意事項とその限界

ＰＰＭはでき上がった図表はきわめて単純明快な簡単なものであるが、その作成までには相当な努力と準備を要する。その主な点は、

●事業なり商品を共通した判定を下せるようなグループに整理し一つの単位にすること。さまざまな商品で構成される事業部や子会社を一単位としても意味がない。もしある商品を三つの部門がそれぞれ生産していれば、それをまとめて一つの単位としなければ適切な判断を下すことはできない

●自社の強さを決めるメジャーを適切に選ぶことが大切である。メーカーの場合は市場占有率はよいメジャーではあるがその他にも多くのメジャーがあるから、それらを適当な重みづけで評点し、総合した強さのメジャーを決めるなども一つの方法である

●戦略手法としては本来、複数の既存の事業（商品）群への対処から出発したもの

で全く新しい事業や商品の開拓をどう取り込むかについては一工夫を要する

●四つのゾーンの性格・対策の公式的判定（表－1）を機械的に採用してはならない。問題事業をどう扱うか、負け犬再起の可能性などは、特にいろいろな見解があり得る。それについての戦略は管理的・機械的にならぬよう心がけねばならないと思う

●貿易摩擦・高関税・為替レートなどの影響が大きいときはＰＰＭ判定に大きな矛盾が生じる。ＰＰＭはそれらの影響を除外した一つのモデルとして考える必要がある

❺成功のポイント

たびたび同じことを言うが、経営においても「戦略的失敗は戦術力では補えない」は鉄則である。激動の世に生きる経営者はなんとしても戦略を誤ってはならない。ではどうすれば成功できるか。そこが知りたいところであるが、これは誰しも言い得ないところであろう。ちなみに大戦略に成功した名経営者の行動を一言で評せば「きわめて慎重にして周到、そして驚くべき大胆」ということになろうかと思う。こ

の三条件を考えてみると我々凡人にとっても慎重は難しいことではなく、むしろ慎重すぎてチャンスを逃がすことの方が多いくらいであり、周到も努力によって達成できよう。問題は大胆である。凡人はともすれば優柔不断か無謀のいずれかの領域に陥り、真の大胆にはなかなか到達し得ない。大胆というものは勉強や努力、修養によっては獲得し難いものであるからであろう。

ところが、見えない未来を定める戦略決断の最後の決め手となるものは大胆さである。我々凡人がそれを行なうためには、この欠落した大胆さを補う方法を考えねばならない。このように考えて戦略的長期計画成功のポイントとして非凡ならざる私の体験から、まず人間的に次のような心になることだと思う。

- 常に素直なとらわれない心を持つこと
- 広く衆知を集める広い心を持つこと
- 幅広い勉強を通じて高度の健全な常識と教養を涵養すること
- 戦訓（先人の成功・失敗の根源にあるもの）を学ぶこと
- 策略・策謀・術策に類することは考えないこと

この心をもって、非凡の人の決断にできるだけ近づくことである。なお過度に小心な人、常に物事を悲観的にみる人は残念ながら戦略決定者には向かない。

次にテクニックの面では次のことが有効である。

●計画担当部署を設け、合目的な情報を常に収集・整理・分析するシステムを維持する

こうすることによって、計画の出発点における誤りを少なくし、軌道修正の精度を上げる。

●毎年新たな情報やデータにより計画を見直す。また少なくとも三年に一度、中期計画の終了時点で、その実績を踏まえ再検討し、三年延長した新計画に更新する

これにより早めに計画の軌道修正をする。戦略的失敗の多くは、長期にわたり間違った方向に進み、気がついたときには取り返しのつかないところにまできていたということであるからだ。「一度決めた計画は何がなんでも実行する」という硬直した態度、考え方は戦略成功の敵である。

●戦略の実践部隊である事業部や子会社の幹部にも、その部門の戦略だけではなく全社の戦略にも参画させる。そうすることによって各々が全体における自分の使命を認識し戦略眼、戦略的発想を身につけることができよう。この場合、ライフサイクル曲線やPPM図表の活用は有効である

これによって実施段階でのチームワークを維持し、戦略と現場の戦術を結びつけることがねらいである。

5 中期計画――体質改善の戦略

経営以外においても中期計画という言葉がよく使われる。中期防衛力整備計画などもその例だが、一般に三～五年の期間の計画を中期計画と称するように思われる。本書では単に期間の年数によるのではなく、その使命、性格によって規定し論を進めたい。

❶使命と性格とスパン

企業が五年以上の先を目指す長期計画をたてるとすればその間にわたる詳細なプランをたてることは難しいし、またやっても無駄になる部分が多いであろう。五年もの先の状況は相当大きく変化するから当然である。長期計画達成の第一段階として三年くらい先の到達点を定め、その間は詳細なプランで埋めるというのが誰でも考える妥当な方法であろう。これが中期計画である。中期計画は独立の別な計画ではなく、長期計画を達成するためには、第一ステップとして、なんとしてもここまでは達成しておかねばならないというものである。

このような位置づけでは、中期計画は特別な性格を考えることはなさそうであるが、もし長期計画が現行路線の延長線上にないものを目指したものであれば俄然その重みを増してくる。

長期計画が前記のようなものであれば、それを達成するためには、現在企業に欠けているもの、不足しているものを取得し、あるいは現在の企業体質の大幅に改善・変更しなければならぬ部分が発見されるに違いない。そして、これらのことは課題と目標値にもよるがおそらく一年間の年次計画期間に達成できるものは少なく、二～三年計画でじっくり取り組んではじめて成果が上がるものが大部分であろう。そうなると中期計画の重要性と性格が大きく浮かび上がってくる。すなわち中期計画の一番大切な中味は体質改善計画であり、それは重要な戦略の構成部分である。そして具体的であるから、年次計画における戦術力発揮のための作戦計画の役割を果たすもので、長期計画に含まれた戦略構想と年次計画で発揮さるべき戦術を結びつける接点である。そのスパンは大体三年くらいが適切であろう。

長期計画が戦略的な内容を含んでおらず、現在路線の延長上にある場合でも、環境の変化やライバルとの競争を考えると、経営体質の改善は必須条件である。この場合は長期計画などよりも、むしろ独自の体質改善計画としての中期計画こそ最重要な計画として設定すべきである。

いずれにせよ、私は中期計画の本領は企業体質改善計画であると主張したい。長期計画は早い時期に誤りに気がつけば引き返すこともできるし、定期的にチェックし修正することもできるが中期計画の三年間はすぐに過ぎてしまう。無為に過ごすとそれだけライバルと目に見えぬ格差がつく。そういう意味でも三つの事業計画の中で多くの企業にあってはこれが一番大事なものとして考えねばならないであろう。

❷内容

❶売上・利益・資金の目標

これは事業計画であるから当然のことである。

❷重要実施項目

長期計画に示された重要実施項目の最初の三年間の詳細スケジュールである。たとえば新規事業の工場第一棟建設と第二棟の整地完了をいつ着手し、いつ完了するかといったことである。

❸体質改善計画

中期計画の存在意義となるものである。我々はよく体質改善という言葉を使うが、それを具体的な計画として示すには少なくとも次の項目を明確にすることが必要である。

- 体質改善のテーマと目標値
- それを達成する手段とスケジュール
- テーマと目標を実践する現場各部門ごとに分解したもの
- 各部門ごとの実践アイデアとスケジュール

まずテーマであるが、体質改善目標というと財務面の経営分析の項目があげられる場合が多い。たとえば、損益分岐点が現在の九五％であるとする。これでは常に現在の経営維持を心配しなければならず戦略どころではない。そこで体質改善テーマとして損益分岐点を八〇％に引き下げ、人員整理とか縮小などはやらず積極策をとることとすれば、たとえば次のような条件が必要であろう。

●売上を三〇％アップする
●競争力維持のため商品は改良し価格は据え置く
●固定費の増加は一〇％以内に抑え、固定比率を四三％から三八％に下げる
●変動費は現状を維持する
●人員増は三％内とし、製造・技術部門以外は減量する

この条件を現場各部門に分解割当てすると次のようなことになる。

●販売部門は現在人員で売上一三〇%を達成する
●製造部門は人員増五%以内で一三〇%の生産を達成する
●技術・製造・資材の各部門協力して材料費五%引き下げる
●製造・技術・品質管理の各部門協力して不良率を現在の四分の一以下に引き下げる
●各部門の減量目標
●各部門の経費目標

このへんまで明示すれば体質改善の方向性が浮かんでくる。後は各部門が与えられた目標を三年以内に達成すべく創意工夫し具体策を定める。

このように、財務指数で示された目標であっても、それを経営の実践者である現場各部門の活動項目として消化し具体的な計画に組むことによって、本当の体質改善計画となるのである。

体質改善テーマは何も財務分析の指数からのみ求めるのではなく、次項で述べるようにいろいろな面から求められることは言うまでもない。

❸策定のもとになるもの

中期計画は長期計画の最初の三年間に達成しておかねばならない条件であるから、その策定のもととなるものは言うまでもなく長期計画そのものである。しかし、長期計画は大綱・構想あるいは大項目を示すものであるから、中期計画を具体化するためには、現在の実態を示す各種経営分析結果や特にトップからの要望事項あるいは各現場の意向や意見などによって補足しないと有効なものにならない。

この場合、特に大切なことは、経営の現状から出発することである。特に中期計画の価値を決める体質改善計画を決めるためには経営体質の現状を知ることがその出発点である。経営体質を知る最もポピュラーな方法は経営分析である。経営分析というとすぐ財務的な経営分析を連想されがちであるが、「健全経営論」の章で述べたように広く経営のあらゆる機能の現状の分析や経営機能の総合バランスの分析などから問題点を把握することが必要である。そして結果を体質改善のテーマに取り上げるためには、それらの機能のレベルを定量的に把握することが必要である。どういう機能項目を取り上げ、どういうふうに分析し定量把握するかは各企業の創意工夫と知恵の見せどころである。
私は財務分析以外には、次のような項目の経営分析結果を体質改善計画に活用した。

- ●技術力
- ●商品開発力
- ●販売網の将来性
- ●アフターサービス性
- ●経営諸機能バランス
- ●従業員の志気・協力性
- ●資金活用能力

今まで述べたことを図にしたものが図－10（四〇六ページ）である。

経営の問題点はできるだけ現実のデータを整理し客観性のある手法で分析し把握することが望ましいが、なおそれだけでは包みきれない多くのものがあるものであ

図－10　体質改善テーマ

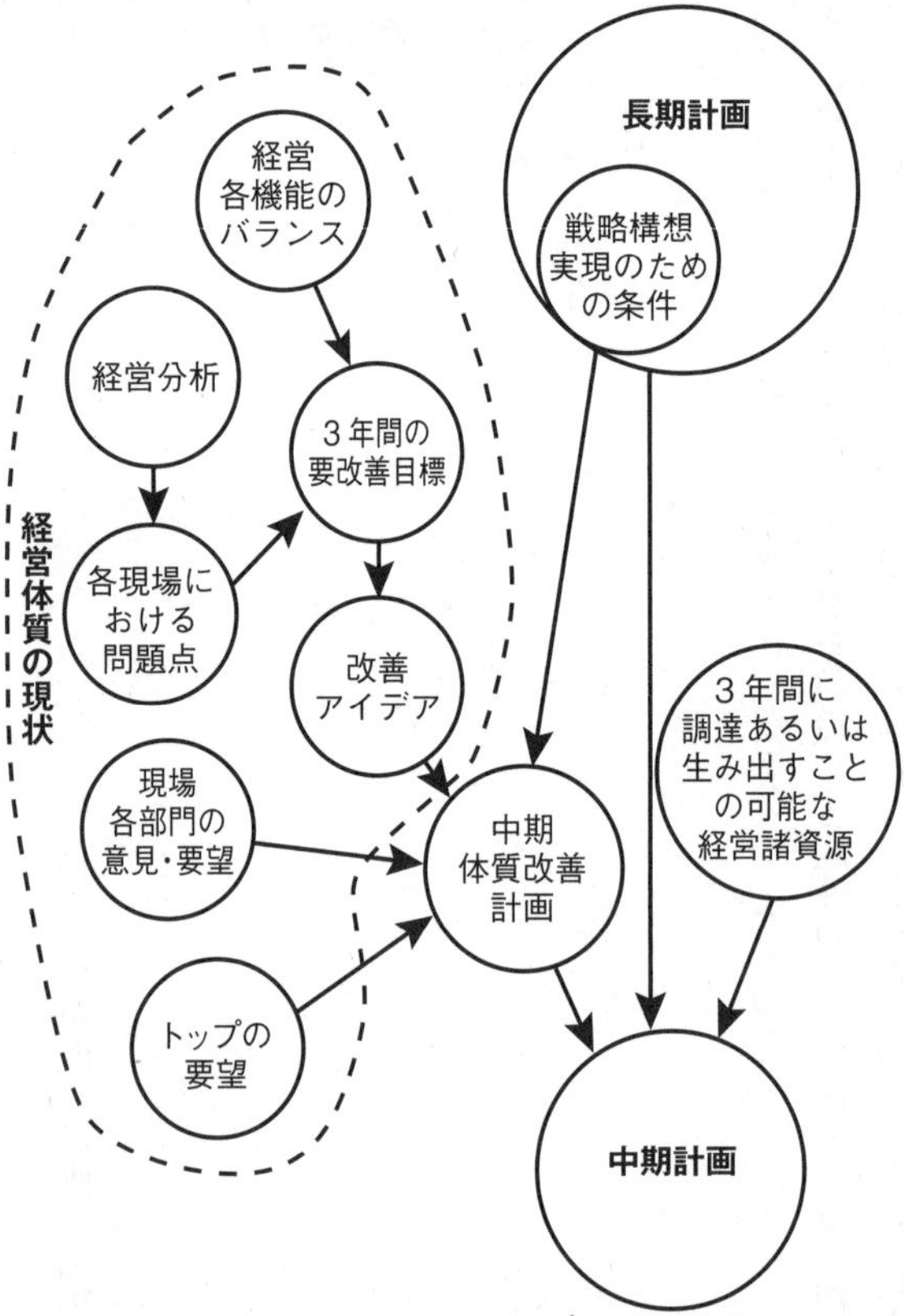
長期計画
戦略構想実現のための条件
経営各機能のバランス
経営分析
3年間の要改善目標
各現場における問題点
改善アイデア
経営体質の現状
現場各部門の意見・要望
中期体質改善計画
3年間に調達あるいは生み出すことの可能な経営諸資源
トップの要望
中期計画

る。しかし、それは現場で日々経営活動に取り組んでいる人達や経営を高所から大局的にみることのできるトップ層の目には何らかの形で必ずとらえられているはずである。それを、現場各部門の意見・要望とトップの要望とした。たとえば他部門に対する要望とか、従業員の志気・協力性だとか人材の育成・発掘などはこの分野に入る問題であろう。もちろんそれらもできるだけ定量化できるよう工夫すべきである。

❹手法

中期計画や体質改善計画をたてる特別な手法があるわけではないが、私がよく用いた簡単なやり方を紹介しよう。

長期計画や基本戦略構想を決めるには成熟度曲線だとかPPMのように企業の進むべき方向を示唆するような方法が有効であるが、中期計画や体質改善計画は一つの目標を達成しその中から具体的なものを獲得しようというのであるから、成果の上がる実践要因だとか、克服すべき障害要因などを探り出す方法が効力を発揮すると思う。また、それと同時に、先にも強調したように多くの人の意見や知恵を集めることが大切である。このような見地から考えたものが要因分析・部門別目標設定・スケジュール化の三点セット方式である。

損益分岐点の引き下げと、新製品比率向上という二つのテーマを事例にこの方式を説明しよう。

❶要因分析

まずはじめにテーマの損益分岐点を利益図表（図－11）の上で見ると、損益分岐点・損益分岐点操業度を引き下げるには四つの要因があることがわかる。それは固定費・変動費・価格・売上金額で、それぞれ矢印の方向に引き下げあるいは引き上げをすればよい。

この四要因を大枝とし、この要因を矢印の方向に増減させる要因を小枝として書き加えると要因分析図ができ上がる。別名「魚の骨」である（図－12、図－13）。大骨・小骨がたくさんあればあるほど情報量の豊富な優れた魚の骨である。この骨を豊富にするにはどうすればよいか。できるだけたくさんの人の参加を求め、かつ自由な発言を促す——衆知を集めることである。

図－11 利益図表

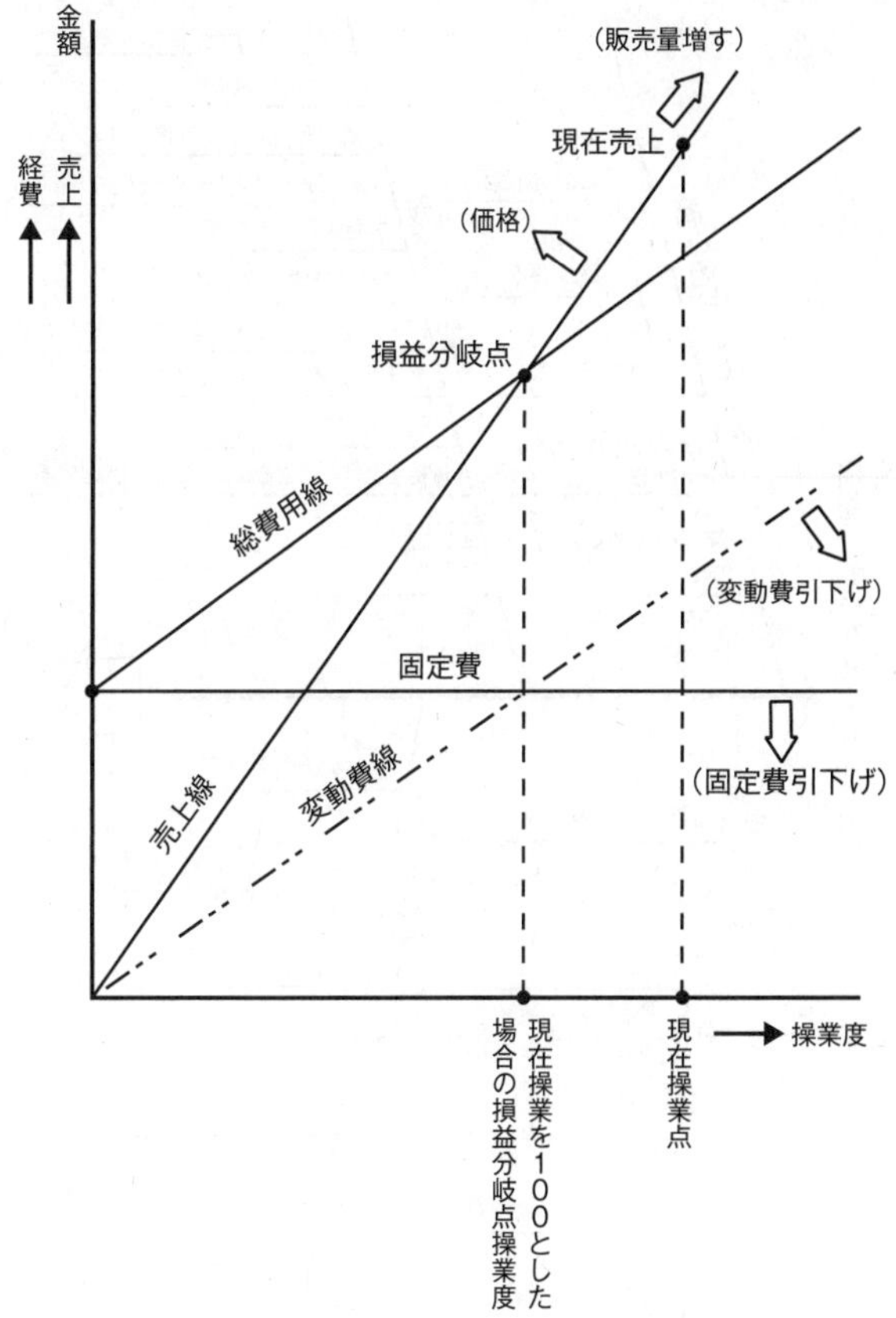
金額
売上
経費
(販売量増す)
現在売上
(価格)
損益分岐点
総費用線
(変動費引下げ)
固定費
(固定費引下げ)
売上線
変動費線
現在操業を100とした場合の損益分岐点操業度
現在操業点
操業度

図－12　要因分析図（1）

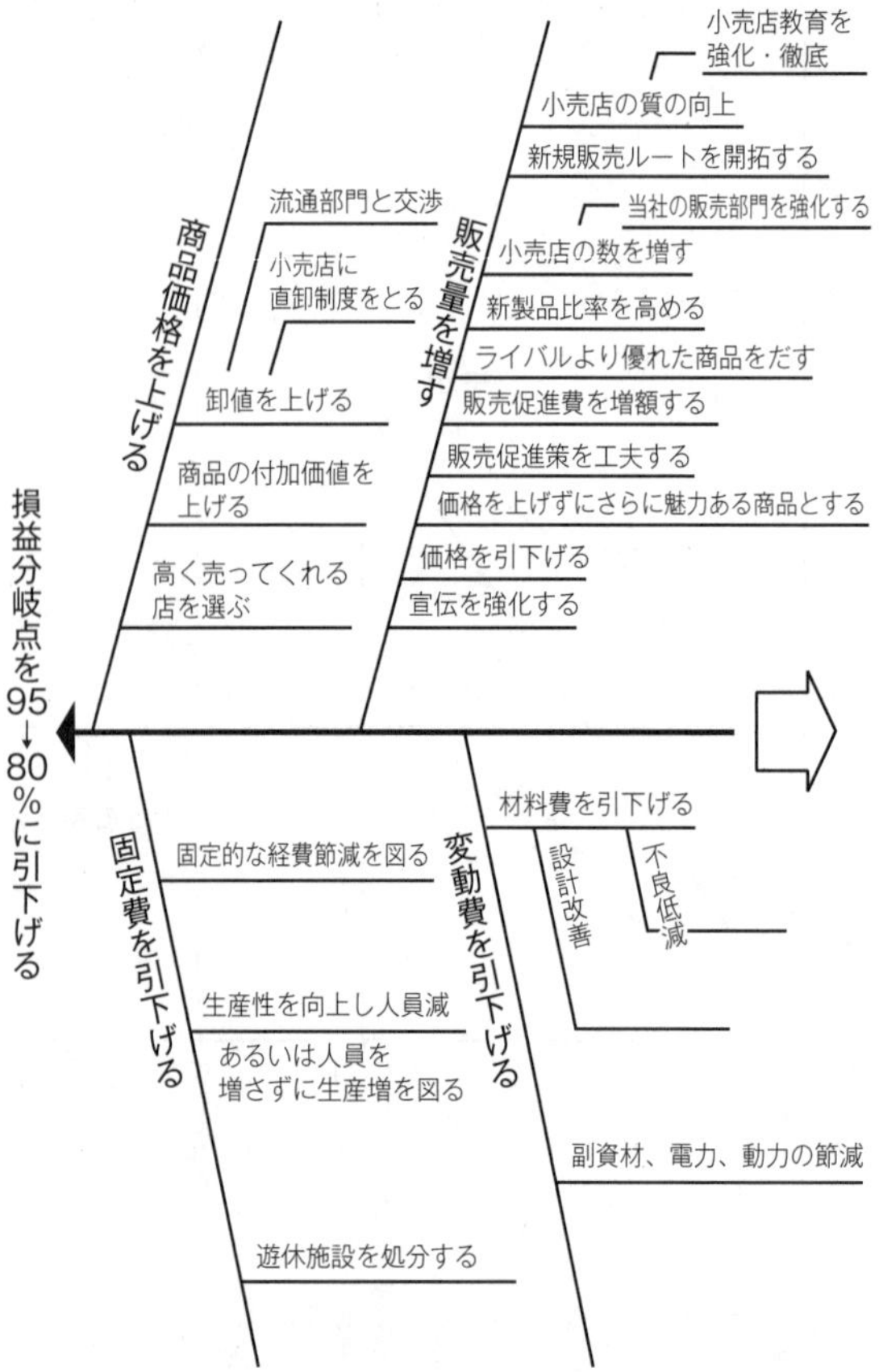
損益分岐点を95→80％に引下げる
商品価格を上げる
流通部門と交渉
小売店に直卸制度をとる
卸値を上げる
商品の付加価値を上げる
高く売ってくれる店を選ぶ
販売量を増す
小売店教育を強化・徹底
小売店の質の向上
新規販売ルートを開拓する
当社の販売部門を強化する
小売店の数を増す
新製品比率を高める
ライバルより優れた商品をだす
販売促進費を増額する
販売促進策を工夫する
価格を上げずにさらに魅力ある商品とする
価格を引下げる
宣伝を強化する
固定費を引下げる
固定的な経費節減を図る
生産性を向上し人員減
あるいは人員を増さずに生産増を図る
遊休施設を処分する
変動費を引下げる
材料費を引下げる
設計改善
不良低減
副資材、電力、動力の節減

図-13 要因分析図（2）

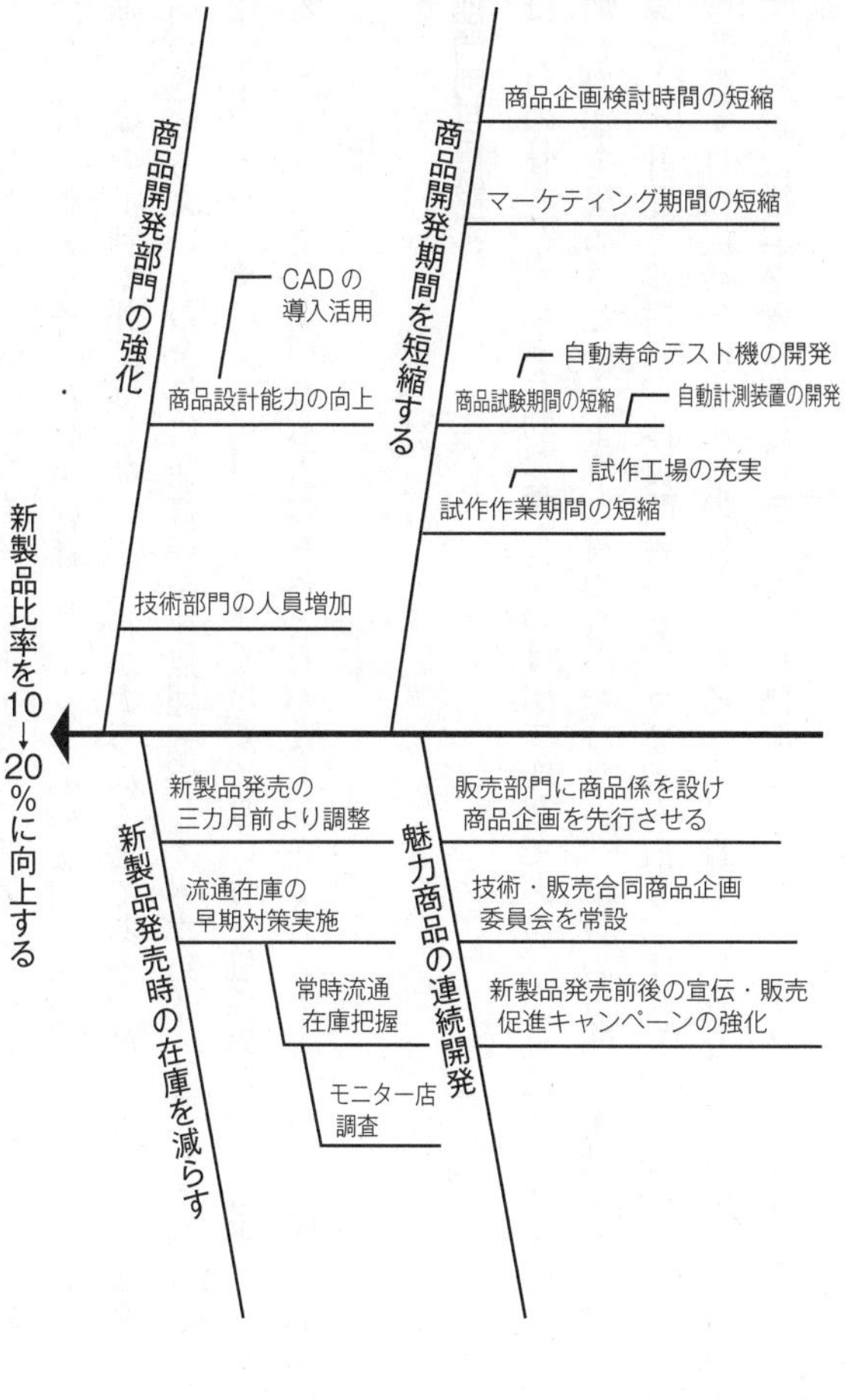
新製品比率を10→20%に向上する
商品開発部門の強化
CADの導入活用
商品設計能力の向上
技術部門の人員増加
商品開発期間を短縮する
商品企画検討時間の短縮
マーケティング期間の短縮
自動寿命テスト機の開発
商品試験期間の短縮
自動計測装置の開発
試作工場の充実
試作作業期間の短縮
新製品発売時の在庫を減らす
新製品発売の三カ月前より調整
流通在庫の早期対策実施
常時流通在庫把握
モニター店調査
魅力商品の連続開発
販売部門に商品係を設け商品企画を先行させる
技術・販売合同商品企画委員会を常設
新製品発売前後の宣伝・販売促進キャンペーンの強化

だから魚の骨を作る会合は何回もメンバーを変えて開催し、参会者のすべての発言を取り上げ大骨・小骨・孫骨・曽孫骨……とその位置づけを明確にし書きこむ。この際、一切の批判や評価はしない。これが大事なことである。参会者には、どんな思いつきでもよいから全員に発言提案を無理強いしてでも求める。こんなやり方だからでき上がった「魚の骨」には当然あまり重要でない骨や価値のない骨も混じっている。だからこそ、重要なものの見落としがなく、多くの人の参画意識が生まれる——これが狙いである。

❷部門別目標設定

次は「魚の骨」の中から有効な骨を見つけ出す作業である。これはたくさんの人が参加し衆知を集めるというような質《たち》のものではない。少数の専門家が効果と実行の難易をよく計算・検討し、体質改善のテーマ要因を取り出す。それらの要因をどの程度改善すれば損益分岐点がどの程度下がるかを計算し、足りなければ他の要因を探すなど試行錯誤を繰り返し、テーマと目標値を定める。この際はパレート分析が有効である。

テーマと目標値を定めても、それだけでは実効ある計画はできない。そのテーマと目標値を経営の実施部隊である各部門ごとのテーマに翻訳し、それぞれの目標値に直さなければならない。たとえば変動費や固定費を引き下げるといっても、それらは各部門ごとに内容も大きさも引き下げの可能度も、みな違うわけであるからだ。だから部門の目標の設定は、それぞれの部門の長とよく相談して決める。

先に述べた「体質改善計画」の内容（四〇一〜四〇三ページ参照）はそのようにして決められたものの一例である。

❸スケジュール化

部門ごとの目標が決まれば、それをどのような手段で実現するかを衆知を集めて検討し決める。この検討には部門の全員が参加することが望ましい。またここでも要因分析法を活用し、ブレーンストーミング方式でやれば効果的である。実現の方法が合意され決まればそれをスケジュール化し、体質改善計画が現場の手によって完成する。

このようにしてでき上がった計画であれば、現場の人達によって熱意と意欲とさらに新たな創意工夫が加えられて実践されるであろう。

❺成功のポイント

長期計画も、それに含まれる戦略構想も、それ自体としては絵に描いた餅であり、必ずしもそのままの形で実現するものとは限らないが、中期計画に含まれる体質改善計画は同じく戦略ではあっても、絵に描いた餅である前者をなんとかして現実のものにしようという作戦計画的な性格を持つものである。そしてまた、この作戦計画は戦闘計画である年次計画を規制するものでもある。つまり中期計画は事業計画の中核となるもので、なんとしても成功裏に達成するという決意を込めて作成しなければならないものであるから、その成功のポイントとして次のことをあげたい。

①長期計画の目指すところ、特にその戦略構想の部門をよく理解した上で策定すること
②適切な経営分析に基づいた合目的な体質改善テーマが盛り込まれていること
③その体質改善計画は現場各部門の計画になっていること

④作成に当たっては現場の衆知を集めたものであること

⑤年次計画終了時点で第一年度としての未達成事項があれば、それを翌年度年次計画(中期計画二年目)で挽回するよう計画するか、もしそれが不可能な場合は中期計画を見直し更新する。このようにして、常に戦略と現場が遊離しないよう維持することが必要である

重ねて強調するが、中期計画は望ましい目標を掲げたようなものでもなければ、大した努力も要せず達成できるものでもなく、具体的でしかも未来を決める戦略要素が多く含まれたものでなければならない。こういうものは、企画室やシンクタンクから生まれてくるものではなく、経営の現場が主役とならなければならない。また、そうして生まれたものであってこそ、計画に対する責任感、達成への意欲が全社に湧き上がってくるものである。

6 年次計画――現在を生き抜く戦術計画

❶使命と性格とスパン

一年間の事業計画である。半年単位としている企業もある。さらに一二等分した一カ月単位の計画も含めて年次計画として論じよう。

年次計画は企業が現実に生きる計画である。長・中期計画はそれ自体では絵に描いた餅であるが、年次計画は本当の餅をつくり、それを食べる計画である。またこの両者が制度として違うところは、前者には決算というものがなく、その成否の度合いを具体的に問われることがないが、年次計画は必ず決算で締め括られる。つまり損益計算書（P／L）、貸借対照表（B／S）にまとめられ企業と経営者は世間の評価を受ける。また給与やボーナス、配当や税金もその達成度により決まる。だから年次計画は、その時点の企業の能力を最大に発揮し、最大の売上、最小の出費、最高の利益を狙った計画でなければならぬことは前にも述べたところである。ところが一方では中期計画の一年目であり、長期計画の出発点でもある。したがって目先の利益の一部を犠牲にして戦略に従った計画でなければならない。このかね合いは経営者の判断によるところである。よくアメリカの経営者が批判される点である（彼らは目先の利益を追うことに汲々として、長期的な対処を怠る通弊ありと評せられている）。

年次計画を戦略、戦術の面からみれば、戦略に規制されてはいるが短期決戦の戦闘計画で、戦術力を最有効に盛り込むべき計画と言えよう。そしてその戦術を日々新たに改善革新しつつ、一年ごとにその成果を確保・確認しつつ、最後に戦略目標に成功裏に到達するのが経営である。成功裏と言ったのは、戦略目標に到達しても、その時点での年次計画の結果が悪ければすべて無となるから、年次計画の成功裏にという意味である。

❷内容

企業の全組織、全構成員は毎日・毎時、年次計画を達成すべく活動しているのであるから、計画もそれにふさわしいものでなければならない。もし計画の内容が単に販売高・生産量・経費予算・利益などの表示しかないものであれば、それは単にトップの目安的な役割しか果たせないものであり、多くの人々は自己の果たすべき役割を推測想像して行動せざるを得ないこととなろう。

そうではなく、年次計画は多くの人達がそれぞれの目標点に到達するための有効な地図でなければならない。それは途中の目印になるものや、そこまでの時間、周囲の地形や障害物などできるだけ詳しく記載されたものほど役に立つ。人々はその地図を見ながらさらに歩度を速め、よりよいルートや近道を探し、少しでも早く目標点に達すべく努力工夫する。また全員が同じルートを辿るのではなく、多くのパーティーに分かれてそれぞれの目標に同時に到達しようというのが今日の経営である。年次計画は企業の各部門ごとに、その部門に適したものを作成しなければならない。そういうものがあってはじめて現場の人達の合目的な新しいアイデアや創意工夫を引き出すことができよう。部門経営体制を主張するゆえんである。

❸策定のもとになるもの

年次計画は中期計画の一年目であると同時に激動・激戦の戦場を駆け抜けつつ、

何を獲得するかという計画である。戦場には手強い競争相手がいる、突発事も起こる。そういうものを十分に予測に入れたものであることが必要である。単に中期計画の一年目を詳細にスケジュール化するというだけのものでは駄目だ。たとえば、ライバルの安値攻勢が予想されれば、それに対処する値引き引当金やキャンペーン計画、新製品による対抗策なども組み込んでおかねばならない。また円安・円高への対策、金融状況などの外的条件、生産の遅れやトラブル、販売不振など内部事情や予測される事態への対処も必要である。

年次計画は中期計画に定められた基本路線の上に立って、目に見える限りの戦場の状況変化を考えたものであることが必要である。

❹成功のポイント

以上述べたことから、計画成功には、計画そのものの妥当性もさることながら、計画実践の場における行動と対処の迅速性が大きなウエイトを占めることが分かるであろう。その成功のポイントは、

①現場で働く人々の日常活動に結びついた明確な目標が示されている計画であること
②各現場に状況の変化に迅速に対応できる積極性のある指揮者が配置されていること
③現場指揮者に大幅な権限が委譲されていること
④月次決算検討が早期に行なわれること

締め切り後少なくとも五日以内、できれば三日以内に月次決算検討を行ない、計画の遅れを素早く発見し、挽回のアクションをとることが必要である。いかに精度の高い完備した決算報告書も十日もたてば価値を失う。部門経営方式では、締め切り前に当たらずとも遠からぬ決算書を作り検討会が行なわれるということを経験した。

⑤計画必達の企業風土

私は三十五歳で松下電器に途中入社した。それまである自動車会社に勤務していたので、当時の松下には技術や製造の面では特に感心するということはなかった。しかし一つだけ本当に驚いたことは、技術部門の人も、人事の人も、製造ラインの女子作業員も全員が所属事業部の事業計画を知っており、今月は達成したとか、ちょっと遅れているとか、など話題にしていることだった。

これは創業以来、何十年間にわたり、期の初めには事業計画が知らされ、月次決算が必ず朝会で全員に伝えられてきた結果、事業計画というものは必ず達成しなければならぬものだという観念が生まれ、それが企業の風土となっていることを物語っている。松下電器の最大の強味の一つだと思う。

年次計画の使命を最も高いレベルで遂行し、経営の活力を最大に発揮するのは部門経営の実施にあると私は確信している。それについては前の章で詳述した。「事業計画論」の結論として、今一度、目を通していただくことをお願いしたい。

7 三位一体の事業計画

中期計画は長期計画のはじまりの三年間の部分を占めており、年次計画は中期計画の一年目を占めるものであるから、すべて一本の線上に存在するものであるが、それぞれ狙うところが異なるためか、それらを個別のものと錯覚する人がおり、また「事業計画」を論じたテキストなどにもそう思わせるような記述が見られる。もしそのようなことになると、戦略はその基盤を失い、戦術は方向を誤ることになろう。長・中・年次計画は三位一体の存在であってはじめて本当の存在価値がある。

三つの事業計画の三位一体性を明確にし、かつ計画に抜けがないかどうかをチェックするという機能を果たすものが四二四〜四二五ページに示すような事業計画表である。

この表は見て分かるように、長期計画の目標を最先端に置き、それを実現するまでに途中で達成しなければならぬ事項を、順を追ってその期間の長さを含めて記入したものである。表の初めの一年は、年次計画の中で達成すべき条件、三年目までが中期計画に含まれねばならない項目である。このような表にしてみると、長・中・年次計画の三位一体性がよく分かる。またこの表は前に掲げた中・長期目標達成のための要因分析図（魚の骨）でもあることに気づくであろう。前に述べたやり方で、関係スタッフや現場の責任者でブレーンストーミングにより検討作成すれば、抜けの少ない衆知を集めた、戦術と結びついた戦略となり、また、その戦略に適した戦術を生むという有効な相互効果を発揮する。

たとえば、年次計画の成績にはなんの貢献もしない新規事業の調査や研究部門への投資も、年内に是非とも達成しておかねばならない年次計画の重要項目として理解され促進される。またこの計画を財務面から検討した結果、一〇〇億円の必要投資額が見積られ、内五〇億円を四年で内部蓄積しようという下段の計画は、新たな体質改善中期計画のテーマとして確認される。これについても同じような魚の骨式の計画表を作成する。

この方式はきわめて簡単なものであるが、私の場合、大変有効に活用できたと思っている。

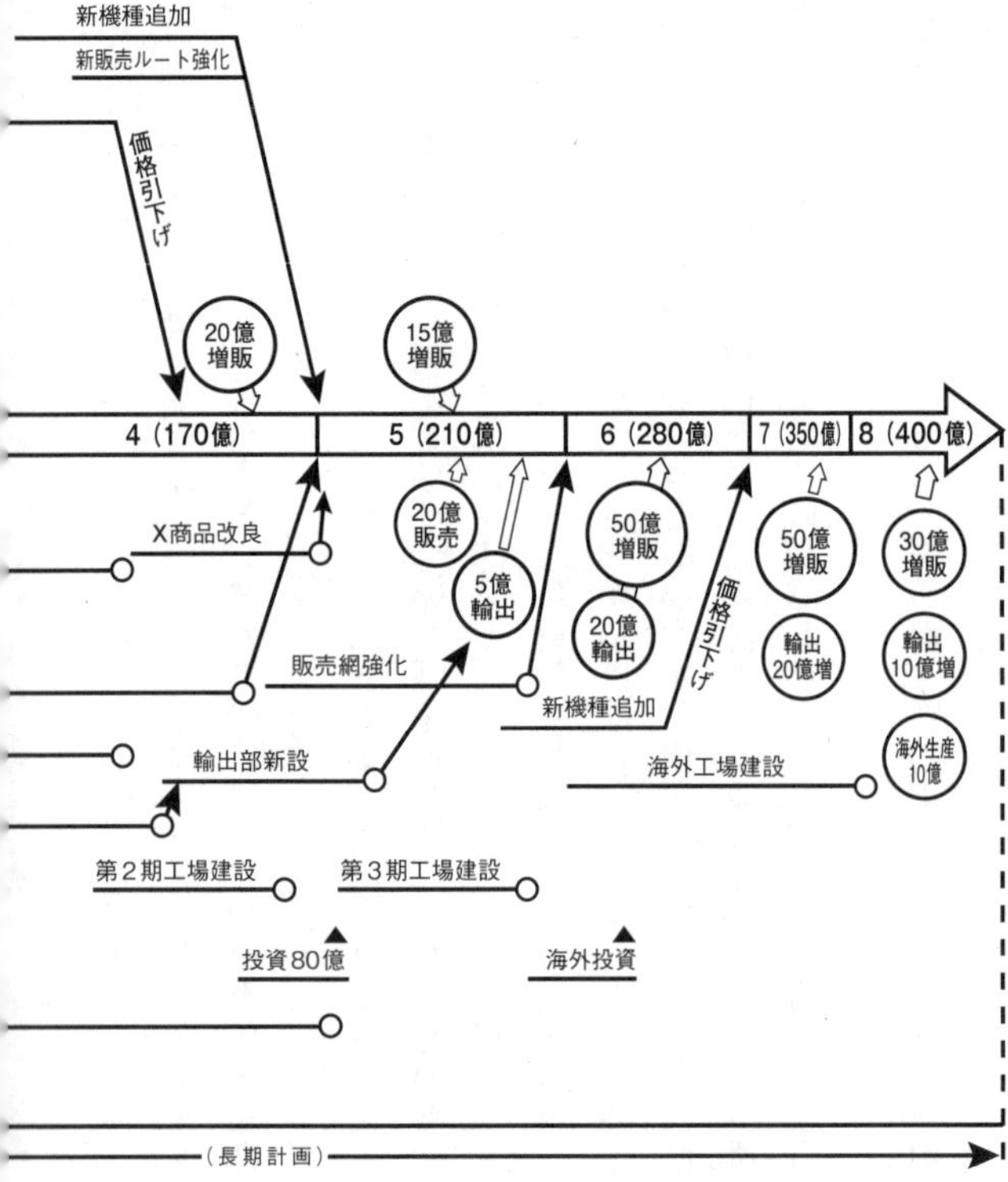

新機種追加
新販売ルート強化
価格引下げ
20億
増販
15億
増販
4（170億）
5（210億）
6（280億）
7（350億）
8（400億）
20億
販売
5億
輸出
50億
増販
20億
輸出
50億
増販
輸出
20億増
30億
増販
輸出
10億増
海外生産
10億
X商品改良
販売網強化
新機種追加
価格引下げ
輸出部新設
海外工場建設
第２期工場建設
第３期工場建設
投資80億
海外投資
（長期計画）

売上4倍増8年計画

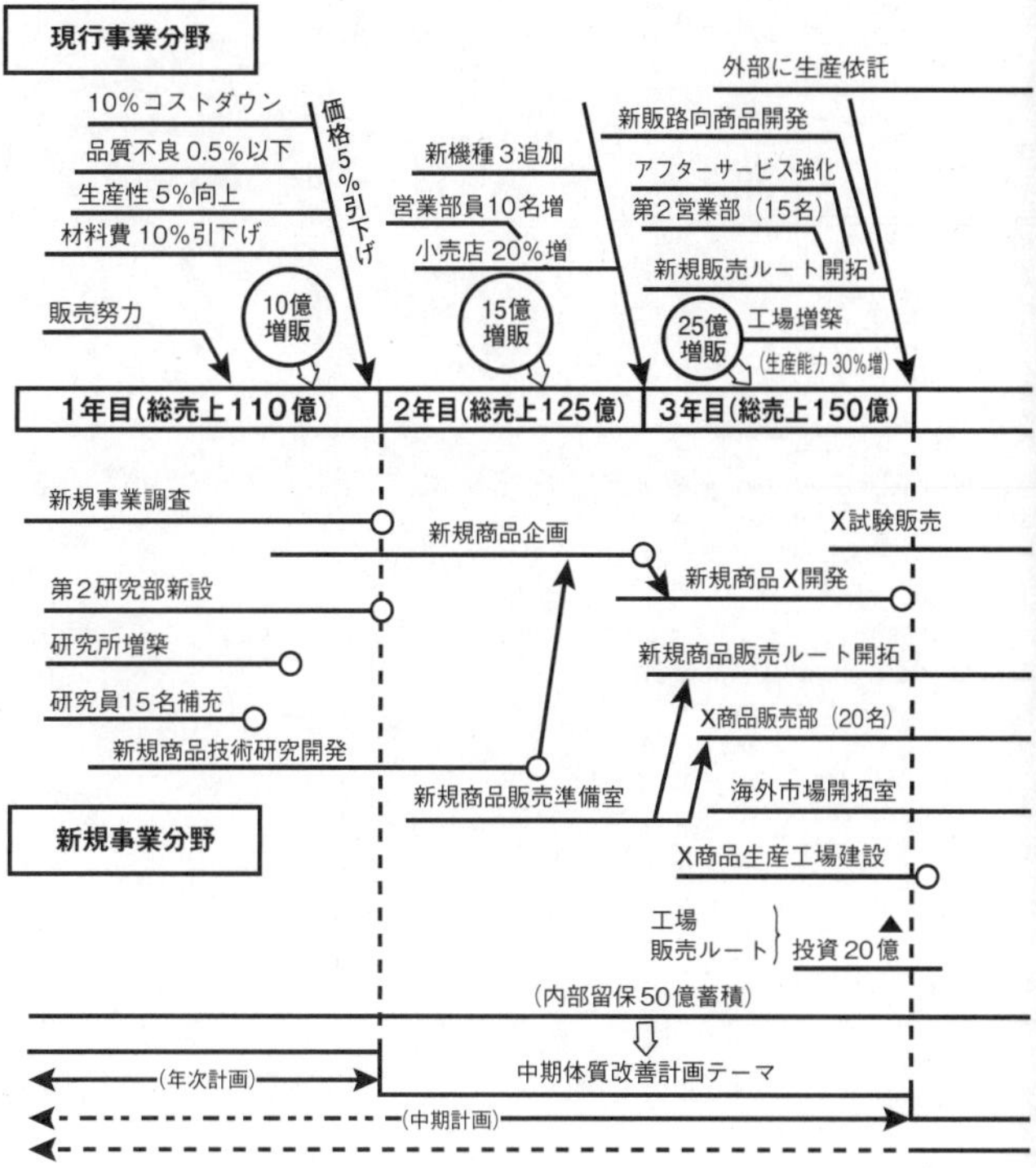

現行事業分野
外部に生産依託
10%コストダウン
価格5%引下げ
新販路向商品開発
品質不良 0.5%以下
新機種3追加
アフターサービス強化
生産性 5%向上
営業部員10名増
第2営業部(15名)
材料費 10%引下げ
小売店 20%増
新規販売ルート開拓
販売努力
10億増販
15億増販
25億増販
工場増築
(生産能力 30%増)
1年目(総売上110億)
2年目(総売上125億)
3年目(総売上150億)
新規事業調査
X試験販売
新規商品企画
第2研究部新設
新規商品X開発
研究所増築
新規商品販売ルート開拓
研究員15名補充
X商品販売部(20名)
新規商品技術研究開発
海外市場開拓室
新規商品販売準備室
新規事業分野
X商品生産工場建設
工場
販売ルート
投資 20億
(内部留保50億蓄積)
(年次計画)
中期体質改善計画テーマ
(中期計画)

〔終章〕松下幸之助の経営理念とその実践

1 松下幸之助の経営理念とその実践

経営の神様松下幸之助に関する本は数かぎりがなく出版されている。その著者は学者、評論家あるいは事業を通じての知人など、すべて著名の士である。松下電器の一社員であった私が松下幸之助を論じるのは僭越であるが、それを承知で一章設けたのにはいささかの理由がある。

それは平成三年・四年に頻発した経済界の不祥事である。今迄もこの種の事はなかったわけではないが、今回のそれはひどすぎた。しかも、その主役を演じたのが一流銀行やトップクラスの証券会社、それに連なる関係会社で、日本経済を動かす指導的立場にあるいわばエリート企業である。

それらの不祥事はいわゆるバブルが弾けたことにより明るみに出たものであるが、そもそもバブルの根源であった地価の異常高騰も元をただせば、彼らに責任なしとは言えない。そして、それらの一流企業の当の経営者は経済界の指導者として名声高い人達で、中にはその企業の中興の祖と崇められた人も少なくない。これは一体どうしたことか、どう解釈すべき現象であるのか。経営にたずさわる者として真剣に考えねばならぬことである。

そういうことをあれこれ考えているうちに、松下幸之助のありし日に思いが至り、この一章を草した次第である。

経営者には先見の明、リーダーシップ、大胆な決断力といった素質、さらに人を惹きつける人間的な魅力や知力が必要なことは言うまでもない。「向う傷を恐れるな」といったトップの号令は幾多の若い社員を駆り立て、その力を発揮せしめたこととと思う。しかし、それに鼓舞されたエリート達が引き起こした不祥事の数々を見れば、その前にもっと必要な、基本的な、大切なものがあったのではないかと思わざるをえない。松下電器のように六十年足らずにして零細企業（三人！）から大企業（一〇万人）に膨張し、しかもその間ずっと創業者でありオーナーである人の指導下にあったという特異な条件を考えると、世間ではむしろ不祥事の起こりやすい体質を予想するかもしれないが、私はその反対に、そのような不祥事の最も起こり難い企業に育てられたと思う。

❶経営の神様論

松下幸之助、人呼んで経営の神様という。わずか九歳で、和歌山の生家を後に大阪の商家に丁稚奉公、十五歳でセメント会社の運搬工、その後大阪電灯（関西電力の前身）の見習工、工事担当者を経て検査員となる。大正六年二十二歳で自立、資本は九五円（*知り合いから一〇〇円借りて合計二〇〇円弱）、従業員はご本人と奥さんと奥さんの弟さんの三名、これが創業の姿であった。それから七十有余年、九十四歳で逝去するまで、生涯の大部分を現役として活動し、今日の松下電器を育てたのであるからまさに神様の名を呈されても不思議はない。

私も二十八年間、松下の社員であったが、松下幸之助神様論に異論はない。しかし、松下電器七十余年の歴史を振り返ってみると、世界でも稀なサクセスストーリー（成功物語）ではあるが、それは松下幸之助の天才（神様を人間に直して）によって成就されたものではないと思う。

何となれば、若くして世を去った場合は別として、天才というものは必ずその生涯のどこかで大きな失敗や過誤を犯すものであるからだ。特に、天才がその天賦の才のみによって成就した事業は、ほとんど結末は惨憺たる破綻によって終わっている。織田信長、豊臣秀吉、ナポレオン、ヒットラー、皆そうである。天才とて人間である。長い一生を通じてまったく過《あやま》った判断を下さないということはありえない。病や疲労、さらに年齢による心身の衰えは必ずやって来る。また人間である以上、意地や好き嫌い、私欲が噴出するときもある。そういうときに、その人ひとりによって操縦されている事業は、それが巨大であればあるほど救い難い破滅の淵に落ち込むのは当然の事である。松下幸之助も天賦の才に恵まれた人には違いなく、その天賦の才がその事業の発展に大きく寄与したことも事実であろう。

しかし、もしそれのみに頼ったものであれば、早い時期に大きな過ちを犯すか、破綻があったに違いない。今日の松下があるという事実は、松下幸之助はその事業の育成に、天賦の才以外の多くの要素をもって当たったということの証明とも言えよう。そして、その要素こそ我々が真剣に研究し学ぶべきものではないだろうか。

考えてみると、天才がその才のみによって成功した業績を辿ることは、物語としては大変面白い。しかし、そこから我々の学ぶべき教訓を見出すことはあまりないであろう。何となれば、それは特異な人の特異な思考に基づく特異な行動であるから。

では、松下幸之助が従業員三名から十数万名の企業グループを育て上げ、その間、企業として大きな過ちを犯すことなき七十年の年月を刻ましめたものは何であったか。それは、私の脳裏に焼き付いた次の二つの文言が示していると思う。

経営学は教えることも学ぶことも出来るが、生きた経営は教えることも学ぶことも出来ない。それは自得するのみである。しかし自得するには道場が必要だ。松下電器（の職場）がその道場である。そしてもっと大きな道場が世間である。

（松下幸之助『思うまま』〈PHP研究所〉より＊筆者要約）

私は六十年にわたって事業経営にたずさわってきた。そして、その体験を通じて感じるのは経営理念というものの大切さである。いいかえれば〝この会社は何のために存在しているのか。この経営をどういう目的で、またどのようなやり方で行なっていくのか〟という点について、しっかりとした基本の考え方を持つということである。事業経営においては、たとえば技術力も大事、販売力も大事、資金力も大事、また人も大事といったように大切なものは個々にはいろいろあるが、一番根本になるのは、正しい経営理念である。それが根底にあってこそ、人も技術も資金もはじめて真に生かされてくるし、また一面それらはそうした正しい経営理念のあるところから生まれてきやすいともいえる。だから経営の健全な発展を生むためには、まずこの経営理念を持つということから始めなくてはならない。そういうことを私は自分の六十年の体験を通じて、身をもって実感してきているのである。

（松下幸之助『実践経営哲学』「まず経営理念を確立すること」七〜八ページ、ＰＨＰ研究所）

これらから分かるように、松下幸之助の経営は経営の現場と世間から学びとった経営理念に基づくものである。しかし、経営トップが、個人の心の中にどのような正しい経営理念を所持していても、企業全体が常に正しい行動をするとは限らない。社長の目が全従業員の一挙手一投足にとどくような小規模企業ならともかく、何千人とか何万人といった従業員を抱える大企業となると、社長個人が全従業員の行動を律するというような事は考えられぬことである。松下幸之助の余人と異なる点は、自己の経営理念を自分の胸に収め、自分の行動を律するというのではなく、それを社内はもちろん、広く世間に公表し、経営活動の中で必ず具体的な行動として実践し、それを通じて多くの人（少なくともあるレベル以上の幹部）に体得させるというやり方を長年にわたり実践し、今日の結果を得たことだと思う。

世界中の経営者で、松下幸之助ほど自分の理念哲学を世に訴えた人はいないと思う。松下電器が特に倫理観の高い人を集めたわけではない。学歴と倫理観は関係ないことではあるが、同じクラスの企業に比べ松下電器の幹部の学歴は平均的に低かった時代も長かった。しかし実績で見る限り、企業道徳の面では高い水準を保っていたと思う。私は三十五歳で松下電器に途中入社した。その体験的感想だが、尊敬する親分に常に高い企業道徳を世間に訴えられたのでは、自らも厳しく処せざるをえなくなり、それが次第に体質となっていったのではないかと思う。

❷松下幸之助の経営理念の体系

いかなる人間にも意志があるように、その中味の良し悪しは別として、経営者には何らかの経営理念があるはずである。そして、その経営理念は、序章で述べたところをもう一度繰り返すことになるが、四三六ページの図のような体系を持つものである。

松下幸之助がどういう環境に育ち、どういう教育を受け、どのような人生を体験したかはその伝記に譲るとして、一つ言えることはその幼年期、少年期、青年期を通じて決して恵まれたものではなく、大変な逆境にあったことである。そのような環境、体験に負けることなく、高い人格を形成したのだから、人間的な資質は衆に優れたきわめて高いものを持っていたことは確かである。そのことを前提に、その著書やテープ集（主として『実践経営哲学』『経営百話』――ともにPHP研究所）より基本的な経営理念と考えられる一七項と、それを補足する事項、またその経営理念を生み出したと思われる人生観、社会観を推測して体系図としたのが四三八〜四三九ページの図である。

図にあげた一七の基本理念の幾つかについては、今までの各章の中で触れたものもたくさんあり重複するが、総まとめをしてみよう。

経営理念の体系分析図

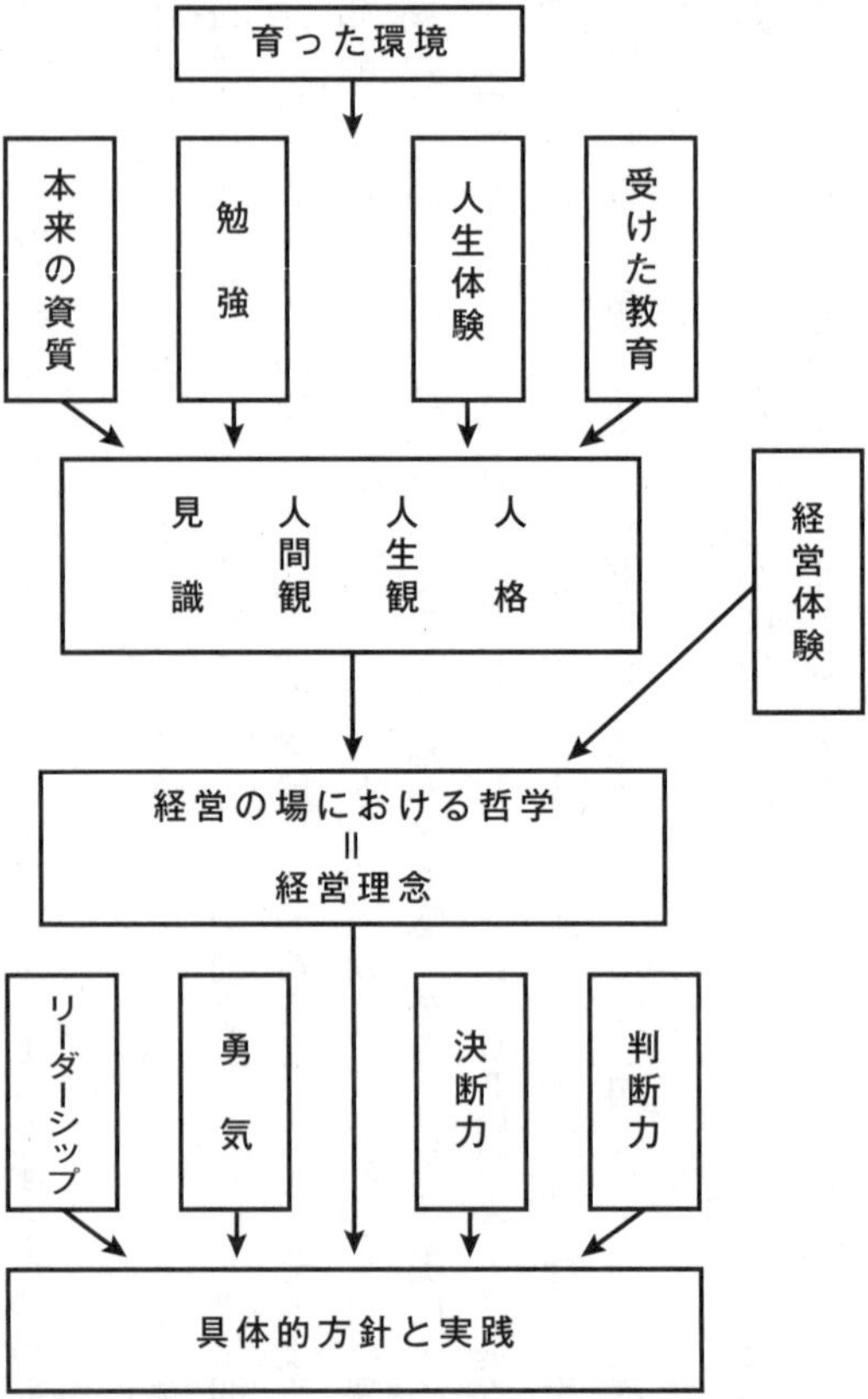
育った環境
本来の資質
勉強
人生体験
受けた教育
見識
人間観
人生観
人格
経営体験
経営の場における哲学
||
経営理念
リーダーシップ
勇気
決断力
判断力
具体的方針と実践

まず第一の「正しい経営理念の確立」については、すでに二度も引用した松下幸之助自身の解説につくされている。

次の「使命観」であるが、1章で述べた目的理念がこれに相当する。

彼は常に

この会社がなくなったら、社会に何らかのマイナスをもたらすだろうか。もし、何らのマイナスにならない、いいかえれば、会社の存在が社会のプラスにならないのであれば解散してしまった方がいい。（中略）多数の人を擁する公の生産機関として社会に何らプラスにもならないということは許されない。

（『実践経営哲学』「使命を正しく認識すること」二七ページ、PHP研究所）

ということを常に自問自答し、また従業員に訴えている。松下幸之助は、このように企業の存在目的は経営者が自由に定めるのではなく、社会との関連において定まっているものだとしている。利益第一主義で「向う傷は問わない」というだけであれば、目的の為には手段を選ばずという猛烈社員は生まれても職業人としての自

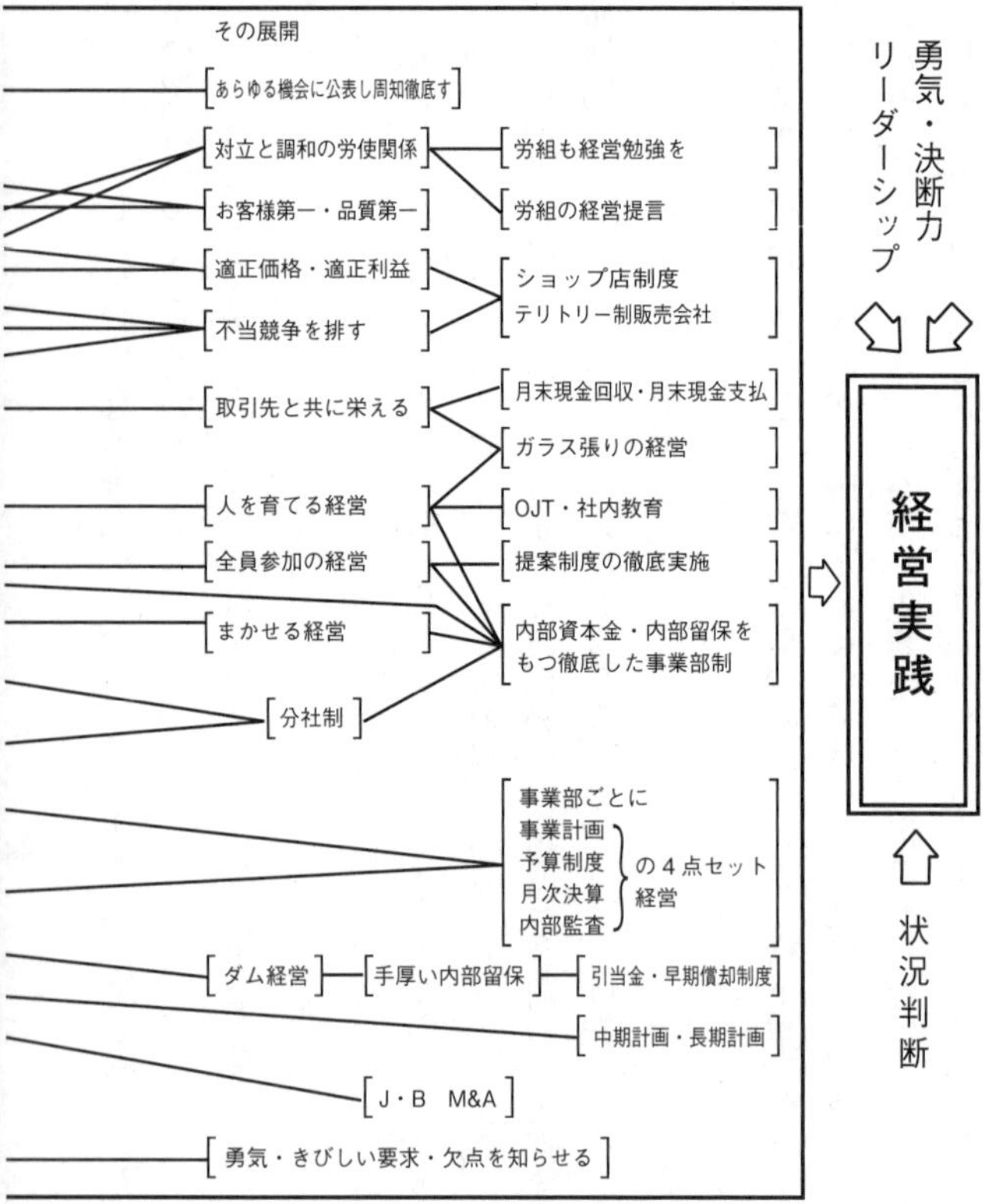

その展開
あらゆる機会に公表し周知徹底す
対立と調和の労使関係
労組も経営勉強を
お客様第一・品質第一
労組の経営提言
適正価格・適正利益
ショップ店制度
テリトリー制販売会社
不当競争を排す
取引先と共に栄える
月末現金回収・月末現金支払
ガラス張りの経営
人を育てる経営
OJT・社内教育
全員参加の経営
提案制度の徹底実施
まかせる経営
内部資本金・内部留保をもつ徹底した事業部制
分社制
事業部ごとに
事業計画
予算制度
月次決算
内部監査
の4点セット経営
ダム経営
手厚い内部留保
引当金・早期償却制度
中期計画・長期計画
J・B　M&A
勇気・きびしい要求・欠点を知らせる
勇気・決断力
リーダーシップ
経営実践
状況判断

松下幸之助の経営体系

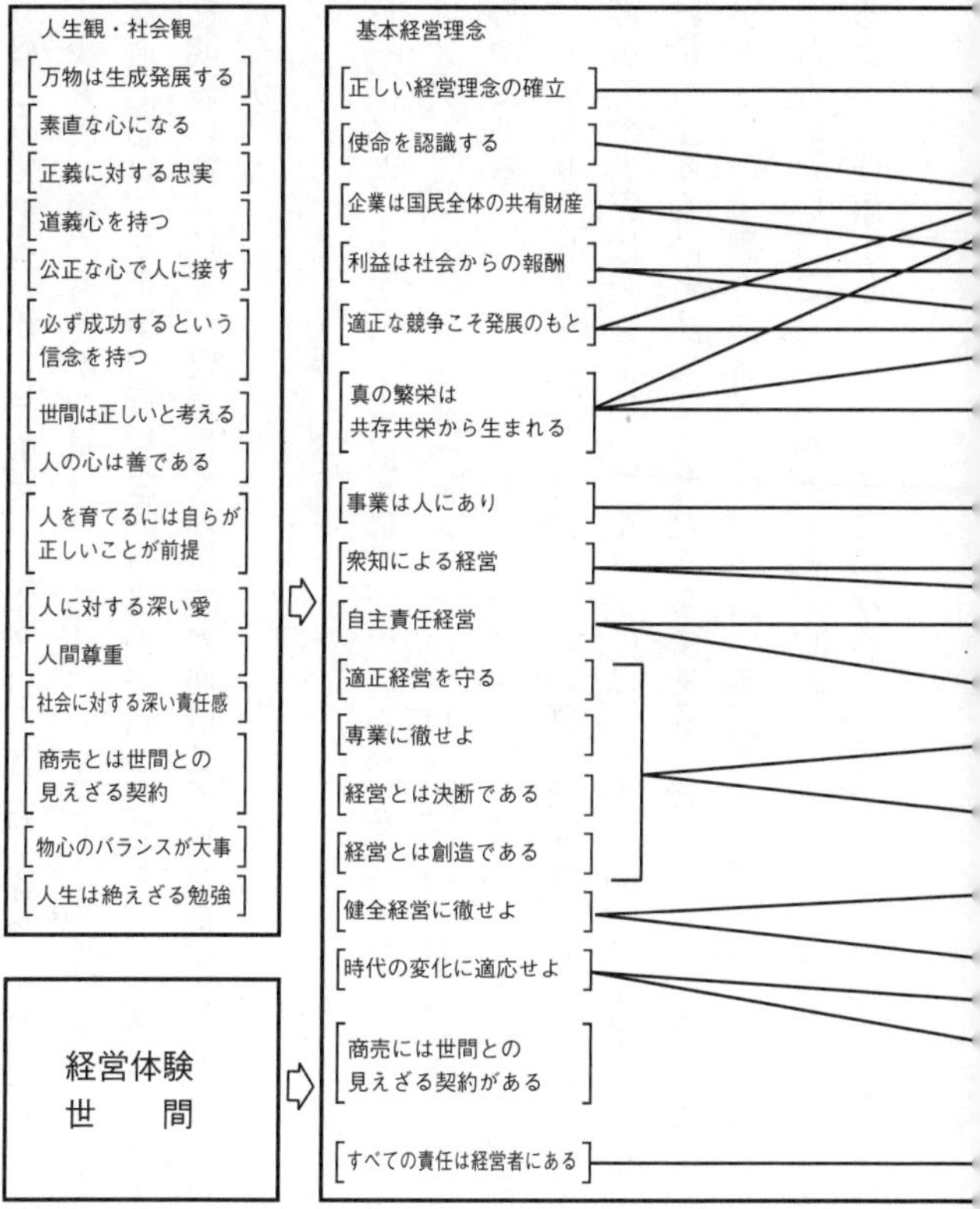
人生観・社会観
万物は生成発展する
素直な心になる
正義に対する忠実
道義心を持つ
公正な心で人に接す
必ず成功するという信念を持つ
世間は正しいと考える
人の心は善である
人を育てるには自らが正しいことが前提
人に対する深い愛
人間尊重
社会に対する深い責任感
商売とは世間との見えざる契約
物心のバランスが大事
人生は絶えざる勉強
経営体験
世　　間
基本経営理念
正しい経営理念の確立
使命を認識する
企業は国民全体の共有財産
利益は社会からの報酬
適正な競争こそ発展のもと
真の繁栄は共存共栄から生まれる
事業は人にあり
衆知による経営
自主責任経営
適正経営を守る
専業に徹せよ
経営とは決断である
経営とは創造である
健全経営に徹せよ
時代の変化に適応せよ
商売には世間との見えざる契約がある
すべての責任は経営者にある

覚と誇りはどうであろうか。そもそも日本では会社（所属団体）の利益になる行為であれば、少々悪い事でも内部では許される、という悪しき風習、思考があるが、そのような道徳感覚こそ企業の反社会的行為の源泉となるものであろう。企業の社会的使命を明確に織り込んだ経営理念の確立と徹底こそ経営活動の原点でなければならぬであろう。

四番目（*四三九ページ「松下幸之助の経営体系」にある「基本経営理念」の上から四番目）の「利益は社会からいただいた報酬である」という利益観は松下幸之助経営思想の根底となるものである。

お客に品物やサービスを提供した場合、その価格は原価より高いのが通常であるが、お客がその高い代金を支払ってくれるのは、その商品やサービスの内容を、その価格に相当するものと認めてくれたからである。換言すると、価格と原価の差はお客様が下さった報酬である。これが利益の本質だとしている。そう考えると、利益が得られないということは報酬がいただけなかったことである。つまり報酬のいただけるような仕事をしなかったことになる。その上、そういった企業は税金も払わないのだから、その経営者は国民の共有財産をあずかる者として重大な罪を犯したことになると断じている。

このようなことから、松下幸之助は「適正利益の確保は経営者の義務である」とする。そしてその適正利益を次のように考える。

日本では利益の半分は税金である。残りの半分、二五％は配当賞与として株主や従業員に還元する。その残り二五％は内部留保とする。メーカーというものは、よりよき生産を通じて、さらに社会により大きな貢献をしなければならぬ。その為には投資が必要であるが、その投資のうち少なくとも二五％は自己資金――内部留保を当てるべきだ。そういうところから、自社の適正利益を定め、少なくともそれが報酬としていただけるような仕事をやらなければならぬとしている。

（昭和四十五年日本商業労組主催のセミナーにおける講演より *筆者要約）

五番目の「適正な競争」であるが、松下幸之助は「適正競争は進歩を生むが、過当競争は罪悪である」と厳しく戒めている。

適正利潤を確保した上での激しい競争は好ましいことである。激しい競争があればこそ、品質を良くし、豊富な品種を揃え、国民に奉仕しつつ繁栄を続けることができる。ところが競争が行き過ぎると、一時的な競争手段として、ともすれば原価を割るような安売りに進むことになる。過当競争である。特にそれが資金力の強い企業によって行なわれる場合は、強者の暴力である。それでは弱者は如何に努力しても生き残れないことになる。彼の正義感はこれを強く非難し、その防止に努力する。それは決して自分のためではなく、業界の安定を通じて消費者への奉仕を願う不動の理念である。

そんな松下幸之助も、血気盛んな若い頃に、一部の同業者から無茶な価格競争を仕掛けられ、腹が立って我慢ができず、ひとつ徹底的に競争してどちらかが倒れるまでやりぬいてやろうという気になったことがある。そのとき、人生の相談役であった加藤大観《たいかん》という真言宗のお坊さんに、

「自分一人の商売ではない。あなたには今何千人もの人がついている。そのことを考えないといけない。つまりあなたは一軍の将だ。その大将が個人的な怒りを持っ

て仕事をするのは許されない。向こうがやるならこちらもやるというのは、勇ましいけれどそれは匹夫《ひっぷ》の勇《ゆう》というものだ。出船あれば入り船あり、という言葉もあり、一時的に、一部の顧客が離れるようなことがあったとしても、真面目な商売をしていると必ず戻ってくるものだ」
と諭され、思い止まったということがあった。このような体験も、「適正競争こそ人々の幸せにつながる」という信念をさらに強めたのであろう。

不当廉売は各国の独禁法でも禁じるところであるが、一企業の努力では限界がある。しかし、松下は商売上の不利を被りつつも安売り合戦には与《くみ》しない方針を堅持していたと思う。

昭和三十年代、日本はＧＡＴＴ（＊関税および貿易に関する一般協定。現・ＷＴＯ＝世界貿易機関）から貿易と為替の自由化を迫られたが、一ドル三六〇円のレートでもなかなか輸出が進まない時代であった。そのさなかの昭和三十五年の経営方針発表会の席で、松下幸之助社長（当時）は他の企業に先がけて、五年後に週休二日制にすると発表している。私は中途入社で、松下幸之助をよく知らなかったが、有難かった反面、そんなことをすれば会社は潰れるのではないかという危惧の念を感じた。しかし、この社長は自己の信念を必ず実行する人だな、との印象も心に深く刻まれた。いま思えば、これも、欧米先進国と同じ条件で生産するのでなければ、フェアーな競争とはいえない、という思いがあったのではなかろうか。

「共存共栄」もまた彼の強固な信念である。共存共栄を経営理念として掲げる経営者も企業も多い。要はどういう形で実行しているかである。昭和三十二年頃だった。それまで私はある自動車会社に勤務していたが、当時、下請会社への支払い状況は一〜二カ月の買掛の上に台風手形（*七カ月後に支払うとした手形）に、お産手形（*十カ月後に支払うとした手形）などが横行するといったひどい時代であった。松下も決して楽な経営ではなかったはずだが、十五日締め切り、月末全額現金支払を堅持していた。下請会社や取引先に親会社の資金を負担させるとは共存共栄の精神に反するというわけである。その代わり回収も厳しかったが、経営理念は必ず実行するという姿勢は取引先から深く信頼されていた。

「事業は人なり」ということもよく言われることであるが、その人とは経営トップを指すものと理解している人が多い。松下幸之助の場合はそうではない。昭和の初め頃まだ松下が無名の頃にも若い社員に、お得意様に、「松下は何をつくる会社か」と尋ねられたら、

「松下電器は人をつくるところでございます。あわせて電気器具もつくっております」

と答えよと教えている。こうなると悪い事は出来ない。また、その頃既に店員養成所を設け、自ら校長となり教育に努めている。早くから実施している経営のガラス張りということも、生きた経営を教える人材育成手段でもあろう。事業部制も、それぞれが担当する分野の経営を身近に知るという意味で、人材育成に大きな役割を果たしてきたと思う。

八番目の「衆知による経営」も松下幸之助思想の三本柱の一つである。それについて直接ご本人の言葉を借りよう。

「国家でも、団体でも、会社でも、賢人、偉人の経営はいかん。そういう人は

えてしてわが知恵だけで支配しようとする。それはヒットラーやムッソリーニの国家のようになる。最高の経営は衆知による経営だ。それを科学化するところに理想の経営が生まれる」

（昭和三十五年の講話より＊筆者要約）

この理念は、彼の人間に対する深い信頼から生まれた不動のものであると思う。それはさらに全員参加の経営思想となる。松下式完全機能の事業部制なども、できるだけ多くの人が経営に参画参加できる一つの形だと言えよう。全員参加経営の具体策の一例は早くから実施している提案制度などもそうで、不採用の提案に対しても必ずその不採用の理由をつけて返信するという徹底振りである。

これは、松下幸之助自身が大阪電灯の検査員のときにソケットの改良を会社に提案したのを黙殺された無念の思い（それが松下電器創業につながるのであるが）の原体験から、衆の中には必ず高い英知が潜む、それに報いることこそ社会正義だという信念が生まれたのであろう。衆知経営を「自由に意見具申のできる経営」と分かりやすく強調し、ワンマン経営を人を信じない経営と非難している。昨今の大不祥事の起こった企業はどうなっていたのであろうか。

次の「自主責任経営」こそ松下幸之助経営の骨格となるものである。これについては2章と3章で詳述した通りである。彼の自主責任経営理念の本質は「まかせる経営」であり、その具体的実践である事業部制は、実に昭和八年時点における彼の創造である。

また事業部制は適正経営、全体としては多角化しつつ実施面で「専業に徹し」、またその専業化により、専門家としてできるだけ正しく迅速な決断を可能ならしめようという理念の具体策でもある。また、まかせると同時に、まかされた人ができるだけ責任を全うすることができるような具体策も講じている。それは昭和八年に事業部制を採用すると同時に、事業部ごとの事業計画、部門単位の予算制度、それのチェックとしての月次決算、失敗の未然防止の二重策として本社経理部門による内部監査などを制度化している。これらは、ダム経営論と共に4章で述べたように「健全経営理念」の実行策でもある。

彼の「健全経営の理念」は、遠く四歳の折に父親の米相場の失敗のために突然訪れた不幸、あるいは少年期の奉公先での数々の苦い体験から、従業員を不幸な目にあわせてはならぬとの強い社会的責任感にその原点があるように思う。こういう体験に基づく理念こそ、決して揺らぐ事のない不動の信念として生きるのであろう。

時代の変化に適応し、あるいは時代を先取りする発想を持ち、実行するという事は、戦略思考、戦略行動という事である。松下幸之助は、フィリップス社との合弁会社設立やビクター、大阪電気精器などのM&A（*企業の合併・買収）を、そういう事がまだ一般的でなかった早い時期にやってのけている。しかし、その後における松下電器は、戦術には抜群に強いが戦略には弱いなどと言われ、社内でもそういった自己批判があった。松下が身を置く家電業界が、相当長期間、高度成長を続けた事が原因でそういう傾向が生じたとすれば、それは一つの反省点と言えるかもしれない。

もう二十年以上も前に、確か社内の幹部勉強会のときだったと思うが、

「峠の上にお婆さんのやってる一軒茶屋があるとしよう。そのお婆さんでも決まりの時間には店を開ける義務があるのや。なぜなら、旅人は峠を登ればそこで一休み

できると期待してるから。つまり旅人とお婆さんの間には目に見えない契約があるのや。商売とはそういうものや」と。

自らの才で衆を叱咤服せしめるというのではなく、このようなわかりやすい言葉と例で諄々《じゅんじゅん》と経営の道を説く師の姿は今も目に浮かぶ。

経営者の経営者たる証《あかし》は決断である。松下幸之助はそれについて(注1)五条件を述べている。

第一は、何が正しいかを損得を超えて判断し決断すべきで、それが真の勇気である。

第二は、正しい判断――神の如き判断はその分野における専門家でなければならぬ（事業部制をとり、事業部長の判断を尊重するゆえん）。

第三は、判断がつかない場合は素直に助言を求めよ。

第四は、何が正義であるかというような大事は、社長独断ではなく役員会で十分検討し衆知を集め決断せよ。

第五は、桶狭間の戦の時のような非常の時は独断即決しなければならぬ。

このような決断であれば「(注2)平成三年の不祥事」は起こったであろうか。

「対立と調和」というのも松下幸之助の社会観の一つである。それは労使関係において次のような(注3)思考となる。

「労働組合は経営者と立場を異にする。対立する行動をとらねばならぬ事も多いであろう。経営者はその立場をよく理解し尊重しなければならぬ。利や策をもって接しようというような考えはいささかも持ってはならぬ。また、今日の労働組合は国政を左右し、企業の命運を決める力をも持つ。その力を正しく行使してもらわねばならぬ。だから労働組合は経営についてよく勉強してもらいたい。そこに対立の中に調和が生まれ進歩を促すことになる」

これは昭和三十年頃、まだ労使対立の激しい時代の講話であった。そういう経営者の姿勢あってか、松下の労組は実によく経営の勉強をする。そして、年に一回本社と各事業部に対して経営提言をするが、これはなかなかのもので職制組織では出ない貴重な指摘も多い。こういう労組には、経営者側も迂闊《うかつ》に対応できるものではなく、大いに勉強して真摯に対応しなければならぬ。私も、そういう場を通じて、師の言う「対立と調和」という哲学が何となく自分の物になったような気がする。

最後の「すべての責任は経営者にある」。これも当然のことではあるが、本当に心からそう思う経営者は果たしてどれだけいるであろうか。その前提としては、人間として素直な心と社会に対する深い責任感と反省心がなければならぬであろう。そして彼は、

「経営者はすべての結果に対し、責任があるからこそ、部下に対し厳しい適切な要求者でなければならぬ。社長は言うべきことは断固として言うことが必要で、それをようやらなければ会社は発展しない。たとえ、自分の言ったことが誤解されて大きな問題が起こるかもしれないとしても、それを恐れてはならない。それによって会社がつぶれることになっても、それは天命として瞑すべし」

（昭和四十年の講演より＊筆者要約）

とまで言い切っている。経営者たる者の覚悟のほどと言うべきであろう。

ご本人自身が述懐しているように、松下幸之助とて、初めから立派な経営理念を持っていたわけではない。人生と経営の体験を積むに従って、そこから素直な心と真摯な態度で学び取り、自己の哲学を常に磨き上げ発展させ、それを世に訴え、部下に教えることにより、さらに不動のものとして年と共に成長し続けたのであろう。そのことによって、組織も自身も過ちから遠ざかったのではなかったかと思う。私も人生の相当長い期間を、松下幸之助のもとで働く機会を得たことに深い感謝の念を持つものである。

（注1）出典の詳細は不明。

（注2）一九九一年九月、松下電器の子会社ナショナルリースが大阪ミナミの料亭の女将に巨額融資を続けていたことが発覚し、当時の融資担当主任が大阪地検に逮捕・起訴された事件。または、この年、バブル経済崩壊を背景に証券大手四社が大口顧客の損失を補塡していた証券スキャンダルが発覚し、社会問題化したことのいずれかであろう。

（注3）講話の詳細は不明。

おわりに

たまたま大正十一年という年に生まれたお蔭で、私は戦中戦後の混乱期、その後の高度成長期、そして最後に石油危機以後の転換期をいくつかの企業の中で体験することができました。

期間は四十年という長い間でしたが、狭い幅の限られた体験からの視野ですから、今後の経営のあり方などという口幅ったいことは言えませんが、今後の日本の企業は、経営のチャンスとリスクは一層増幅され、その平均寿命は人間のそれと反対に短くなり、外には国際社会における大きな責任を否応なしに負わねばならぬという環境と立場におかれるであろうと思います。

これに耐えるにはいろいろな条件を整えることが必要ですが、その基本となるのは自主責任経営の精神であり、それをトップ一人のものとするのではなく、できるだけ多くの人々のものに、できれば全従業員のものとし、その上に衆知の花を——たとえ小さな花でもたくさん——無数に咲かせる経営にすることだと思います。これは松下幸之助に学びつつ、私の心に生まれた悲願でもあります。

本書がこのことをいささかでも伝えることができれば、私の幸せ、これに過ぎるものはありません。

『松下幸之助に学んだ実践経営学』解題

神戸大学社会システムイノベーションセンター特命教授　加護野忠男

本書は、松下電器産業（現・パナソニック）で、電子レンジ事業部長、社内分社の松下住設機器の社長を務められた小川守正氏が、これから経営者になろうという人びとに向けて書いた経営の指南書である。厳しい環境のなかでみずから体得された経営の知識を体系的に伝えようとした教科書である。

松下電器には「血のションベン」という言葉がある。これは、松下電器の創業経営者、松下幸之助氏の人材育成の方法にかかわる重要な言葉である。幸之助氏は、誰かから教えてもらった知識より、苦労してみずから体得した知識のほうが強いと考えておられた。実際に幸之助氏自身もそのようにして経営の知識を獲得し、経営の神様と呼ばれるレベルに到達された。

幸之助氏は、将来、経営者として育てようと目星をつけた人びとを厳しい環境に追い込むという人材育成の方法をとっておられた。厳しい環境で血の小便を流すほど苦労をして、みずから体得させようとしておられた。小川氏は、このような人材育成法で育てられた最後の世代である。そうして体得された知識を後進の人びとに伝えようとしたのが本書である。豊富な内容をもったテキストなので、どこをどのように読んでいただきたいかを、経営学者として、情報提供したい。

経営者になるには、多様な知識を獲得しなければならない。それがどのようなものであるかは、序章三〇ページの「経営の樹」を見ていただければよい。これを見て自分に何が欠けているかを知って、不足を補ってほしい。このすべてに精通する必要はない。枝葉にあたる部分は、部下にまかせることもできる。その場合でも、基本的な知識はもっておく必要がある。根や幹の部分は自分で習得・確立する必要がある。そのような人びとは、本書の1章を精読していただきたい。根の部分は、就職する前にすでに確立されているかもしれない。就職してからも、優れた先輩経営者に学ぶという方法がとれるかもしれない。本書の著者も、松下幸之助氏から多くのことを学んでおられる。

それだけではない。甲南学園の創始者、平生釟三郎《ひらおはちさぶろう》氏からも甲南中高（旧制）時代に直接薫陶を受け、多くのことを学んでおられる。後年、平生氏への敬愛の念から甲南学園・甲南病院の経営危機を引き受け、松下で培《つちか》われたノウハウでその危機を突破された。さらに著者は、ブラジルまで調査に出かけ、平生氏の伝記を書いておられる。

平生氏は、東京海上保険（現・東京海上日動火災保険）ロンドン支店時代には、同社を倒産の危機から救うという仕事をされている、その貢献を考えれば、同社の所有者になることもできたが、経営者としての貢献を貫いておられる。

帰国後は、大阪・神戸支店長を務め、その時代に甲南学園（甲南幼稚園・小学校）を創設された。サラリーマン役員であったから、それほどの資産をもっておられなかったであろう。そこで、住吉村（現・神戸市東灘区住吉）周辺の資産家に寄付を募り、甲南学園の幼稚園、小学校を創設された。その後、中学校（旧制）、高等学校（旧制）を設立され、高等学校は、甲南大学に発展した。地域の人びとのために、病院（甲南病院。現・甲南医療センター）も創設された。

こんなエピソードもある。株で大儲けした隣人、那須善治《ぜんじ》氏を説得し、お金持ちが多数移住したため物価が高くなって困っていた地域の人びとのために、生活商品を安く供給する灘購買組合を設立することを勧奨されている。そうして灘購買組合が設立されている。同組合は、その後、神戸購買組合と合併し、日本最大の生活協同組合コープこうべとなった。平生氏はその後、経営危機に陥った川崎造船所（現・川崎重工業）の再建にも尽力されている。これも経営者としての社会貢献である。

本書は多様な読者を対象としている。これから事業部あるいは会社全体の経営者になろうという人びとは、本書を通読していただきたい。生え抜きで管理者から経営者に昇進される方々は、3章3節の管理と経営の違いについてまず最初に読んでいただきたい。管理と経営とでは発想が異なり、優秀な管理者が優れた経営者になるとはかぎらないからである。

分権的な管理システムをつくるのが苦手だというベンチャー企業の経営者は、3章の部門経営の章を読んでいただきたい。部門経営は将来の経営者を育成する場にもなる。事業部制は多くの企業で採用されているが、日本で最初に事業部制組織をつくったのは松下幸之助氏である。事業部制では、事業部の経営は事業部長にまかされるが、その経営責任は厳しく追及された。そのなかから経営者が育っていくのである。小川氏もそのようにして育てられた経営者である。部門経営は、松下電器の事業部制をさらに発展させた組織である。

自社の計画システムがうまく機能していないのではないかと考える経営者の方々は、7章の事業計画論を精読していただきたい。

本書の重要なテーマとなっているのは部門経営である。部門経営方式は著者が生み出した経営方式で、マイクロ事業部制とも呼ぶべきユニークな経営方式である。幸之助氏は、社員一人ひとりが商人のような気持ちをもって仕事をすることを「社員稼業」といっておられるが、部門経営はそれを組織として形にしたものである。少人数のグループあるいは個人を独立の商店のように考え、粗利益を計算して部門経営の成果を見ようとしたものである。この方式は、北海道の営業部門の課を単位に利益責任を明確にし、自主責任経営を行わせることから始まったものであり、その後は、間接部門にも拡大されている。

部門経営方式は、現場の人びとが現場をいちばんよく知っているという信念のもと、現場に頭を返そうとした経営方式である。この経営方式は、品質管理の小集団活動と似ているが、違いにも注意すべきである。品質管理は自発的参加を原則としているが、部門経営は会社業務である。京セラのアメーバ経営（京セラの経営管理手法）とも似ているが、京セラのアメーバ経営は製造現場から始まったものであり、部門経営は営業現場から始まっている。部門経営は、営業主導の松下電器に適した方法であるといえるかもしれない。

本書で特徴的なところは二つある。一つは経営理念についての解説である。小川氏の上司でもあり師匠でもあった松下幸之助氏は、経営理念を大切にした経営者である。小川氏は、経営理念の内容にまで踏み込んだ解説をしておられる。エンジニアらしく、経営理念についても、分析的に、三つに分けている。

第一は経営の目的に関する理念で、幸之助氏は、松下電器の目的は利益ではなく、事業を通じた社会貢献であると言っておられる。第二は経営のやり方に対する理念で、幸之助氏の事業部制、自主責任経営は、これにあたる経営方法に関する理念である。第三は経営の変革に関する理念、時代の変化に対応した経営の方法についての理念である。

松下氏の経営理念の中心の一つは自主責任経営であるが、これは、経営のやり方に関する理念である。ここでも、著者は、分析的に、自主責任経営の責任を四つに分けている。第一はお客様に対する責任、第二は従業員に対する責任、第三は株主に対する責任、そして第四は国家社会に対する責任である。

本書のもう一つの特徴は、健全経営とはどのようなものかについて明確な定義が与えられていることである。事業部制を採用する企業で過剰な利益志向が出てくるという弊害を避けようとしたものである。利益以外に重要な評価基準があるのである。著者は、健全経営の一〇の条件を論じている。経営者は、この一〇の基準に照らしてみずからの経営を評価してほしい。最近は、コーポレートガバナンス制度の改革の結果として、利益さえあげればよいという風潮が広がっているが、これをただすためにも、本書の基準を参考にしてほしい。

新型コロナウイルスの影響で危機的な状況にある企業が増えている。このような環境においてこそ経営者の出番である。本書を読んで経営者としての自覚と能力を高めてほしい。

巻末特別資料

●編集注――
本書の内容を補足し、参考にしていただく資料として、著者・小川守正氏の甲南大学講義テキストに掲載の「危機突破の経営学」「㈶甲南病院の経営危機突破」の二項を、一部加筆の上、転載します。

◆危機突破の経営学

――これから述べることは、頭の中から生まれた理論や理屈ではなく、(注)四回にわたり経営危機を突破した私の経験から得た結論である――

○経営危機は必ず訪れる。

経営というものは、人生と同じで、長い間には必ず存亡の危機が訪れるものである。けだし、経営は人間が構成するものであるから当然のことかもしれない。

○まず危機の本質を把握する。

経営の危機も人生のそれと同じで、様々な形でやってくる。また、その危機の原因も様々で、しかも一つや二つの原因ではなく、複合して存在する。だが、よく観察・分析すると、最大の、あるいは根本的な原因が必ず存在し、その原因が元で多くの危機要因が誘発され、複雑で手のつけようのない状態を呈する。だから、どれが根本的な原因か分からず、無数の原因が同時多発しているようにみえる。そう受け取ると危機突破は不可能になり崩壊につながる。

この危機は、何が根本原因であるかを見極め、それを除去することが経営トップの任務であり、それが危機突破の出発点である。ここを間違えると危機突破はできない。

＊危機の原因は、人（経営幹部や管理者の能力・考え方・年齢・派閥など様々）、経営分野（成長分野か衰退分野か）、経営力（資金・技術・組織・効率など）、従業員（士気・協調

性・労組・過不足）など様々である

○危機突破再建の決意を固める。

危機状態にある経営を立て直すのに前提となる必要条件は、経営トップの「何が何でも危機を突破し再建するのだ」という決意である。もちろん、決意だけで再建できるものではないから、それは十分条件ではなく必要条件である。経営者とて人である。決意を固めるには、人それぞれの思惑と条件がなければならぬ。決意が固まらねば、辞任して地位を他に譲るか、再建をやめて整理に入るかの選択をすべきである。

○従業員の明るさ、そして士気を回復する。

経営危機にある組織は企業でも学校でも病院でも従業員は暗い雰囲気に沈んでいる。皆それぞれの組織に依存して生活を営んでいるのだから当然である。

危機にある経営を立て直すには、まず従業員の明るさを取り戻し、士気を回復しなければならない。何となれば危機を突破し、経営を再建するのは、経営の現場にある従業員だからである。経営トップは作戦を立案し、指揮する人であるが、それを実行し戦い、成果を上げるのは、現場にある一般従業員の人々であるからだ。

一般従業員はどこまでをさすかは、組織の規模にもよるが、企業でいえば課長クラス以下と考えればよいであろう。

一般従業員は経営者が思っている以上に、場合によっては経営者以上に会社の状況を知っているものである。このことを経営者はよく認識しておかなければならない。

○情報の公開

現場の従業員は経営を知ってはいるが正式に知らされているわけではなく、自分の直接担当している仕事から、推定したり、一般の噂として流れてくる情報から推定しているのだから、個人によってまちまちであり、噂が噂を呼んでとんでもない認識となっている場合も多々ある。当然のことである。

人間はもちろんのこと、動物でも、行動を起こし力を発揮する前に、必ずそれを促す情報が存在するものである。だから人に正しい情報を与えなければならない。

ここに、その名言を紹介しよう。

第二次大戦の英国陸軍の総司令官の地位にあったモントゴメリー元師の言葉である。

……指導者は部下に真実を語らねばならない。もし虚があれば、部下はすぐそれを見破り、彼にたいする信頼は薄らいでくるのである。

（『モントゴメリー回想録』高橋光夫・舩坂弘訳、読売新聞社）

○危機突破再建計画——全員参加の経営へ

次に、危機突破再建計画を明示しなければならない。その内容によって、自信を回復し、戦力化する（あるいは、失望し士気低下する）。だから、その内容は具体的で実行可能なものでなければならない。私の経験では、当面の計画は従業員に自信を与えるためにあまり高くないほうがよいが、当面の計画と、次のステップの計画の二つを発表することが効果的である。次のステップの計画は、再建に連なる一ランクレベルの高いものであることが必要である。

また、トップの示す計画は基本方針的なもので、それに基づき、各部門で同じように二段階計画を自主的に立てさせることが有効であり、成功の道であると思う。松下幸之助の言う〝全員参加の経営〟である。

○計画の実行——成功こそ成功のもとである（経営に関する限り〝失敗は成功のもと〟ではない）

計画ができたら、実行しなければならないが、必ず成功しなければならない。普通の場合と違って、危機管理である。失敗は許されない。トップ・幹部・上級者は部下が成功するよう全力を挙げて支援・指導すること、厳しいチェックと追及も必要である。

私は財団法人甲南病院の危機突破再建にあたり、傘下五つの病院、セクションを毎月訪問し、現場で院長、各部長、看護部幹部参加の月次決算検討会をもったが、これが再建の大きな原動力になったと思う。

また、この各部門別の検討会でも冒頭に必ず全社全体の実績を報告、情報の公開徹底を図ったが、これは有効であった。

また、厳しい危機、再建の途上にあっても、従業員のリクリエーション活動、忘年会、クリスマスパーティーなどは積極的に行い、支援もした。

（注）筆者がかかわった松下住設機器、松下電器産業のエアコン事業、甲南学園、甲南病院における経営危機を指す。本資料では、甲南病院についてのみ、取り上げている。

◆㈶甲南病院の経営危機突破

財団法人甲南病院は昭和九年（一九三四年）、関西の実業家平生釟三郎（当時川崎造船所社長）によって「……病気は人の最大の苦しみの一つである。悩める病人のための病院たらん。……」を創業の理念として設立された。設立時は関西で唯一、日本で二番目の完全看護・完全給食の近代的病院であった。

私が財団の副理事長に就任した時点（平成十三年）では、病床合計九五七、従業員一、一〇〇名、年収一四四億円で県下最大の私立病院であった。

〈経営危機に至った経過状況〉

創業以来七五年間、医療機関としては高い医療水準を保ち、阪神間では評判が高く信頼されてきたが、経営は一〇年ほど前から悪化し、私が副理事長に就任した平成十三年時点では崩壊寸前という状態だった。原因はただ一つ、その一〇年間に規模を三倍に拡大、その資金をすべて銀行借入の自己資金で賄ったことと、新規拡大部門の赤字を長期にわたり放置した放漫経営の結果であった。この放漫経営の罪はこのときの経営者と、この放漫経営を可能にした銀行にある。一般従業員には全く責任はなく、被害者というべきであろう。

規模を三倍に拡大するまでは、東灘区の山腹にある病床三三〇の一病院（甲南病院）のみで、年収五〇億円余り、経常利益五億円前後という、健全経営を続けていたが、規模を三倍に拡大してより、年収は一四四億円程度に拡大したものの、経常利益は三〇〇〇万円程度に悪化している。その理由は一七〇億円という膨大な借金の金利と返済金によるものである。

優良病院が規模を拡大したばかりに、このようなことになったのは、前述のように、経営者不在の結果であった。

それまで理事長は代々、川崎重工（旧川崎造船所）元会長が就任していたが、名誉職であった。私は乞われて副理事長に就任したが、その就任直後理事長が死去されたので、川重に後任理事長の選出と二〇億円の支援を要請したが、いずれも拒否された。やむを得ず私が理事長に就任、八十一歳だった。

〈危機突破対策〉

まず、今までの結果を全従業員に公開し、三人の経営幹部を解雇した。

私が理事長に就任した時点では、いかなる名経営者でも自力による危機突破は不可能な状態である。銀行もそれを認めた（三行とも、その時点ではじめて地域小支店の独断による過大融資の実態を知るという失態だった――各行の地域支店は甲南病院の名声と病院という公共性に惑わされ判断を誤ったのであろう）。

私は、銀行に対し、債権放棄を要請したが、回答は三行三様で、「ゴールドマン・サックスに債権売却」「会社更生法の申請」「六甲アイランド病院の売却」というものであった。私は躊躇なくゴールドマン・サックスへの売却を選択した。

ゴールドマン社からは早速、私に理事長辞任の要請があったが、私に今回の経営責任はないとして辞任を断った。平生さんの創立した甲南病院をゴールドマンに売り渡すわけにはいかないと思ったからであった。ゴールドマン社にも適当な人材がいなかったのか、私の居直りを認めた。

ゴールドマン社は七〇億円で銀行団から引き取ったようで、私たちに経営改善を任せて、優良病院にして、一二〇億円くらいで売却する予定だったようだ。私はゴールドマン社は、別に悪いとは思わなかった。

それよりも、自ら優良経営の病院になることこそ先決と思ったので二七人の新幹部(各病院・施設の院長、副院長、看護部長、事務部長・課長以上)の研修・教育に努めた。この病院の経営が低迷している根本原因は、情報の非公開と、現場の幹部に権限を与えないことだと判断したからである。

二七人の新幹部を毎週午後五時に、御影の山の上にある甲南病院に集め、三時間の研修会を冬の寒い時に開いたが、多忙な医師・看護師も、遠い加古川から来る人もほとんど欠席することなく、三カ月一二回の研修に参加してくれた。

研修内容は、経営理念、PL・BSの読み方、原価計算、キャッシュフロー、PPM(プロダクト・ポートフォリオ・マネジメント)などであるが、その講義と同時に実習として、参加者の所属する各部門の事業計画を立て、それをそのまま来期の事業計画とすることにした。これは現場の中堅幹部の育成と同時に経営に大きな効果をもたらした。たとえば、地域の年齢構成のため不採算部門となっていた甲南病院の婦人科・小児科を、六甲アイランド病院に移すことによって、両病院の経営改善に大きく貢献したというようなことも、PPMの講義が、そのまま参加者の発議につながり、ただちに実行に移されたものであった。自ら計画したものを実行する責任感と喜びが味わえるようになったのである。

〈危機突破なる〉

- 旧幹部三名退任、二七名の新幹部編成、全従業員に文書で経営状態公開。その結果、新規採用予定者が辞退した。
- 新幹部の経営研修会一二回開催。
- 三つの銀行よりゴールドマン・サックスの傘下に入る（一五六億円の借金はゴールドマンの投資額七〇億円となる）。
- ㈶甲南病院傘下の三病院にて診療部門の再編成。
- 三井住友銀行と関西系地銀数行より一〇〇億円調達、ゴールドマン傘下より離脱。

・財団として年収一五三億円、経常利益四・七％、借入金七五億円（平成十九年度）、このクラスの病院としてはB^+評価と考えられる。借入金が四〇億円程度となればA^-クラス、それに内部留保が二〇億円となれば優良経営A^+となるであろう。それにはなお数年を要すが、従業員全体の士気は回復、次のステップに向かいつつある。

・甲南病院の危機突破再建に当たっては、私は高齢・病身であったためあまり活動できなかったが、全従業員の協力と幹部職員の統率よろしきによって短期間に成功した。それらの方々に深く感謝したい。（以上、甲南大学講義テキストより）

＊財団法人甲南病院は二〇一九年、新病院の竣工を記念して、公益財団法人甲南会甲南医療センターと改称、六甲アイランド甲南病院と統合再編。創立時からの基本理念を継承しつつも、新たな時代を見据えて、平生誠三理事長、具瑛成院長のもと、全員参加の「健全経営」と「人類愛の精神に基づく患者のための病院」こそが進むべき道として、人の手で温かく接する心技一体の高質の医療の実践に取り組んでいる。

●本書は、一九九二年五月にＰＨＰ研究所より刊行された文庫版『実践経営学』を改題し、必要最低限を旨として一部手を加え、新版として再編集したものです。
●加護野忠男氏の解説、巻末特別資料は、本書新版で新たに加えた内容です。
●本書の内容は、原則として文庫版『実践経営学』のままとしておりますが、本書中の（＊――）および（注）――の部分は、編集サイドで補足したことを明示しています。
●本書では、引用（転載）部分について、一部、見出しの文言を変えたところ、句読点やルビを加えたところがあります。
●松下幸之助著『実践経営哲学』には、単行本と文庫がありますが、本書の引用箇所に掲げたページ数は単行本に基づいたものです。

著者紹介
小川守正（おがわ　もりまさ）
大正11年生まれ。旧制甲南高等学校卒業。九州帝国大学工学部航空工学科卒業。二つの会社の体験を経て、昭和30年、松下電器産業株式会社入社。電子レンジ事業部長等を経て、昭和57年、松下住設機器株式会社社長。昭和59年、退職。その後、甲南学園理事長、近畿大学工学部教授、奈良商科大学講師、甲南大学経営学部講師、パナソニック客員、PHP研究所参与、甲南病院理事長等を歴任。平成31年３月２日逝去（享年98）。

〈著書〉
『実践経営学 松下幸之助に学んだ自主責任経営とは』（PHP研究所、1990、のち文庫）
『勝利の哲学 クラウゼヴィッツの戦略論』（PHP研究所、1995）
『勝ち残る経営 創造的戦略が企業を活性化する』（PHP研究所、1998）
『昭和前史に見る武士道 続平生釟三郎・伝』（燃焼社、2005）
『青春の山・熟年の山 山と飛行機とわが人生』（私家版、1998）
〈共著〉
『部品加工工業における製品検査』（深尾吉志共著、日刊工業新聞社、1962）
『暗雲に蒼空を見る 平生釟三郎』（上村多恵子共著、PHP研究所、1999）
『平生釟三郎・伝 世界に通用する紳士たれ』（上村多恵子共著、燃焼社、1999）
『大地に夢求めて ブラジル移民と平生釟三郎の軌跡』（上村多恵子共著、神戸新聞総合出版センター、2001）

協力――甲南会甲南医療センター、甲南大学、燃焼社
編集協力――月岡廣吉郎
図版作成――エヴリ・シンク

PHP文庫　松下幸之助に学んだ実践経営学
自主責任経営の真髄とは

2020年12月15日　第1版第1刷

著　者	小　川　守　正
発行者	後　藤　淳　一
発行所	株式会社ＰＨＰ研究所

東京本部　〒135-8137　江東区豊洲5-6-52
PHP文庫出版部　☎03-3520-9617(編集)
普及部　☎03-3520-9630(販売)
京都本部　〒601-8411　京都市南区西九条北ノ内町11

PHP INTERFACE　https://www.php.co.jp/

組　版	月　岡　廣　吉　郎
印刷所 製本所	図書印刷株式会社

ISBN978-4-569-90102-2

PHP文庫

社員稼業

仕事のコツ・人生の味

松下幸之助 著

「社員稼業」とは、与えられた仕事をこなすだけではなく、社員一人ひとりが経営者的な立場でものを考え、仕事を進めよう、という提言。ビジネス道を平易に語った書。